AF536616

Sohrab Shahid Saless

Film im Kopf

Bert Schmidt

belleville

INHALT

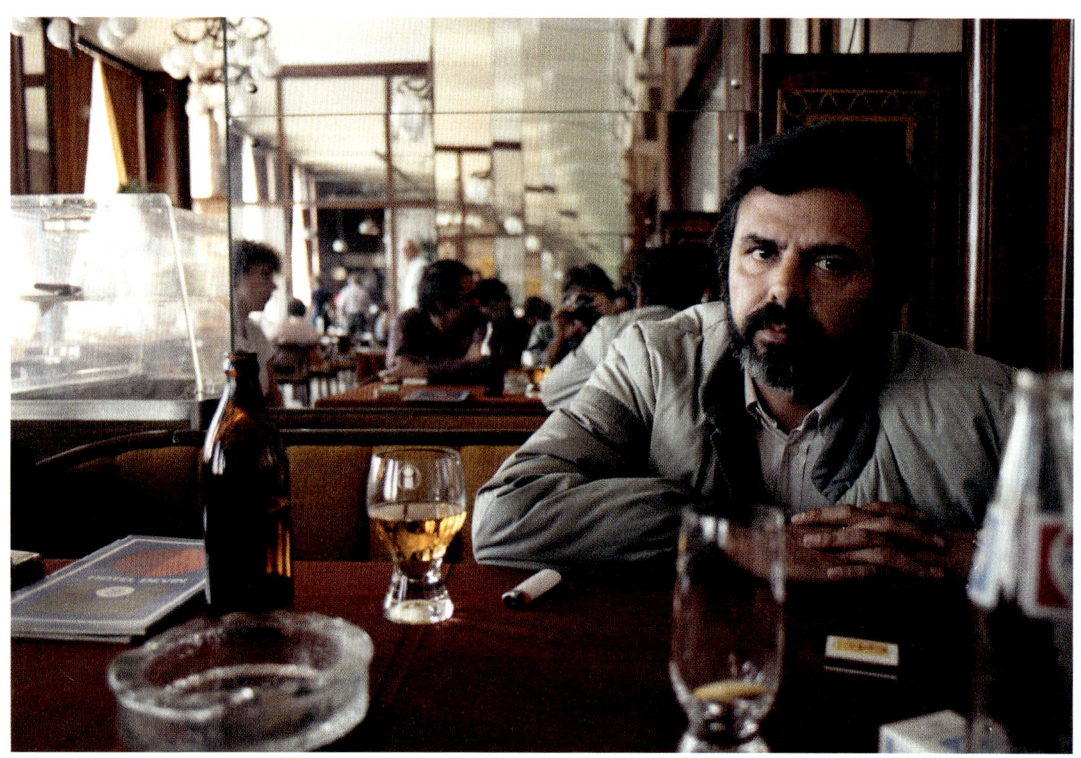

Sohrab Shahid Saless, Hotel Devin Bratislava, 1984

VORWORT

Sohrab Shahid Saless gehört zum Neuen Deutschen Film der siebziger und achtziger Jahre. Seine Filme sind mit Preisen hochdekoriert. Er war Mitglied der Akademie der Künste in Berlin. Sein Werk ist Weltkino. Zeitlos in seiner Kargheit, keinen Moden unterworfen, auch in Jahrzehnten noch gültig – so wie die Erzählungen Anton Čechovs, seinem großen Vorbild. Man muss Saless vor allem als Filmautor betrachten, nicht nur als Regisseur. Jemand, der sämtliche künstlerischen Aspekte des Films - Drehbuch, Regie, Schnitt - nicht nur mitbestimmen, sondern dafür die alleinige künstlerische Hohheit behalten wollte. Und so tragen seine Filme eine ganz eigene unverwechselbare Handschrift. Jeden Film, ob er auf eigenen Drehbüchern basierte oder ob es Auftragsfilme waren, hat er zu ›seinem‹ persönlichen Stoff gemacht. Wie er selbst, litten seine Figuren unter der Kommunikationslosigkeit, Erbarmungslosigkeit, am meisten aber unter der Gleichgültigkeit ihrer Zeit. Es gibt in seinen Filmen keine Ausbrüche aus dem einförmigen Alltag. Die großen Dramen der Weltgeschichte interessierten Saless nicht. Er zitierte gerne einen Satz von Anton Čechov:
»Die Leute gehen nicht zum Nordpol, sie gehen ins Büro, streiten sich mit ihrer Frau und essen Suppe.«

Das vorliegende Buch ist keine vollständige Biographie von Sohrab S. Saless, sondern es befasst sich mit den Jahren zwischen 1979 bis 1995, in denen ich mit Sohrab S. Saless in häufigem Kontakt stand. Während dieser Zeit habe ich bei sechs seiner Filme mitgearbeitet. Bis auf wenige Ausnahmen stammen alle Fotos in diesem Band von mir.

Begegnet bin ich Saless zum ersten Mal im März 1979 während einer Retrospektive seiner Filme im Kommunalen Kino Frankfurt, dem späteren Deutschen Filmmuseum. Im Gespräch stellten wir fest, dass wir beide dieselbe Filmschule in Paris besucht hatten, das ›Conservatoire Indépendant du Cinema Français‹, er jedoch ein paar Jahre vor mir. Er war sehr offen und neugierig, und so hatten wir gleich einen vertrauten Umgang miteinander.

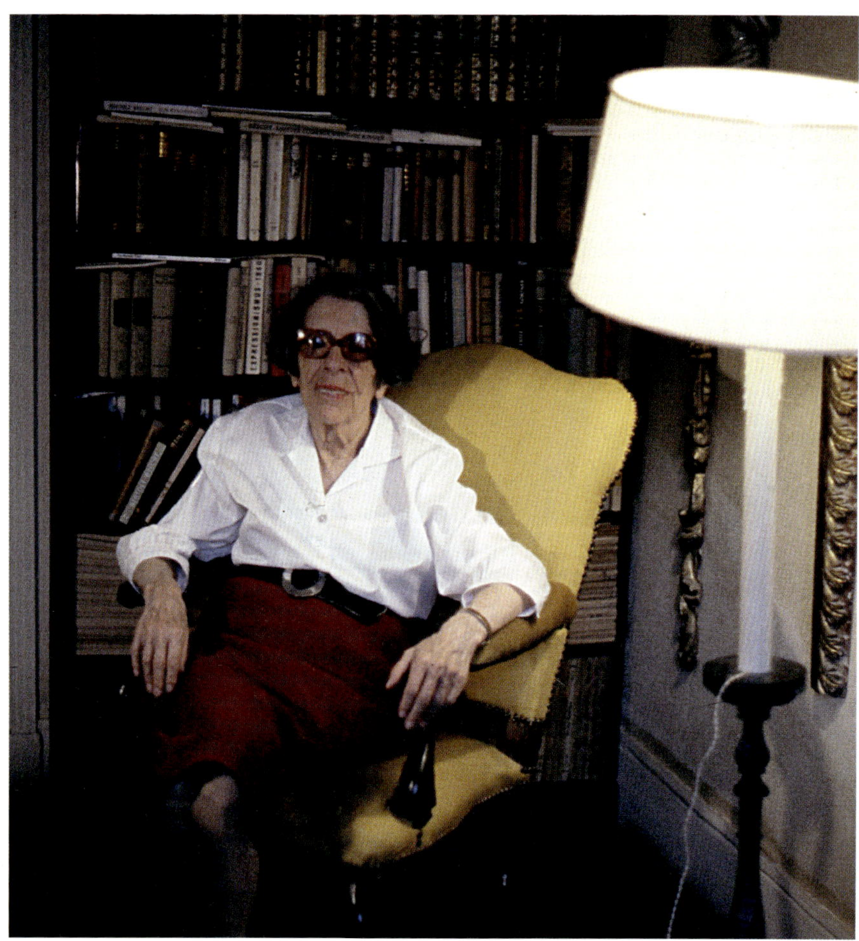

Lotte H. Eisner, Paris 1980

Auf der Berlinale hatte ich zuvor schon zwei Filme von ihm gesehen, die mich beeindruckt hatten: IN DER FREMDE im Wettbewerb 1975 und TAGEBUCH EINES LIEBENDEN im Forum 1977. Beide griffen Themen aus einer Alltagswelt auf, die in Filmen dieser Zeit kaum behandelt wurden. Auch war Saless' Erzählweise ungewöhnlich: dieser langsame Rhythmus, diese sparsamen Dialoge ohne jede Geschwätzigkeit. Ich fand es verlockend, bei ihm mitzuarbeiten. Saless war sofort einverstanden.

Ich besuchte ihn im Juli 1979 in Paris bei den Dreharbeiten zu DIE LANGEN FERIEN DER LOTTE H. EISNER, einem Dokumentarfilm über die Grande Dame der Filmkritik in Paris.
Es war sein erster Film nach fast drei Jahren. Keines seiner Drehbücher hatte in dieser Zeit einen Produzenten gefunden. Vor allem sein Buch zu UTOPIA nicht, das ihm sehr am Herzen lag. Nun schien es wieder aufwärts zu gehen.

Saless kam zurück nach Frankfurt. Mein Kollege Dieter Reifarth, damals Organisator der Saless-Retrospektive im Kommunalen Kino in Frankfurt, hatte ihm von einem Mann erzählt, der jeden Sonntag früh am Morgen durch seine Straße ging und laut: »Aufstehen!« rief.

Saless wollte aus dieser Geschichte mit uns zusammen ein Drehbuch entwickeln. Zunächst hat er mit Dieter Reifarth auf Karteikarten eine Art Treatment verfasst. Auf jeder Karte war eine Szene beschrieben.

Dieter Reifarth:
»Diese Version war noch relativ nah an den tatsächlichen Ereignissen. Es gab ja wirklich diesen Mann, der die Straße rauf und runter gegangen ist und ›Aufstehen!‹ gerufen hat. Ich wusste, wer das war, ich kannte ihn. Saless ist sehr schnell angesprungen auf bestimmte Stoffe. Man hat ihm etwas erzählt, eine kleine Geschichte. Er hat einen Moment überlegt und dann gesagt: ›daraus machen wir einen Film!‹. Er war auch loyal gegenüber den Leuten, die ihn darauf gebracht haben. Im Gegensatz zu manch anderen Regisseuren war er kein Zauderer. Im Gegenteil, er war davon überzeugt, aus nahezu jedem Stoff einen Film machen zu können.«

Das Kleine Fernsehspiel des ZDF zeigte Interesse, und so kam es, dass Saless in meinem Studio Quartier bezog. Tagsüber schrieb er und hörte dabei ununterbrochen Platten von Jan Gabarek, dem Melancholiker des Saxophons, den er in meiner Plattensammlung entdeckt hatte. Abends kamen Dieter Reifarth und ich hinzu und diskutierten über seinen Entwurf. Wir haben vor allem mit ihm an den Dialogen gefeilt, um sie in ›Kinodeutsch‹ zu übertragen. Wir waren die Ko-Autoren des Films. Es entstand das Drehbuch zu ORDNUNG unter dem Arbeitstitel AUFSTEHEN! und es sollte noch im gleichen Jahr verfilmt werden.

Doch zuvor unternahm Saless noch eine Reise besonderer Art. Der amerikanische Filmkritiker von ›Variety‹, Ron Holloway, der in Berlin lebte, organisierte mit Unterstützung des Goethe-Instituts Ende Oktober 1979 in mehreren Städten der USA eine Retrospektive von neuen deutschen Filmen. Unter dem Label »New German Cinema« waren u.a. Herbert Achternbusch, Uwe Brandner, Reinhard Hauff und eben Sohrab Saless mit mehreren Filmen vertreten. Die Reise ging u.a. nach Chicago, San Francisco und Los Angeles. Saless bat mich, mitzukommen. Ich war nun offiziell sein Regieassistent. Wir trafen uns in San Francisco.

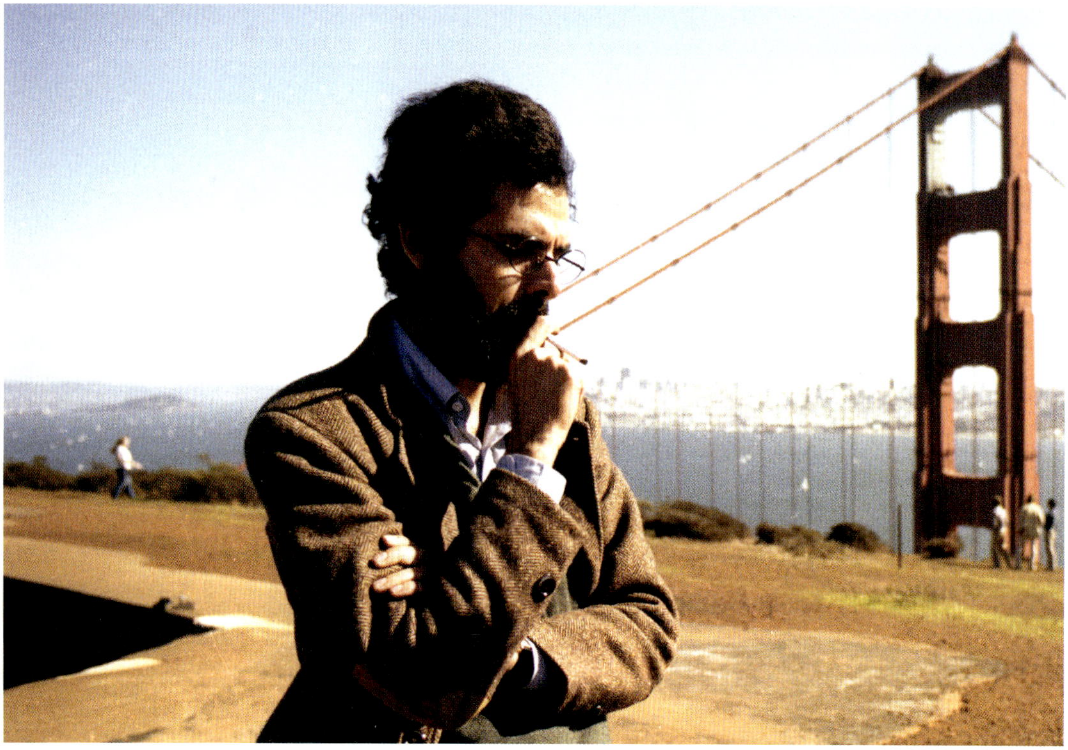

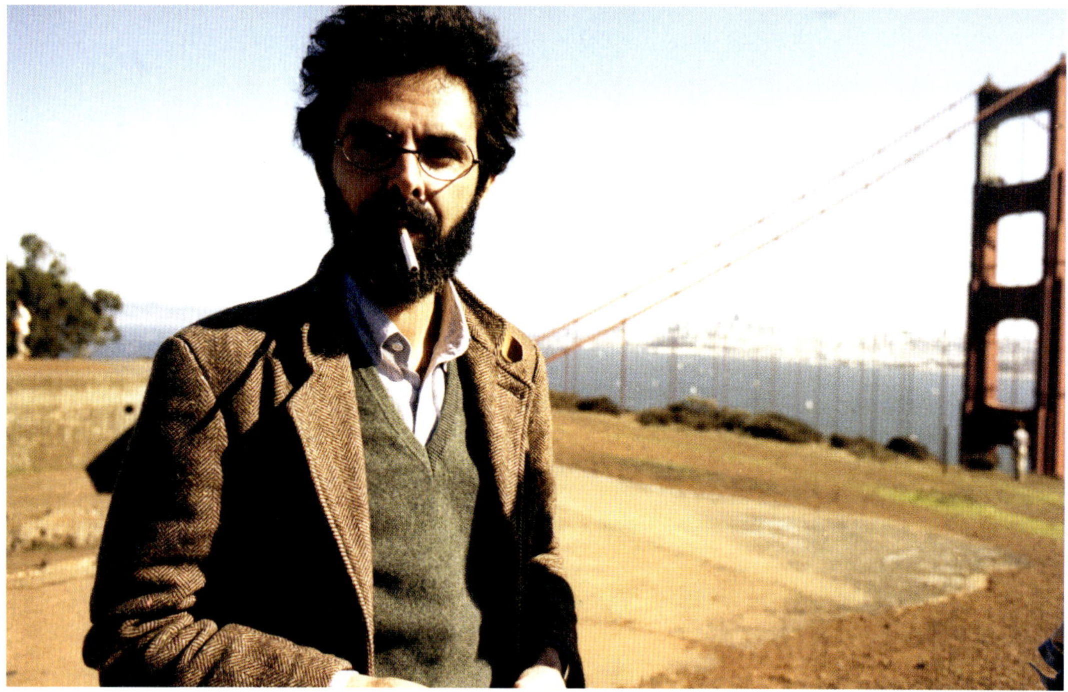

USA-REISE

SAN FRANCISCO

Im legendären ›Castro Theatre‹, einem Filmpalast aus den 1920er-Jahren, fand ein Teil der Vorführungen statt, parallel auch im ›Pacific Film Archive Berkeley‹, wo Tom Luddy Programmmacher war. Gezeigt wurden unter anderem: IN DER FREMDE und TAGEBUCH EINES LIEBENDEN von Sohrab Saless und SERVUS BAYERN von Herbert Achternbusch.
Die Vorführungen der Filme in Berkeley waren mit vorwiegend studentischem Publikum gut besucht, die Reaktionen auf die Filme eher höflich zurückhaltend.

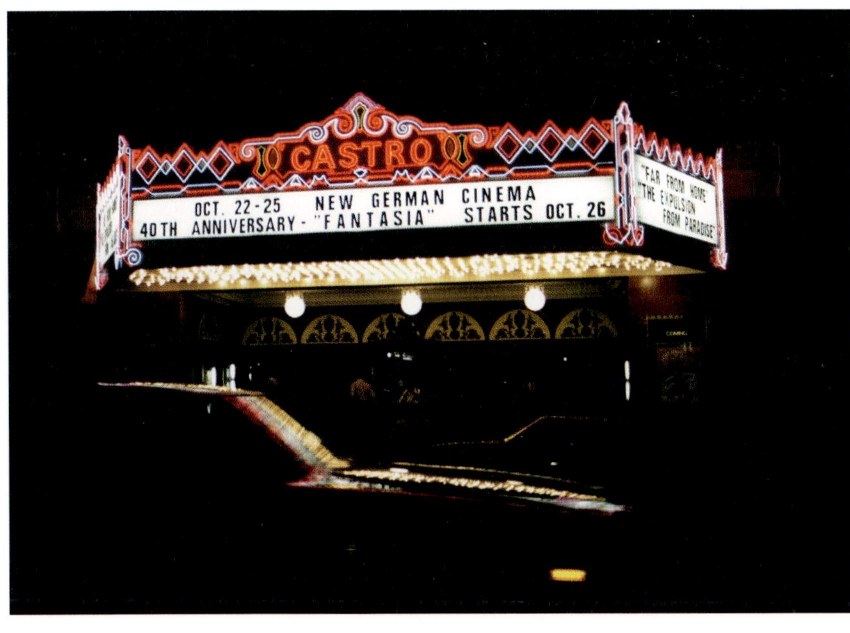

Das altehrwürdige ›Castro‹ zeigt in der Reihe NEW GERMAN CINEMA Niklas Schillings DIE VERTREIBUNG AUS DEM PARADIES und Saless' IN DER FREMDE.

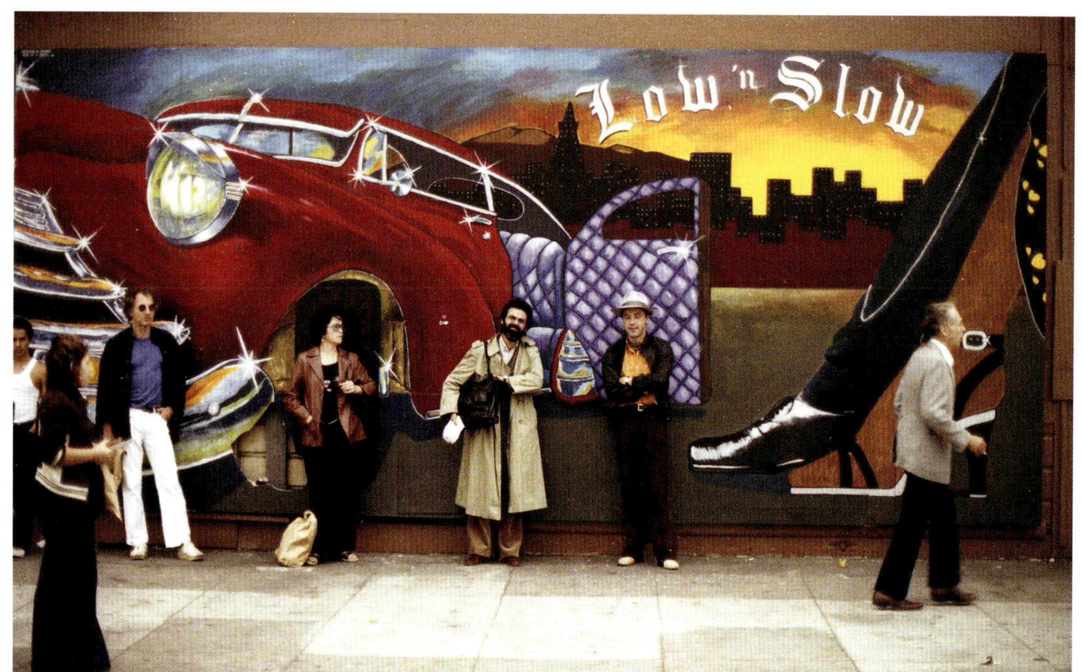

Am ›Bus Stop‹ mit Herbert Achternbusch (links) und Tom Luddy (Mann mit Hut)

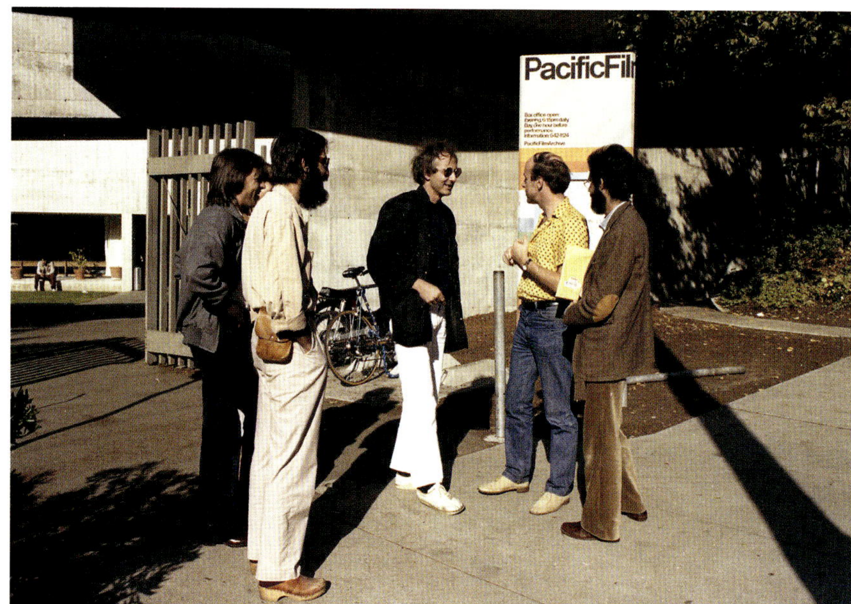

Herbert Achternbusch, in der Mitte, rechts daneben Tom Luddy, ganz rechts Sohrab Saless, vor dem ›Pacific Film Archive‹.

Tom Luddy unternahm mit uns Stadtführungen: Golden Gate, Bay Bridge – das übliche Programm, aber auch eine Besonderheit: ein Besuch bei Francis Ford Coppola im Hauptsitz seiner Produktionsfirma ›American Zoetrope‹. Die Büros waren im markanten Sentinel Building untergebracht. In der Firma herrschte damals große Euphorie: im gleichen Jahr war APOCALYPSE NOW (1979) herausgekommen, hatte gerade die Goldene Palme in Cannes gewonnen und wurde ein Welterfolg. Man zeigte uns stolz das Tonstudio, in dem Walter Murch das sagenhafte Sounddesign des Films gestaltet hatte.

Wir bekamen eine Audienz bei Coppola. Er empfing uns in seinem Büro, wo er hinter einem wuchtigen Schreibtisch thronte. Mit einer Handbewegung, die von Marlon Brando alias Don Corleone hätte stammen können, bat er uns, Platz zu nehmen.
Der darauf folgende Small Talk wurde unterbrochen, als plötzlich Wim Wenders zusammen mit seinem damaligen Drehbuchautor Dennis O'Flaherty im Zimmer stand. Er war mitten in den Vorbereitungen für seinen Film HAMMETT, produziert von Coppola für das Studio ORION, dessen Dreharbeiten 1980 beginnen sollten.
Wenders wirkte zurückhaltend, fast schüchtern, als er uns einzeln begrüßte. Er war aber nicht wegen uns hereingekommen, sondern hatte eine Frage an Coppola wegen einer Dialogstelle im Drehbuch, die er gerne durch einen anderen Satz ersetzt haben wollte.
Wieder hob Coppola gönnerhaft seine Hand im Stil des Don Corleone und erteilte gnädig seine Zustimmung.[1]

1 Wim Wenders erlebte eine Zeit des Leidens unter Francis Coppola und Hollywood.
Die Herstellung von HAMMETT zog sich über vier Jahre hin, von 1978 bis 1982:
»... Francis hatte eines Tages gesagt, er wolle keine Drehbücher mehr lesen; so hatte er die Idee zur radio-show: er gab mir einen Toningenieur, ich konnte die Schauspieler meiner Wahl engagieren, Geräusche machen, Musik hinzufügen, mischen. Es war an sich eine schöne Arbeit: Hammett wurde von Sam Shepard dargestellt, Jimmy Ryan von Gene Hackman. Diese Version dauerte zwei Stunden. Francis schlug vor, einen Sketch artist zu beauftragen, von allen Einstellungen Zeichnungen anzufertigen: auf Video aufgenommen, begleitet vom Tontrakt, würde ihm das gestatten, den ganzen Film, Bild und Ton, zu ›sehen‹. Anschließend wollte er diese Videoskizze in den Computer einspeisen. Jedesmal, wenn eine Szene gedreht und geschnitten wäre, würde sie ein Stück Skizze ersetzen. Aber als wir uns das Video anschauten, hatten alle die Nase voll von diesem Film. Francis hat das Drehbuch aus dem Fenster geworfen und meinte, wir müßten wieder bei null anfangen. Tom Pope (Drehbuchautor Nr. 2) wollte den Computer aus dem Fenster schmeißen; zu dritt mussten wir ihn daran hindern ...«
»... Tatsächlich habe ich HAMMETT zweimal gedreht. Zunächst habe ich die Version von Dennis O'Flaherty – nun schon der dritte Drehbuchautor – gedreht und geschnitten; es fehlte nur noch die Schlussszene, nicht einmal zehn Minuten. Und da hat Francis noch einmal gesagt: ›Wir fangen wieder von vorn an und engagieren einen neuen Drehbuchautor, der kann dann einige Szenen verwenden.‹ So geschah es auch ....« Aus Wim Wenders »Die Logik der Bilder«, Frankfurt am Main 1988

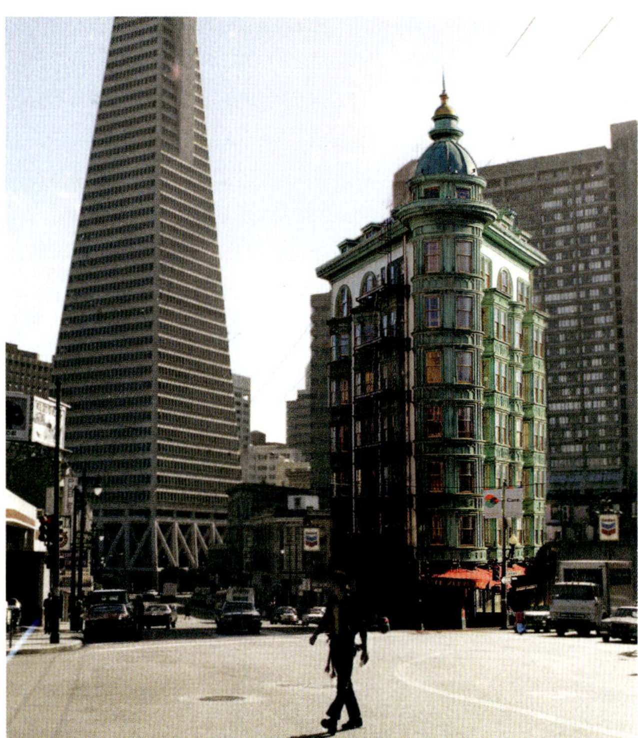

›Sentinel Building‹.
Im Erdgeschoss des Gebäudes gab es einen Hamburger-Laden, das ›American Zoetrope Café‹. Wir hatten Hunger und folgten Tom Luddy, der uns gleich auf die Besonderheiten des Lokals aufmerksam machte: Wim Wenders habe die Musik für die Juke Box zusammengestellt! Und auch auf die Speisekarte habe er Einfluss gehabt! Tatsächlich gab es auf der Karte ein Gericht mit dem Namen ›Wimburger‹. Natürlich haben wir ihn bestellt. Saless und Achternbusch hatten nur Spott dafür übrig: »Wim lässt sich hier im wahrsten Sinn des Wortes verspeisen …«

Sohrab Saless und Herbert Achternbusch waren nicht von besonderem Interesse im Radarsystem von Coppola und ›Zoetrope‹. Und so verließen wir bald das Büro – wieder begleitet von jener Handbewegung Coppolas.

Saless und Achternbusch hatten schnell einen besonderen Draht zueinander gefunden und machten bei jeder sich bietenden Gelegenheit ihre Späße. In einer der prächtigen Stadtvillen von San Francisco mit Blick auf Alcatraz, fand ein kleiner Empfang für die deutschen Filmemacher statt. Saless und vor allem Achternbusch langweilten sich schon nach kurzer Zeit und so holte er sein Tabakdöschen hervor, um eine Prise bayerischen Schnupftabaks auf seinen Handrücken zu streuen und durch die Nase einzusaugen. Die Partygäste waren irritiert – dieses Ritual kannten sie nur, wenn jemand Koks schnupfte, und niemand würde dies so offen inmitten einer Gesellschaft erledigen. Die meisten lächelten verlegen oder schauten weg. Achternbusch setzte seine Performance fort, indem er eine weitere Prise seines Pulvers auf die nackte Schulter der Gastgeberin streute und dann genießerisch durch die Nase einzog. Die Dame des Hauses tat höflich amüsiert, aber für die meisten Anwesenden schien das Ganze sehr befremdlich.

Saless und ich fuhren an einem der folgenden Tage zum Konsulat der Iranischen Republik in San Francisco. Eine Kopie seines Films STILLEBEN (Iran,1974) wurde für eine Vorführung gebraucht und sie sollte dort liegen. Man suchte in den Abstellräumen, aber der Film war nicht angekommen. Das Personal wirkte unbeholfen – immerhin war die Revolution im Iran noch nicht einmal vor einem Jahr erfolgt. Saless meinte, dass einige der Angestellten wohl früher im Keller gearbeitet hätten und nun im wahrsten Sinne des Wortes aufgestiegen waren.

Anderntags gingen wir durch die hügeligen Straßen von San Francisco und unterhielten uns über die Bemerkung Paul Schraders (Drehbuchautor von Martin Sorseses TAXI DRIVER, 1976.): »When a Japanese cracks up, he'll close the window and kill himself; when an American cracks up, he'll open the window and kill somebody else.«[2] Unser Blick streifte über die Fassaden, jeden Moment könnte also ein Fenster aufgehen und ...

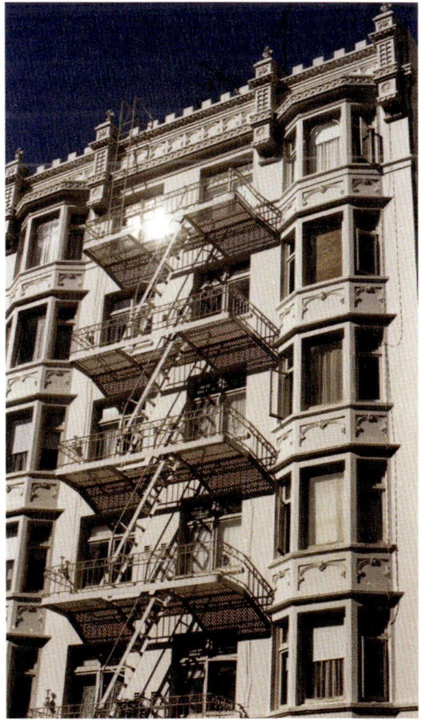

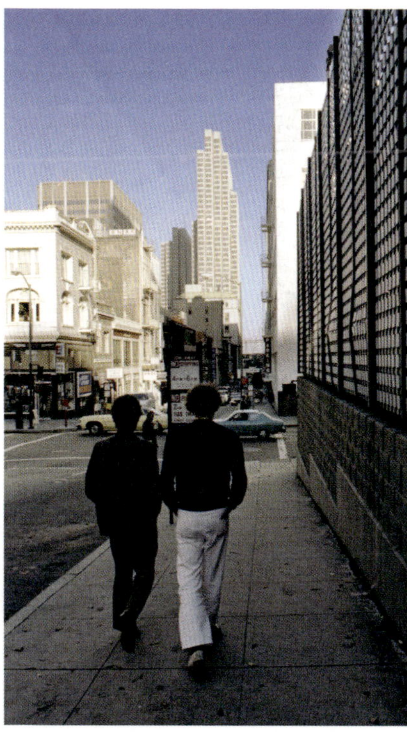

Saless und Achternbusch in den Straßen von San Francisco

2 Es gibt noch eine andere Version »Wenn in Europa jemand nicht mehr weiter weiß, schließt er das Fenster und dreht den Gashahn auf. Wenn in Amerika jemand nicht mehr weiter weiß, öffnet er das Fenster und schießt auf die Straße.«

SANTA MONICA

In Los Angeles fand die Retrospektive ihre Fortsetzung. Wir checkten im ›Beach Motor Hotel‹ ein, ganz nah am Strand von Santa Monica, genau dort, wo die legendäre ›Route 66‹ endet. Dietmar Schneider, Aufnahmeleiter bei Achternbuschs Filmproduktion, war inzwischen aus Europa gekommen, und so saßen wir zu viert am ›Ende der westlichen Welt‹ ...

Die Filmvorführungen fanden im ›Fox Venice‹ statt, einem Arthouse-Kino im Art Deco-Stil.
Die Vorstellungen waren gut besucht, aber auch hier hielt sich die Begeisterung in Grenzen. Die Filme wirkten doch sehr fremdartig, europäisch, so ohne ›speed‹ und ›action‹.

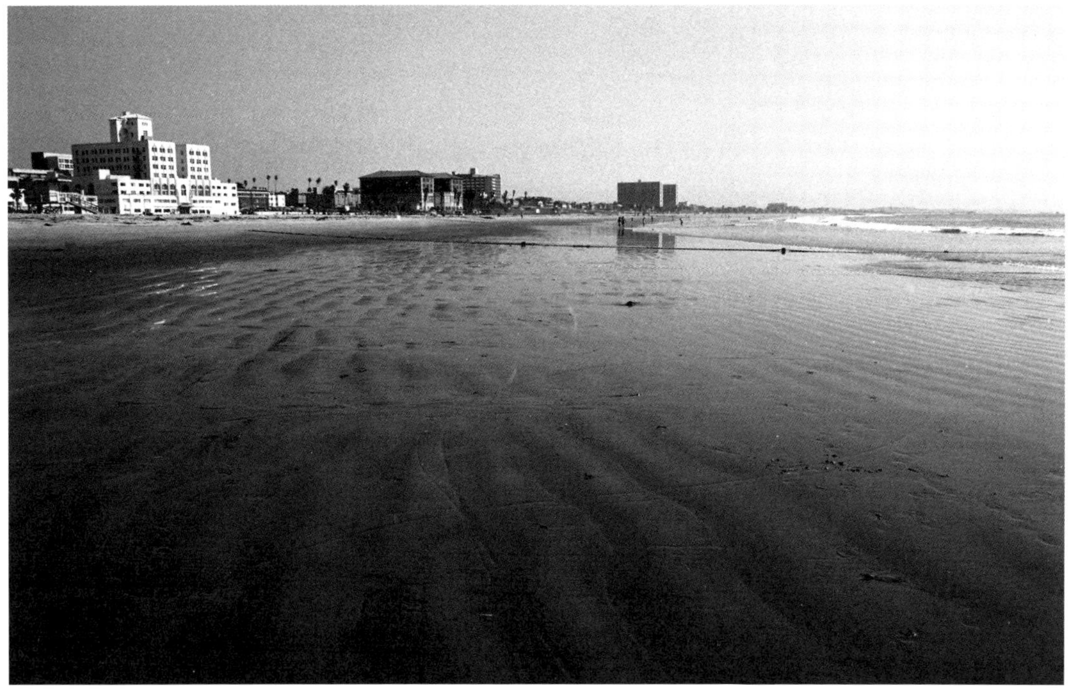

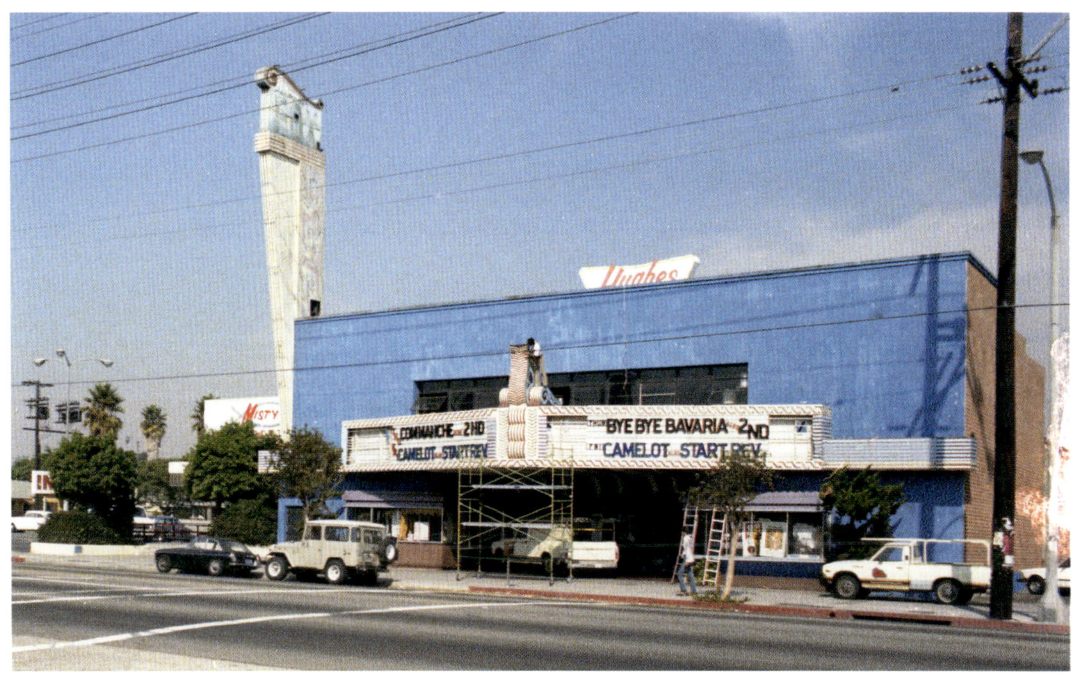

Das ›Fox Venice‹[3]
Auf der Anzeigetafel BYE BYE BAVARIA (SERVUS BAYERN) und COMANCHE, von Herbert Achternbusch

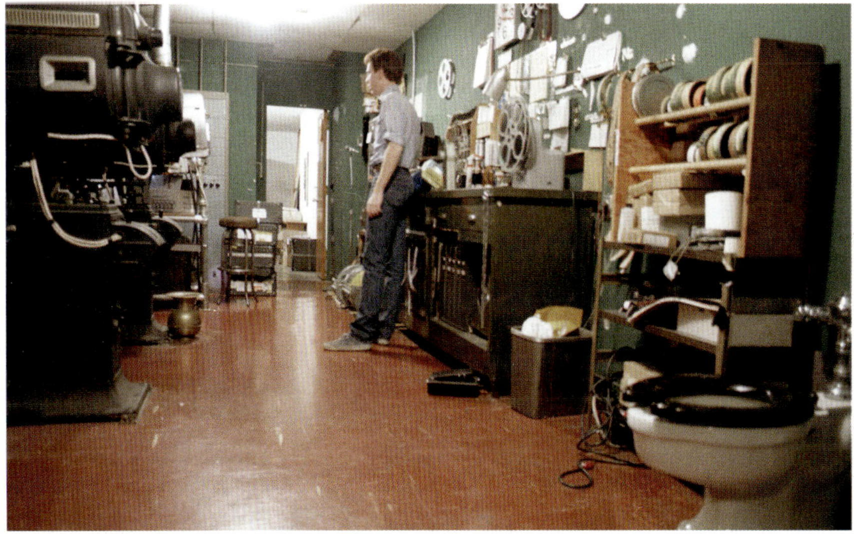

Der Vorführraum des Kinos. Die Toilettenschüssel sorgte dafür, dass der Vorführer den Raum nicht verlassen musste. Eine Sicherheitsvorschrift, die noch aus der Zeit des Nitrofilms stammte, einem Filmmaterial, das sehr leicht entflammbar war.

3 1988 musste das Fox schließen – Asbest war in der Decke gefunden worden. Heute befindet sich darin ein Ramschladen.

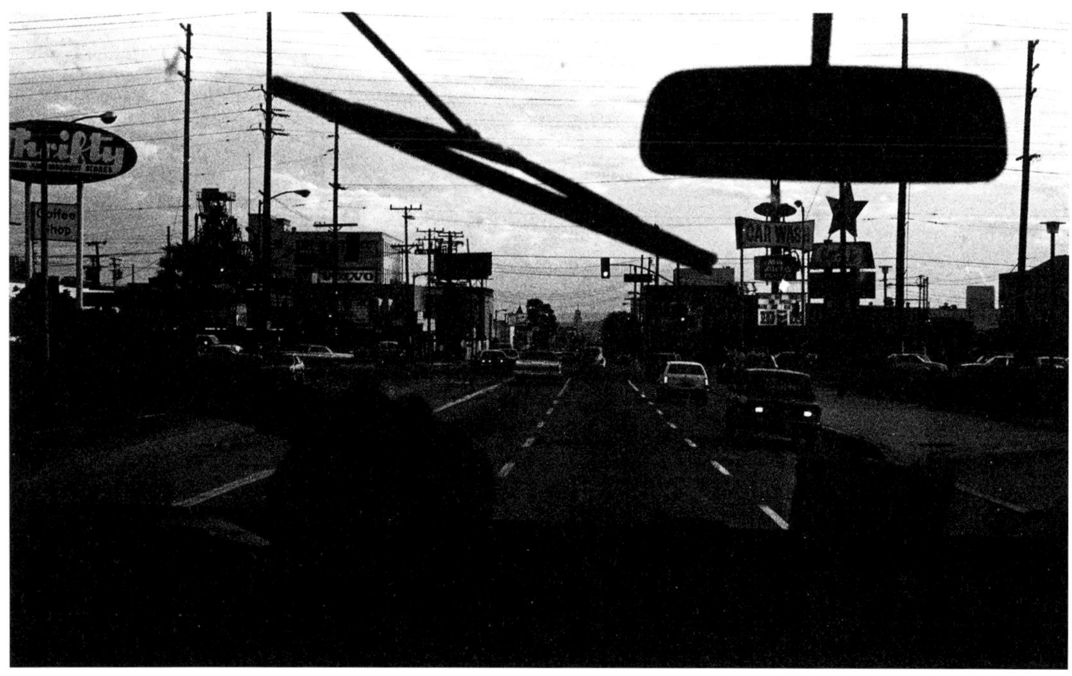

Boulevard der Dämmerung

Michael Donelly war der Programmmacher des Kinos. Mit seinem Toyota Jeep karrte er uns durch L.A., wenn es seine Zeit erlaubte. Überhaupt begegneten wir einer sehr großen Gastfreundschaft.

Wir klapperten mit ihm mehrere Filmstudios ab. Auf einem Parkplatz dort kniete Achternbusch begeistert neben dem Schriftzug ›J. Lewis‹ nieder, einem seiner filmischen Vorbilder.

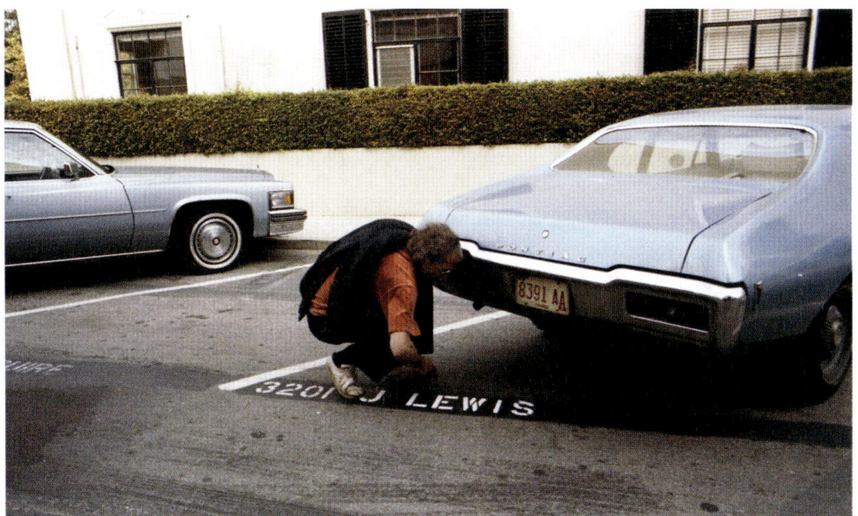

Den Staub von Jerry Lewis wischen …

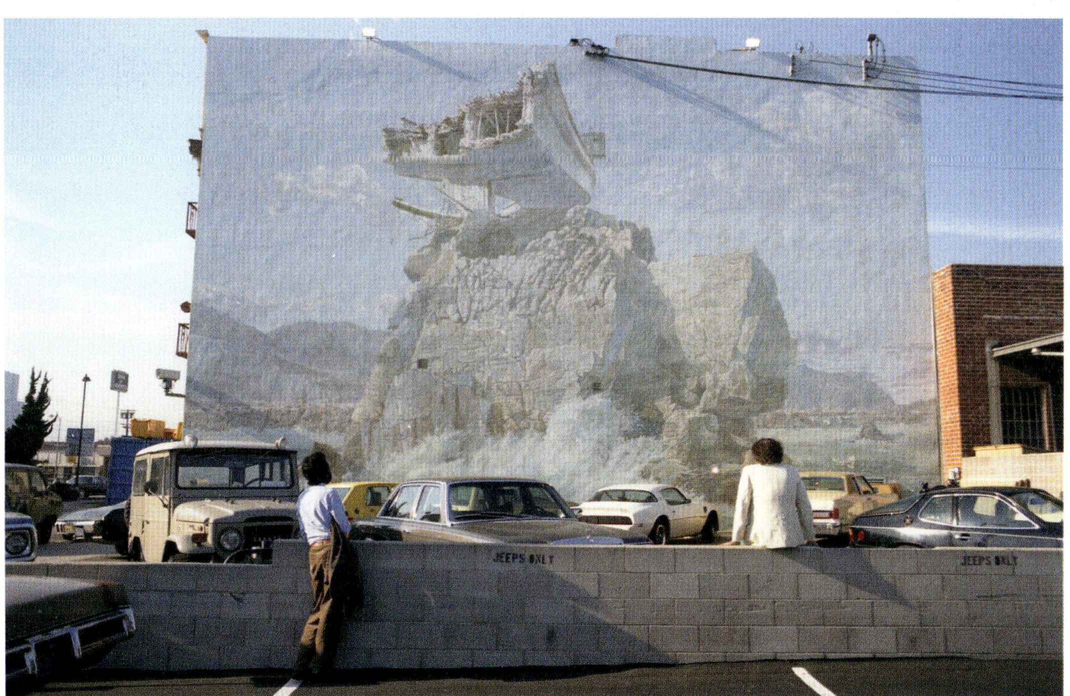

Saless und Achternbusch, Spezialisten für die inneren Beben, die seelischen Zerrüttungen von Menschen vor einer Wandmalerei in L.A. Endzeitvisionen finden sich hier überall, nicht nur in den Filmstudios. Das ultimative Erdbeben schwebt wie ein Damoklesschwert über der Stadt.

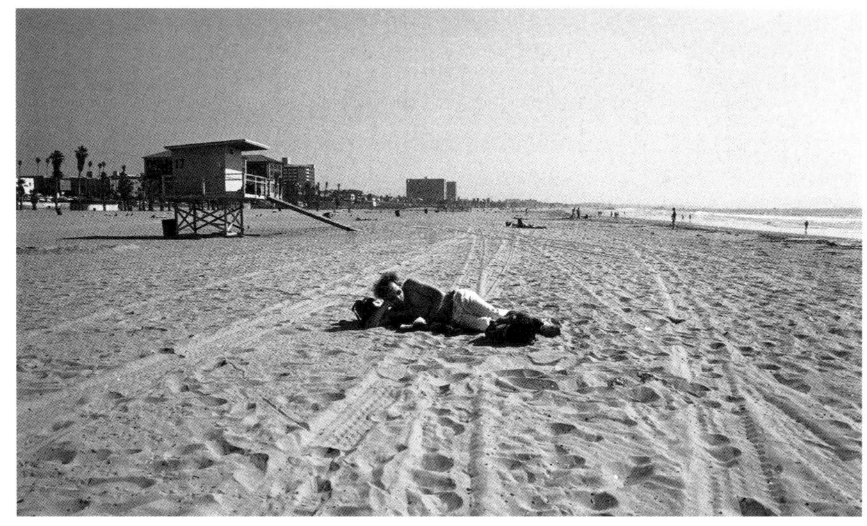

Am ›Oschn‘‹

»Gemma runter zum Oschn'!« sagte Herbert Achternbusch zu mir, und so gingen wir zum Lesen an den Strand vor dem Motel. Ich las Achternbuschs Buch ›Die Stunde des Todes‹ und erprobte das Pazifikwasser. Es war Anfang November und das Wasser war eisig.

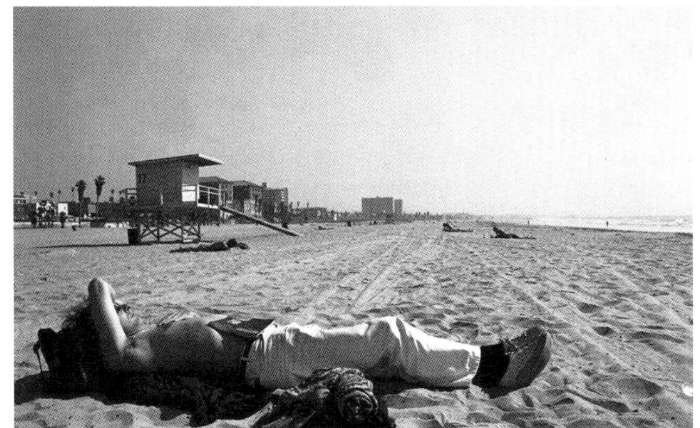

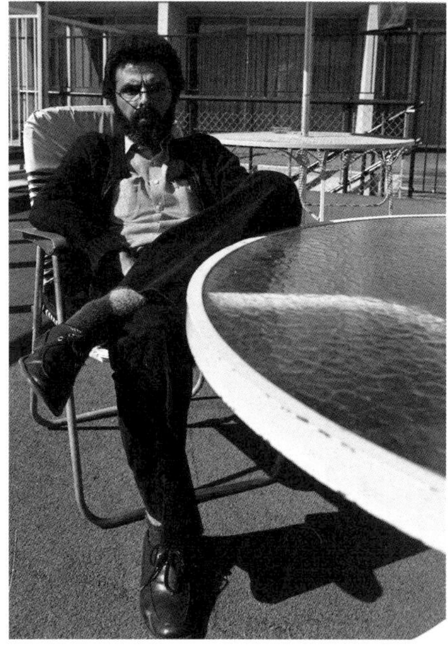

Saless hasste das Strandleben …

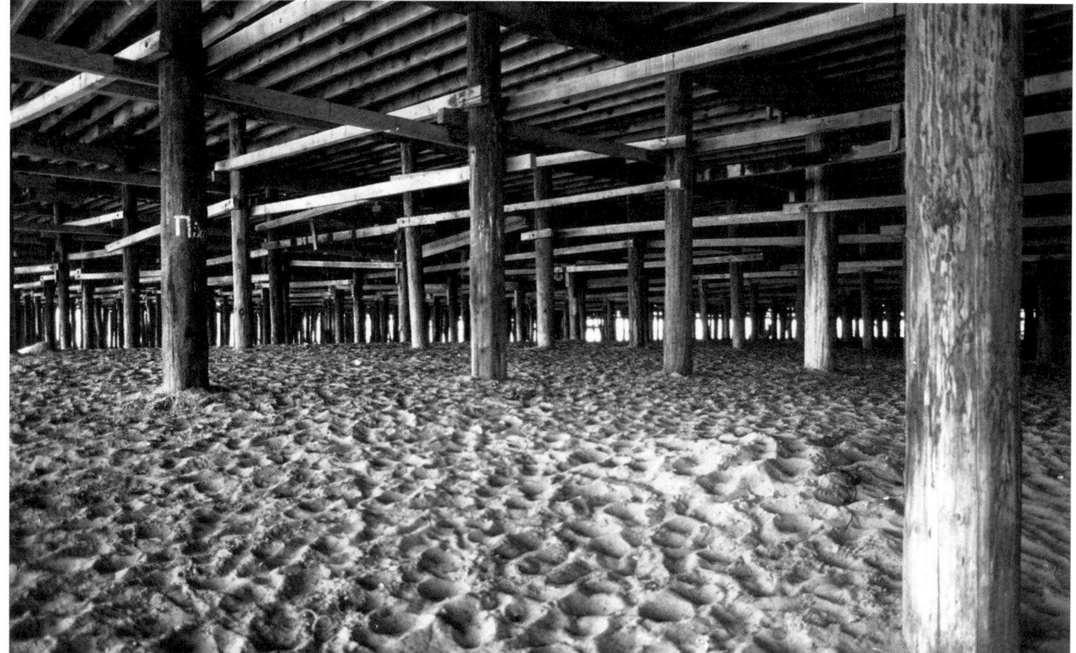

Unter der Santa Monica Pier. Endpunkt der mythischen ›Route 66‹. Ein dekorativer Unort, idealer filmischer Hintergrund für ein düsteres Endzeitdrama Saless'scher Prägung.

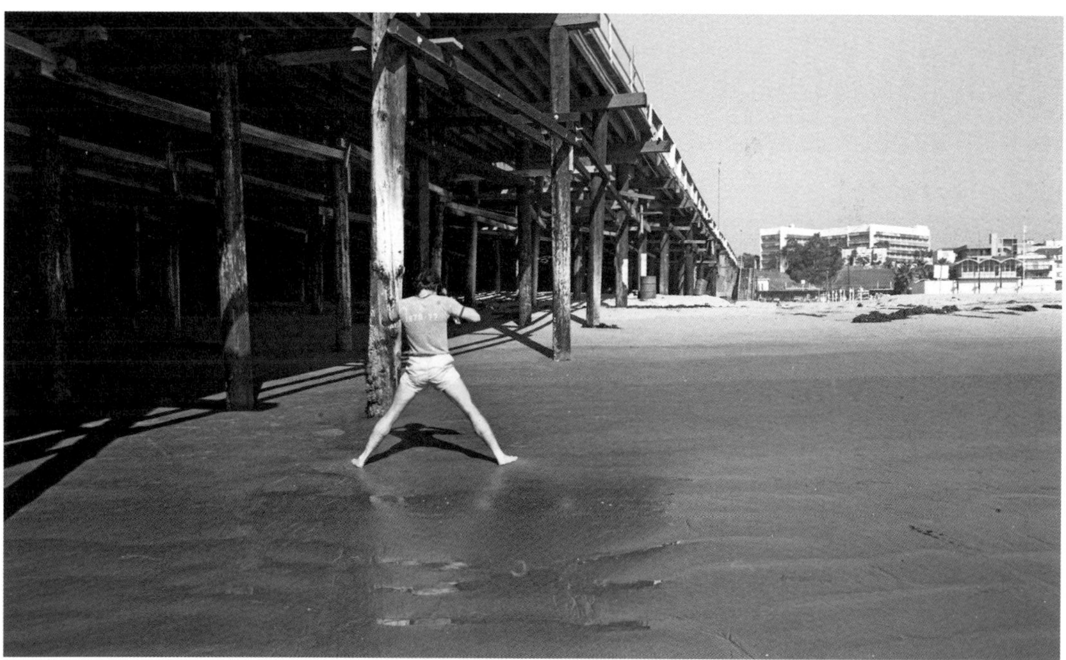

Los Angeles, Hauptstadt des Körperkults.
Um die Ecke hat seinerzeit Arnold Schwarzenegger trainiert.

Spätnachmittags ging es in die Bar. Achternbusch hatte schnell ein ›Wirtshaus‹ in der Nähe ausfindig gemacht. ›Chez Jay‹ wurde zu unserem Stammlokal. Genau der richtige Ort, um das Ende der Welt abzuwarten. Wir freundeten uns mit dem Wirt Jay an. Achternbusch hielt dort einmal eine Ansprache: »You Americans, you always say ›go West‹!, and you go West ... But here, it's the end of the West, you can not go further, it's the end of the American Dream ... So, what are you going to do now ...?«[4]
Jay war sichtlich überfordert und zuckte grinsend mit den Achseln.

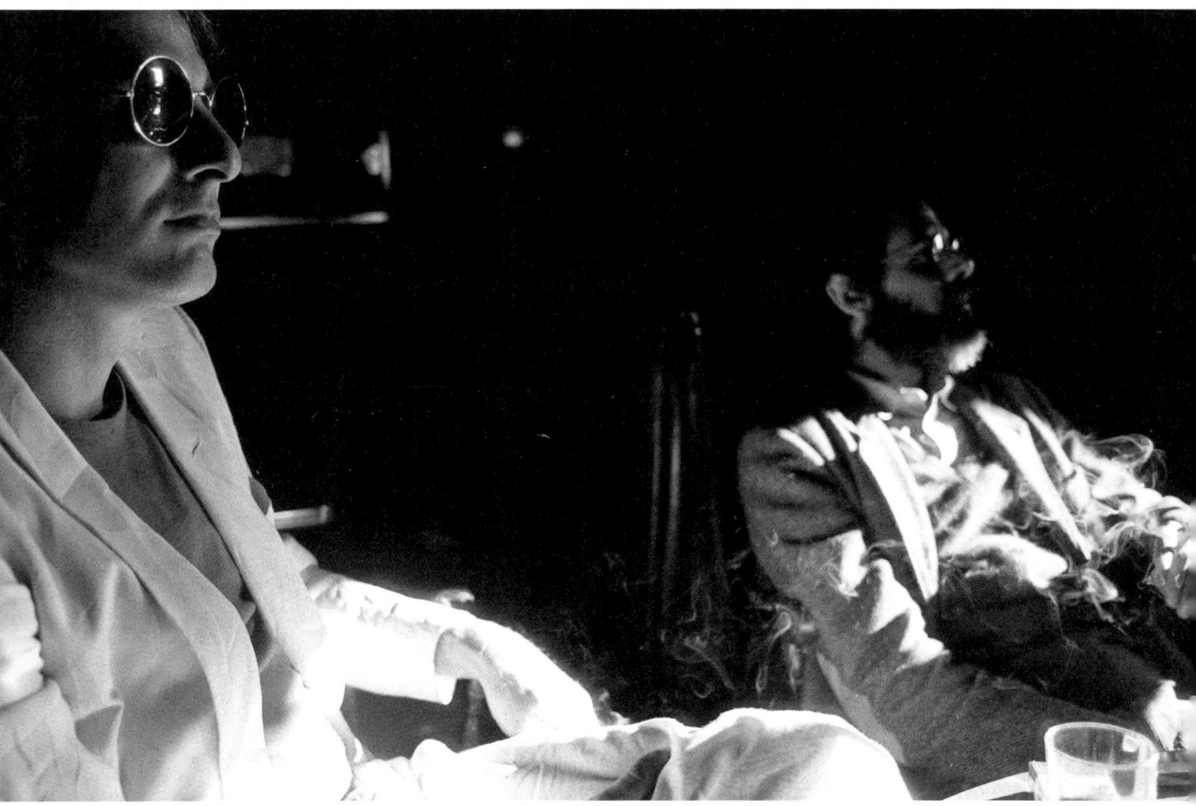

4 »Ihr Amerikaner sagt immer ›go West‹!, und ihr geht nach Westen ... Aber hier ist das Ende des Westens. Ihr könnt nicht mehr weiter. Das Ende des Amerikanischen Traums. Und nun, was macht ihr jetzt ...?«

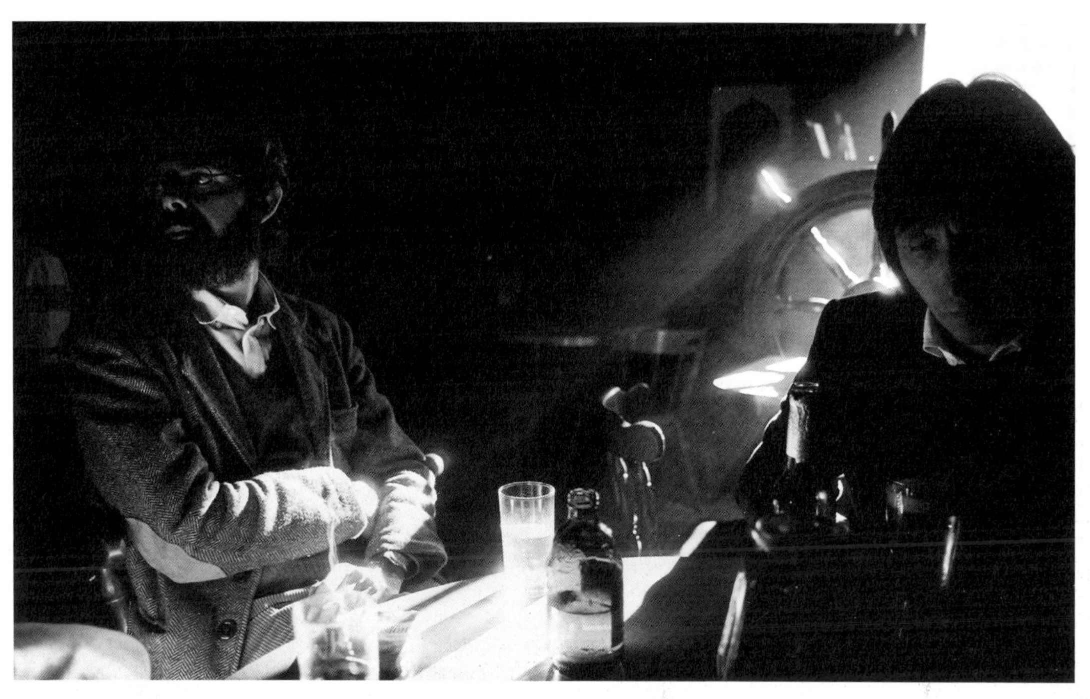

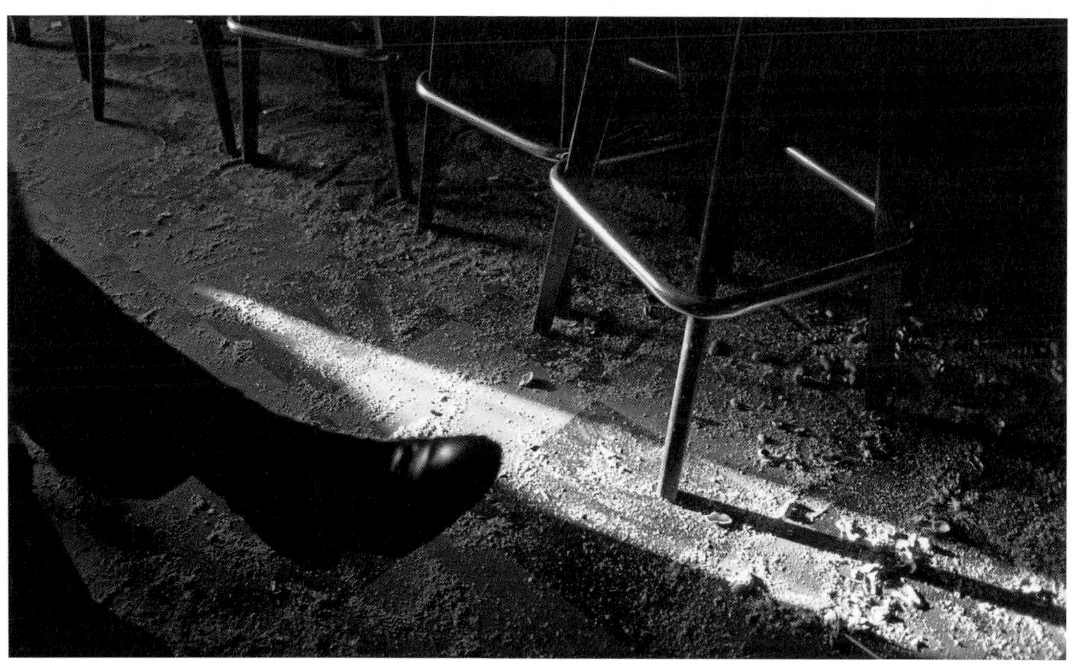

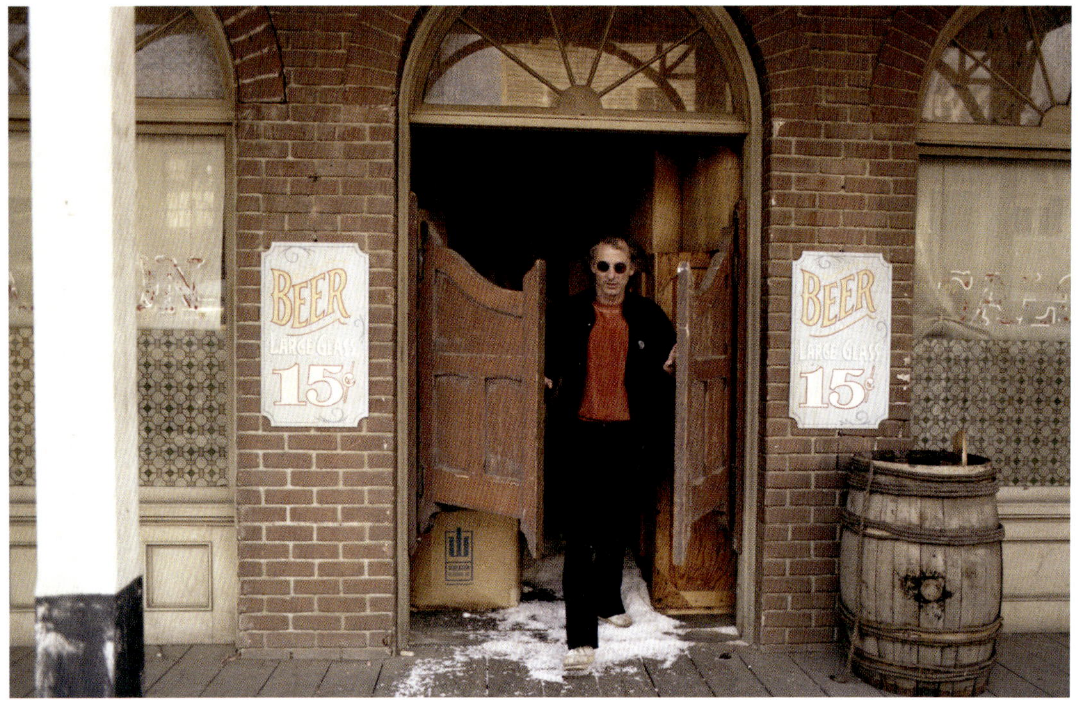

Herbert Achternbusch beim Besuch eines Filmstudios.

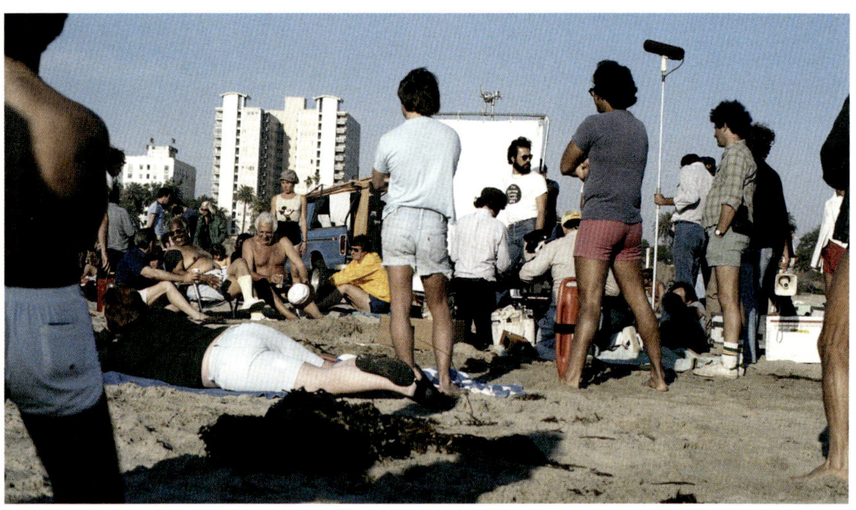

Dreharbeiten am Santa Monica Beach. Fast täglich wird hier gedreht.

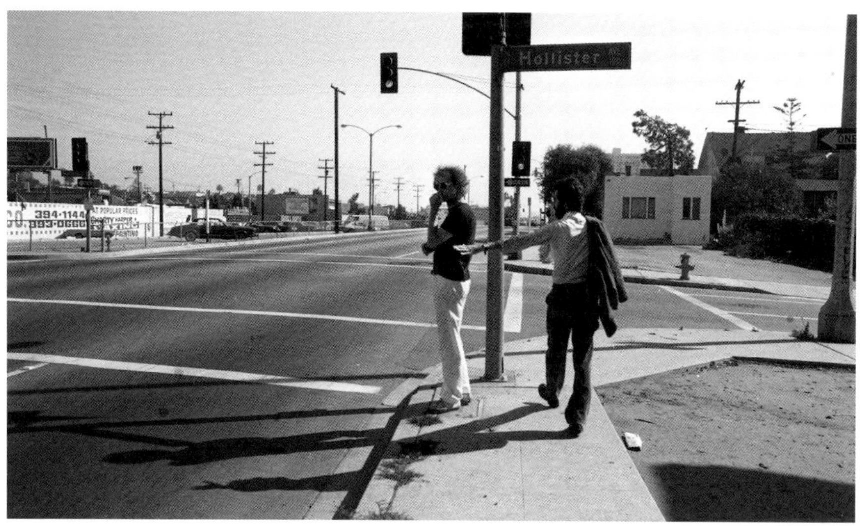

Außerhalb des ›Chez Jay‹ musste man sich an einige lokale Gepflogenheiten gewöhnen. Seine Whiskeyflasche musste Saless brav in eine der berühmten Papiertüten stecken.
Fußgänger hingegen hatten in Kalifornien große Freiheiten. Es gab zum Beispiel eine Verkehrsregel, wonach die Autofahrer sofort stoppen mussten, sobald ein Fußgänger auch nur einen Fuß auf die Straße setzte. Saless und Achternbusch machten sich mal wieder einen Spaß daraus: Kurz den Fuß auf die Straße und schon quietschten die Reifen.
Andererseits war man dort als Fußgänger von vornherein verdächtig. An einem Tag unternahmen wir einen längeren Spaziergang nach Venice, ca. zwei Meilen vom Motel entfernt. Unterwegs stoppte uns die Polizei und fragte uns, wo wir zu Fuß hin wollten?

In Venice besichtigten wir das Viertel mit den Kolonnaden im mexikanischen Stil. Die Straßenzüge hatten Orson Welles als Kulisse einer mexikanischen Grenzstadt für seinen Film TOUCH OF EVIL gedient (IM ZEICHEN DES BÖSEN, 1958, mit Charlton Heston, Janet Leigh, Zsa Zsa Gabor und Marlene Dietrich). Der Film beginnt in dem Viertel mit einer minutenlangen Kranfahrt – eine der spektakulärsten der Filmgeschichte: Ein Attentäter platziert eine Bombe mit Zeitzünder an einem Straßenkreuzer. Ein nichtsahnendes Paar steigt ein und fährt auf die Grenzstation zwischen Mexiko und den USA zu, die sich zwei Straßenecken weiter befindet. Die Frau, angetrunken, stammelt mehrmals »Ich hab so ein komisches Ticken im Kopf …« Der Fahrer winkt ab. Doch kaum hat das Auto die Grenzstation passiert, explodiert das Fahrzeug und der eigentliche Film beginnt. Die gesamte Szene bis zur Explosion hat keinen einzigen Schnitt.

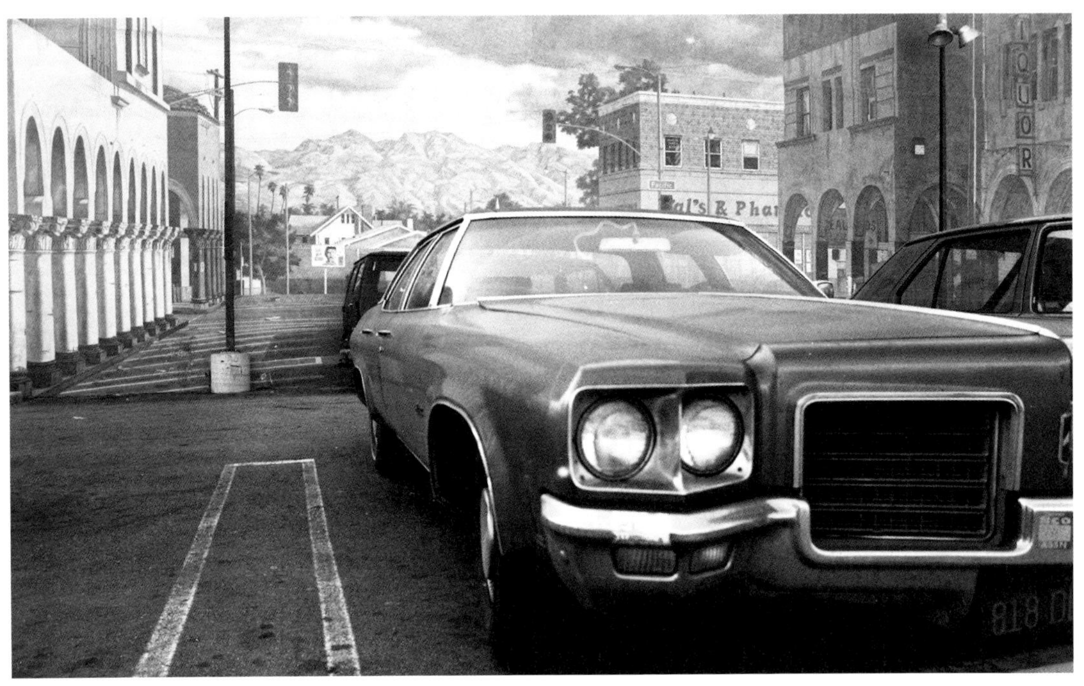

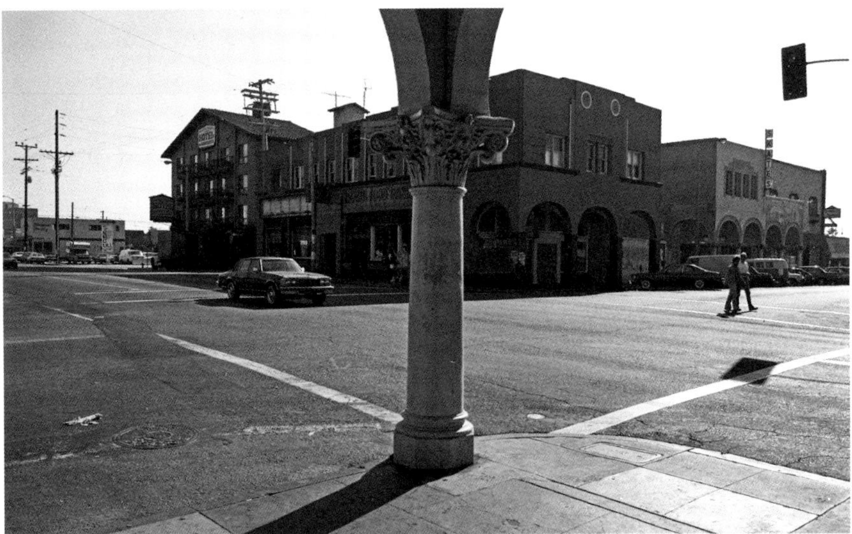

Kolonnaden der Venice Arcades, Windward Blvd., Venice.
Um diese Ecke biegt der Straßenkreuzer, der wenig später explodieren wird. Charlton Heston und Janet Leigh machen hier gerade einen Abendspaziergang, als sie Zeugen des Attentats werden. Es war Welles' letzter Film für Hollywood.

Als Orson Welles die Schnittfassung des Studios gezeigt bekam, war er entsetzt über die Verstümmelung seiner Arbeit, bis hin zum Einsatz der Musik. Er schrieb ein 58-seitiges Memorandum, um Änderungen zu verlangen – erfolglos. Er war entlassen.
Angewidert von ständigen Bevormundungen kehrte er Hollywood endgültig den Rücken und ging nach Europa.
Walter Murch (APOCALYPSE NOW) gestaltete 1998 auf Basis des Memorandums von Welles eine Art ›Director's Cut‹, der auch in die Kinos kam.

Werner Herzog kündigte sich an. Wir trafen ihn im Café auf dem Pier vor dem Hotel. Er kam in Begleitung einer jungen Italienerin. Er hinkte und hatte einen Fuß bandagiert.
Er war gerade aus Südamerika von einer Recherchereise für seinen Film FITZCARRALDO zurückgekommen. In seiner typischen Sprechweise, in der er gerne bizarre Vorgänge aller Art kolportierte, erzählte er, dass ihn in Südamerika beim Durchqueren einer großen Pfütze ein »giftiger Fisch gebissen« habe. Achternbusch und Herzog hatten sofort ihre natürliche Vertrautheit unter Bayern, während Saless distanziert wirkte und sich kaum an den Gesprächen beteiligte.[5]

Werner Herzog schlug vor, uns in seinem BMW ins 300 Meilen entfernte Las Vegas mitzunehmen und begann von Vegas zu schwärmen: »Da hat's Spielhöll'n – groß wie Fußballfelder! Das musst du gesehen haben.« Abends kam er zum Motel, aber der Wagen war zu klein für alle, und so fuhren nur Dietmar Schneider und Achternbusch mit.

Nach einigen Tagen wurde uns das Geld knapp. Auch für Saless. Er hatte den stetigen Drang, alle einzuladen, und Kreditkarten waren noch in weiter Ferne. Doch für ihn war es einfach, an Geld zu kommen: Überall auf der Welt und besonders hier in Kalifornien gab es Iraner, die Saless verehrten und selbstverständlich aushalfen.

Michael Donelly, der Leiter des ›Fox Venice‹, lud zu einer Party in seinem Haus in den Bergen, zu der Leute aus der Branche eingeladen waren. Auch Werner Herzog kam mit seiner Freundin. Er brachte einen großen Brocken Fleisch mit

5 Gab es Animositäten wegen Lotte Eisner? Saless und Herzog waren zu dieser Zeit ihre (deutschen) Lieblingsregisseure. Beide buhlten um ihre Gunst. Als sie 1974 schwer erkrankt war und zu sterben drohte, ging Werner Herzog zu Fuß von München nach Paris, um sie vom Weiterleben zu überzeugen – sie lebte noch weitere neun Jahre. Er hat diese Wanderung in seinem schönen Buch ›Vom Gehen im Eis‹ geschildert.
Saless hatte aber das Privileg, einen Film über und mit Lotte Eisner machen zu dürfen, DIE LANGEN FERIEN DER LOTTE H.EISNER, 1979. Herzog wiederum wurde von Lotte Eisner in höchsten Tönen gelobt für seine Neuverfilmung von Murnaus NOSFERATU (1979) es war wie ein Ritterschlag.

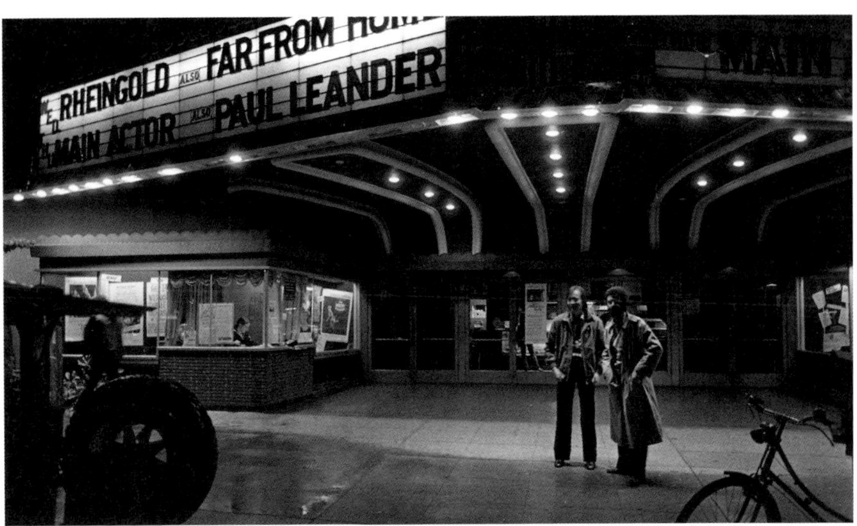

Far From Home

für das Barbecue. Saless beschäftigte sich währenddessen hauptsächlich mit ›Budweiser‹, dem Hund im Hause. Er war fast so groß wie Saless und wollte ständig fressen. Saless erlaubte sich wieder einen Scherz und gab dem Tier feixend das Fleisch von Herzog zum Fraß.

Saless und ich flogen dann zur Ostküste nach New York, um dort ein paar Tage zu verbringen. Saless hatte einen Lufthansaflug. Auf der Gangway begegnete er Niki Lauda, der zufällig in dasselbe Flugzeug stieg. Das beruhigte ihn, denn er hatte immer gewaltige Flugangst.
Ich hatte Glück und bekam ein Standby-Ticket bei PanAm. Wir landeten frühmorgens auf JFK. Übermüdet wartete ich an der Gepäckausgabe. Neben mir stand ein älterer Herr, der auch völlig zerknittert aussah – es war kein geringerer als Jack Lemmon. Bald kamen die restlichen Passagiere zum Gepäckförderband. Nach wenigen Minuten erkannte jemand den Star und begrüßte ihn lautstark. Eine Meute von Autogrammjägern stürzte sich nun auf ihn. Ich suchte das Weite.

Ein iranischstämmiger Filmkritiker und -wissenschaftler beherbergte uns in seiner Wohnung in Staten Island. In der Nacht hatten Anhänger von Ayatollah Khomeini die Botschaft der USA in Teheran besetzt. Unser Gastgeber wurde panisch. Wir sahen, wie er auf der Straße mit Nachbarn redete und über das Regime im Iran schimpfte. Lautstark betonte er: »I'm ashamed to be Iranian ...« Saless wurde wütend über diese Art der Anbiederung bei den Nachbarn und meinte, wir sollten das Quartier wechseln. Wir zogen aus und fuhren nach Philadelphia zu Saless' Brüdern. Von dort aus wollten wir die Heimreise nach Deutschland antreten.

Nach der Ankunft in Frankfurt erzählte Saless mir, wie erleichtert er war, als er endlich abfliegen konnte und wie ihn beim Betreten des Lufthansa-Flugzeugs wahre Heimatgefühle überkamen. Er hatte in Deutschland tatsächlich so etwas Ähnliches wie ein Zuhause gefunden. Von den USA war er nicht begeistert. Während unseres Aufenthalts dort war immer wieder einer seiner Lieblingssätze zu hören: »... hier möchte ich nicht gestorben sein ...!« Das Schicksal aber wollte es, dass er, keine zwanzig Jahre später, zum Sterben dorthin zurückkehrte.

In Frankfurt begannen unmittelbar nach unserer Ankunft die Vorbereitungen zu AUFSTEHEN (ORDNUNG).

S. Saless
Belgrader Str. 66 a
8ooo MÜNCHEN 4o

Frankfurt a. Main 24./9. 79

ZdF
- Kleines Fernsehspiel -
65oo MAINZ

Lieber Herr Stein,

vielen Dank für Ihr freundliches Interesse hinsichtlich des Filmstoffes "AUFSTEHEN". Hier nun das versprochene Drehbuch. Sollte Ihnen oder Ihren Mitarbeitern das Buch nicht gefallen, schicken Sie es bitte ohne Begründung an mich zurück. Eine Begründung würde uns nicht weiterhelfen.

Im November soll es sehr kalt werden; ich könnte dann das Buch im Kamin verfeuern und die Wärme geniessen. Das gleiche hat Alexej Alexeieff gemacht. Lotte Eisner erzählte mir die Geschichte.

Mit bestem Dank im voraus

IHR
Sohrab Shahid Saless

Brief an Eckart Stein, Redakteur des ZDF

DIE FILME

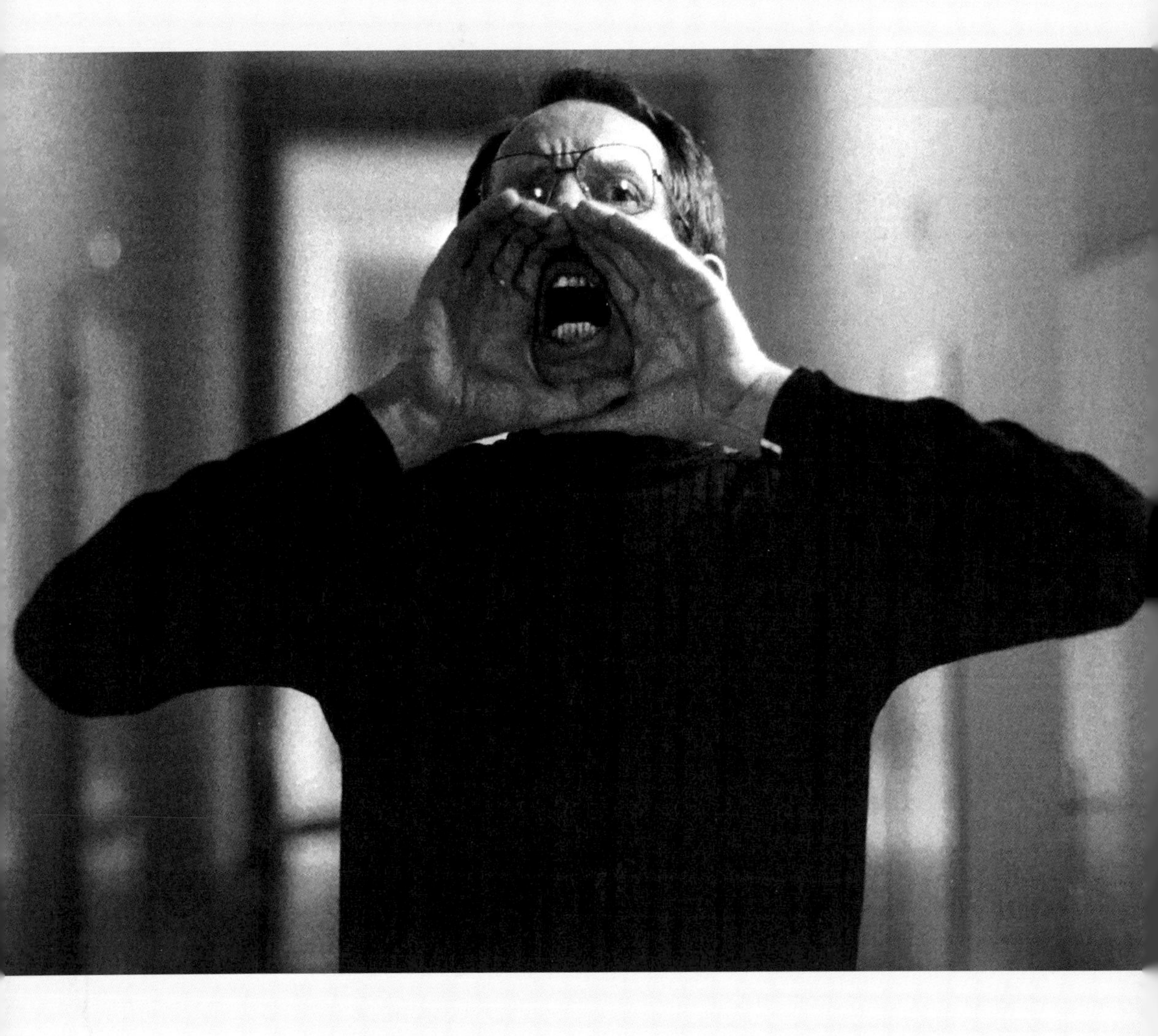

ORDNUNG

BRD 1980

Format: 35mm, Schwarzweiß

Länge: 96 Minuten

Drehzeit: 14 Drehtage vom 28. November bis 14. Dezember 1979

Drehort: Wiesbaden und Umgebung; Frankfurt am Main

Darsteller: Heinz Lieven, Dorothea Moritz, Dagmar Hessenland, u.a.

Drehbuch: Sohrab Shahid Saless, Dieter Reifarth, Bert Schmidt

Kamera: Ramin Molai

Ton: Gunther Kortwich, Günther Schmidt

Ausstattung: Herbert Hiller, Barbara Anders

Kostüme: Marion Weikl

Produktion: Marten Taege Filmproduktion, Wiesbaden

Redaktion: Christoph Holch, ZDF Kleines Fernsehspiel.

Fernseh-Erstausstrahlung: 8. Mai 1980 im ZDF

Auszeichnungen:
›Silberner Hugo‹ beim Filmfestival in Chicago, 1980,
Teilnahme ›Quinzaine des Réalisateurs‹, Cannes 1980.

Widmung: ›Für Herbert Achternbusch‹

Inhalt:

Herbert ist Mitte vierzig, Bauingenieur – und bereits seit Monaten arbeitslos. Auf Drängen seiner Frau nimmt er einen Job in einer Eisenwarenhandlung an. Frustriert gibt er die Stelle nach kurzer Zeit wieder auf. Seine Umwelt reagiert verständnislos. Immer tiefer versinkt er in Apathie. An jedem Sonntag streift er früh am Morgen durch die menschenleere Straße vor seinem Haus und ruft »Aufstehen!«. Herbert landet in einer psychiatrischen Anstalt. Wieder reagiert er auf seine Weise. Er geht durch die Flure und schreit »Auschwitz!«. Nach längerer medikamentöser Behandlung wird er als ›geheilt‹ entlassen.
Der Film endet mit einer Einstellung im Flur der Klinik: Herbert sitzt dort reglos; die Kamera fährt scheinbar endlos zurück.

Seine am stärksten autobiographischen Filme seien ORDNUNG und ROSEN FÜR AFRIKA, sagte Saless einmal. Die Figuren in den Filmen entsprächen exakt seiner Persönlichkeit. Auch hat er wohl eine eigene Erfahrung in dem Filmstoff von ORDNUNG verarbeitet. Saless hatte in jungen Jahren TBC und verbrachte eine Zeit im Sanatorium. Vielleicht ist die Stimmung im Filmkrankenhaus nicht ohne Grund so treffend morbide.

„WAS ER SPRICHT, INTERESSIERT DIESE FISCHWELT NICHT. SEIN SCHWEIGEN SCHRECKT UND RÜHRT SIE NICHT.
MANCHE DINGE KANN MAN EBEN NIEMANDEM MITTEILEN. ES GIBT GEDANKEN, DIE MAN FÜR SICH BEHALTEN MUSS, GEDANKEN VOR DENEN MAN ANGST HAT!"

Notiz, die Saless dem Drehbuchmanuskript voranstellte.

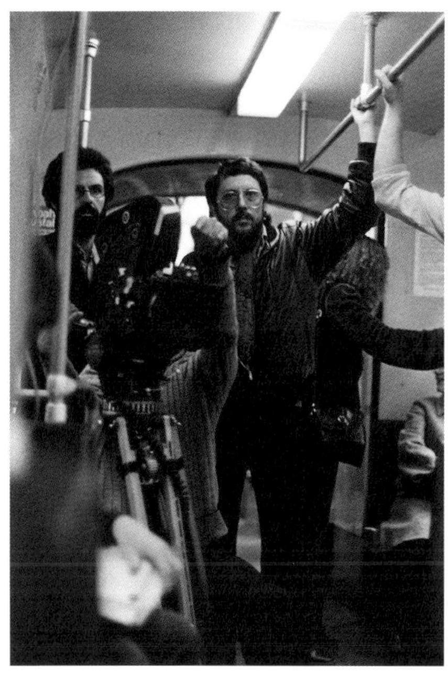

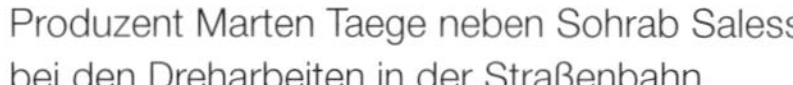
Produzent Marten Taege neben Sohrab Saless bei den Dreharbeiten in der Straßenbahn.

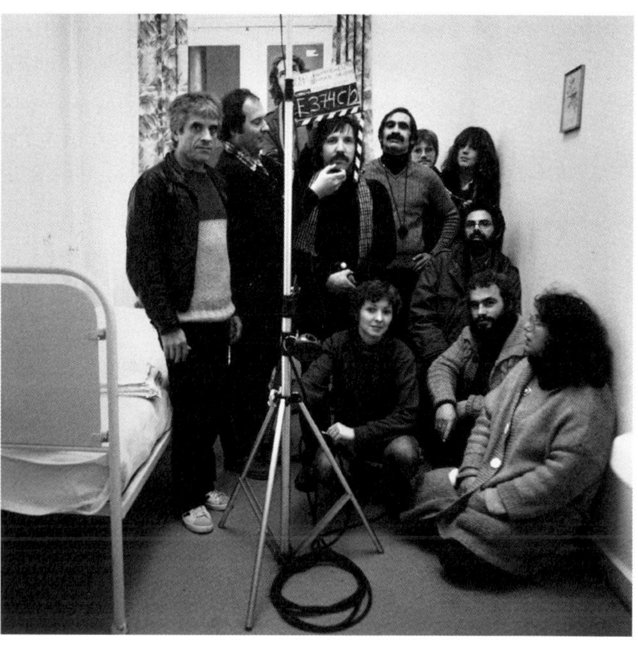
Das Team von ORDNUNG, nach der letzten Klappe. Vorn links Produktionsleiter Herbert Kerz.

Die Produktion verfügte über ein kleines Budget – das Kleine Fernsehspiel des ZDF war eher für Nachwuchsfilme gedacht.
Es war der erste lange Spielfilm, den Marten Taege produzierte. Er holte sich durch Vermittlung von Saless den erfahrenen Produktionsleiter Herbert Kerz, der in den frühen 1960er Jahren beim Film angefangen hatte. Saless und Kerz kannten sich von der Produktion von TAGEBUCH EINES LIEBENDEN (Sohrab Shahid Saless, 1977). Nach dem Krieg war Kerz nach Australien gegangen und hatte dort beim Bau einer Eisenbahnlinie mitgearbeitet. Er erzählte mir, dort hätten Mücken die Arbeiter zeitweise so sehr geplagt, dass man nur im (Trink-)Wassertank übernachten konnte. Später hatte er angeblich Krokodile gejagt. – Ein wahrer Haudegen!

Anfang der 1960er Jahre kam er nach Deutschland zurück und wurde zunächst Fahrer bei den ersten Karl-May-Filmen wie DER SCHATZ IM SILBERSEE (1962), dann Aufnahmeleiter, später Produktionsleiter. Renommee erwarb er sich vor allem durch die Produktionsleitung bei DIE BLECHTROMMEL (Volker Schlöndorff, 1979), DER HIMMEL ÜBER BERLIN (Wim Wenders, 1987). Kerz kannte das Metier, ihm konnte niemand etwas vormachen. Ein Beispiel für seine Qualitäten war eine Situation bei den Dreharbeiten von ORDNUNG. Als die Szene gedreht wurde, in der Herbert Sladkovsky frühmorgens auf der

Straße »Aufstehen!« ruft, sollte kein vorbeifahrendes Auto stören. Am Ende der Straße kreuzte jedoch eine vierspurige stark frequentierte Fahrbahn. Kerz beorderte seine beiden Aufnahmeleiter dorthin, um die Straße in beiden Richtungen für die Dauer von ungefähr einer Minute abzusperren. Über Funk gab er das Signal zur Blockade. Heinz Lieven und das Kamerateam standen bereit. Doch die Autos passierten die Stelle weiter ungehindert.
Nach dem dritten Versuch wurde Kerz ungehalten. Er tauschte mit den Aufnahmeleitern die Plätze und übernahm selbst das Absperren. Tatsächlich kreuzte kein Auto mehr die Straße, und die Aufnahme konnte gedreht werden. Alle fragten sich, wie Kerz das bewerkstelligt hatte. Er habe sich einfach mit weit ausgebreiteten Armen mitten auf die Fahrbahn gestellt, mehr nicht. Seine Körpersprache und der strenge Blick eines weltkriegserprobten Piloten machten den Unterschied.

Unangenehm war jedoch sein Kasernenhofton, mit dem er oft genug seine Mitarbeiter in den Senkel stellte. Er machte aus seinen Auffassungen keinen Hehl. Zu mir sagte er einmal: »Regieassistenten sind ja eigentlich nur dazu da, dem Regisseur das Drehbuch zu tragen ...«
Saless und er hatten sich auf eine Strategie verständigt, mit dem wenigen Geld in kürzester Zeit einen abendfüllenden Spielfilm hinzubekommen, noch dazu gedreht im teuren Kinoformat 35mm. Wie konnte das funktionieren?
Kleine Gagen. Keine teure Starbesetzung. Nur die Hauptrollen wurden mit bekannteren Schauspielern besetzt: Heinz Lieven hatte in Saless' Film REIFEZEIT

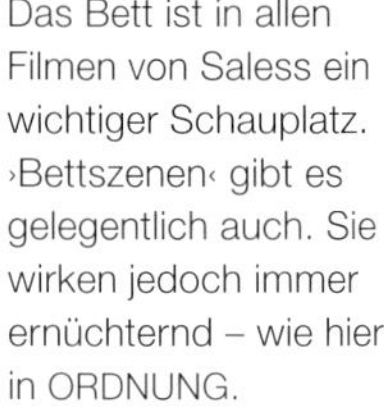

Das Bett ist in allen Filmen von Saless ein wichtiger Schauplatz. ›Bettszenen‹ gibt es gelegentlich auch. Sie wirken jedoch immer ernüchternd – wie hier in ORDNUNG.

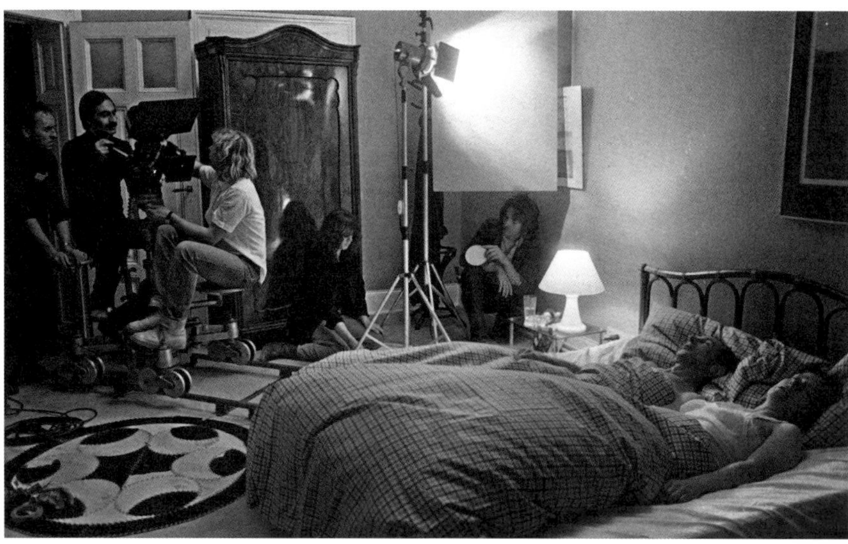

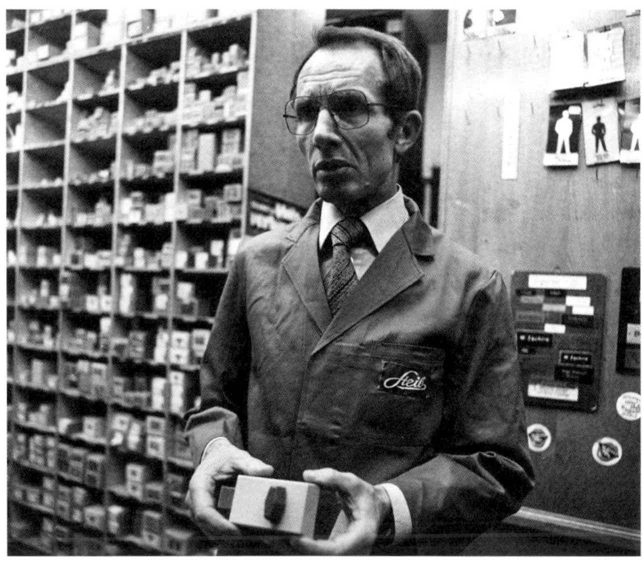

Herbert als Verkäufer in der Eisenwarenhandlung

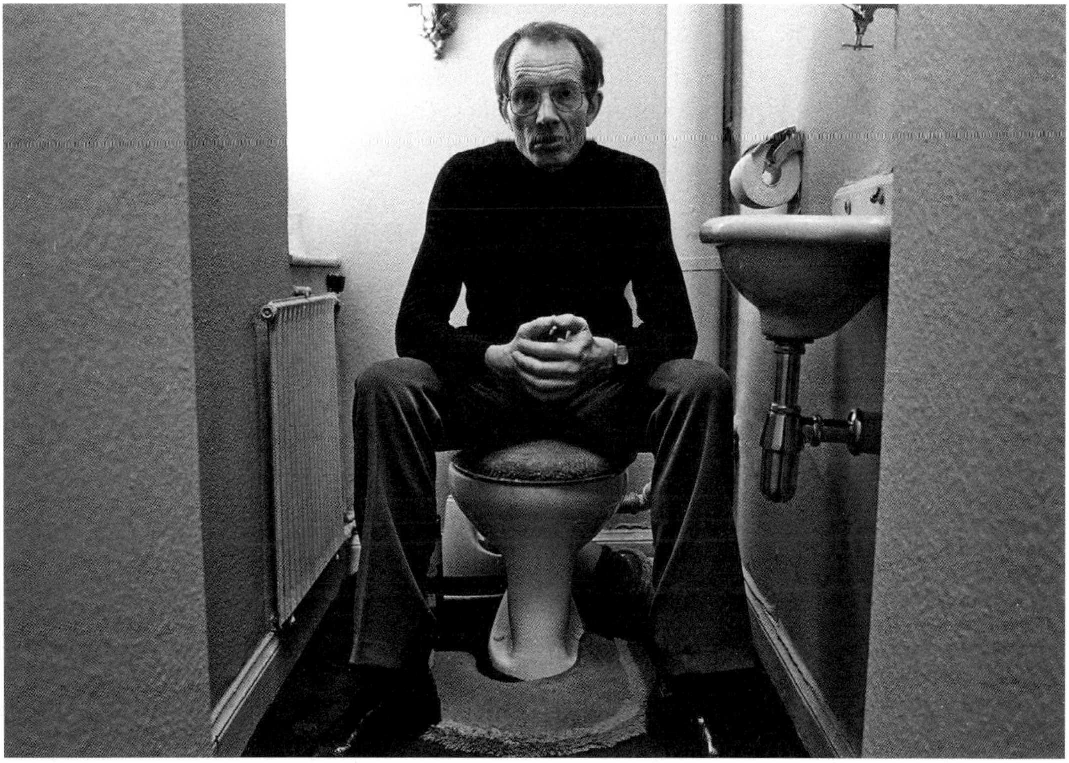

Die Toilette als Herberts Rückzugsort

mitgewirkt. Dorothea Moritz, Gattin von Ron Holloway, dem Organisator der Filmreihe ›New German Cinema‹ (s.o.), spielte im Film die Ehefrau von Herbert. Die Nebenrollen waren mit Darstellern aus der Umgebung von Wiesbaden besetzt – somit gab es keine Reise- und Aufenthaltskosten. Das gleiche galt für das Team. Es kam, bis auf wenige Ausnahmen, ebenfalls aus der Umgebung von Wiesbaden.

Wir drehten mit einer sogenannten ›stummen‹ Arriflex 35mm – sie war zwar billig in der Miete, machte aber einen enormen Lärm, da sie nicht geblimpt war.[6] Folglich konnte man den Ton nur als sogenannten Primärton aufnehmen.[7] Dadurch mussten jedoch die Dialoge nicht perfekt gesprochen sein, und Saless konnte Regieanweisungen an die Schauspieler während der Aufnahme geben. Dies beschleunigte den Dreh erheblich. Saless und Kerz drückten enorm auf das Arbeitstempo.

Wir brauchten ganze 14 Drehtage für die 96 Minuten von ORDNUNG – schneller als Fassbinder, der damals als Maßstab galt. Am 30. Januar 1980, nur zwei Monate nach Drehbeginn, war der Film fertig geschnitten, vertont und gemischt.

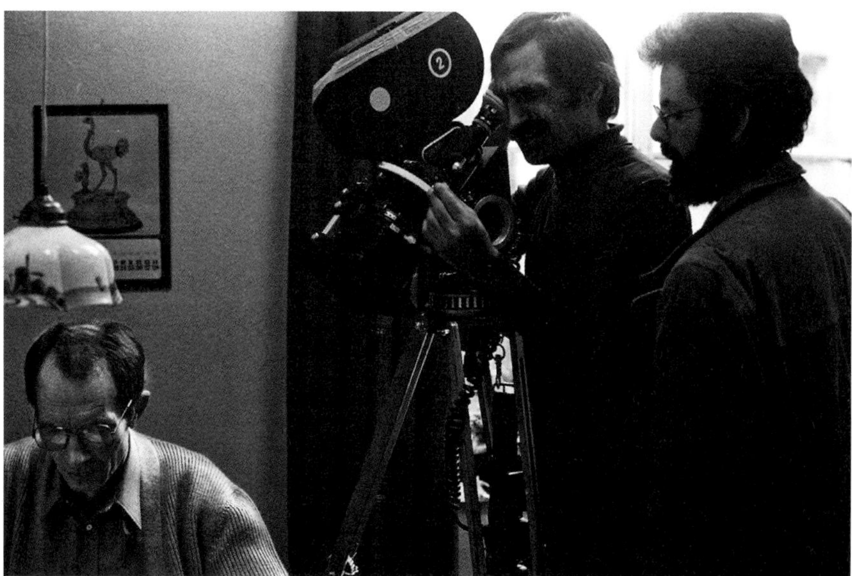

6 Blimp = Schallschutzummantelung für Filmkameras.

7 Originalton, der während der Dreharbeiten in niedriger Qualität mitgeschnitten wird, als Referenz für eine spätere Nachsynchronisation.

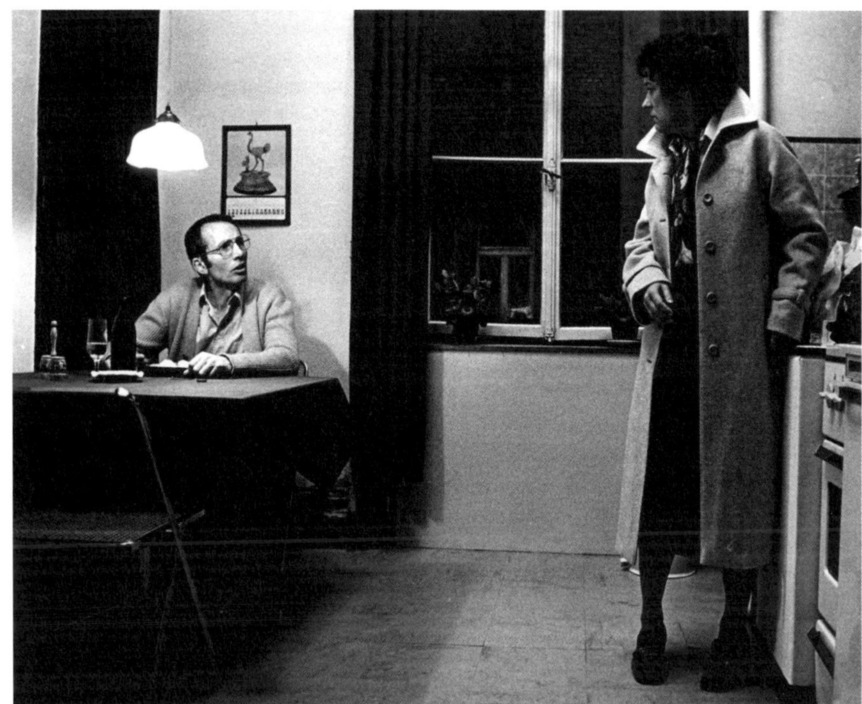

Streit zwischen den Eheleuten. Herbert hat schon am ersten Tag bei der Eisenwarenhandlung gekündigt.

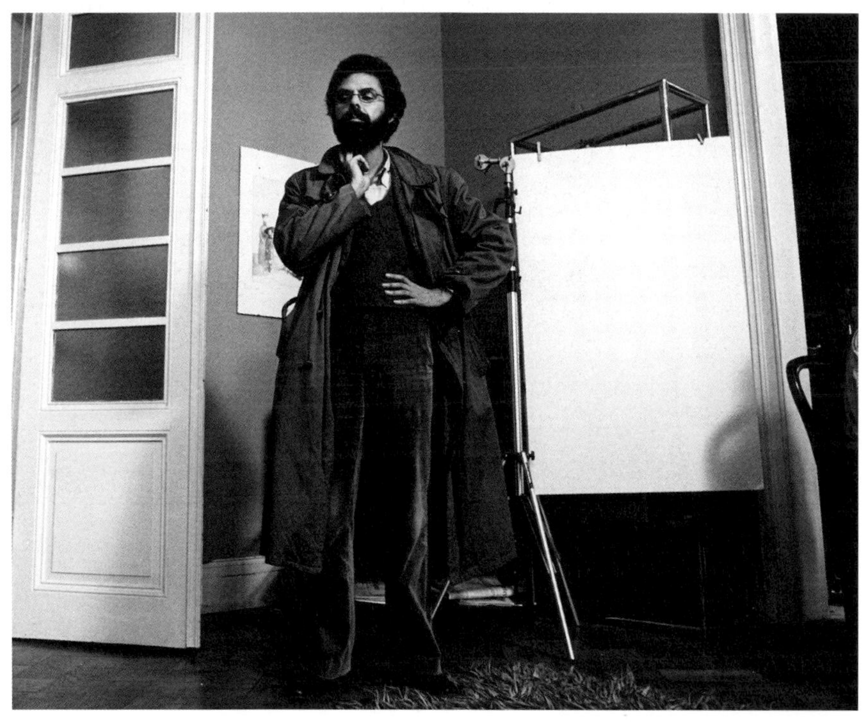

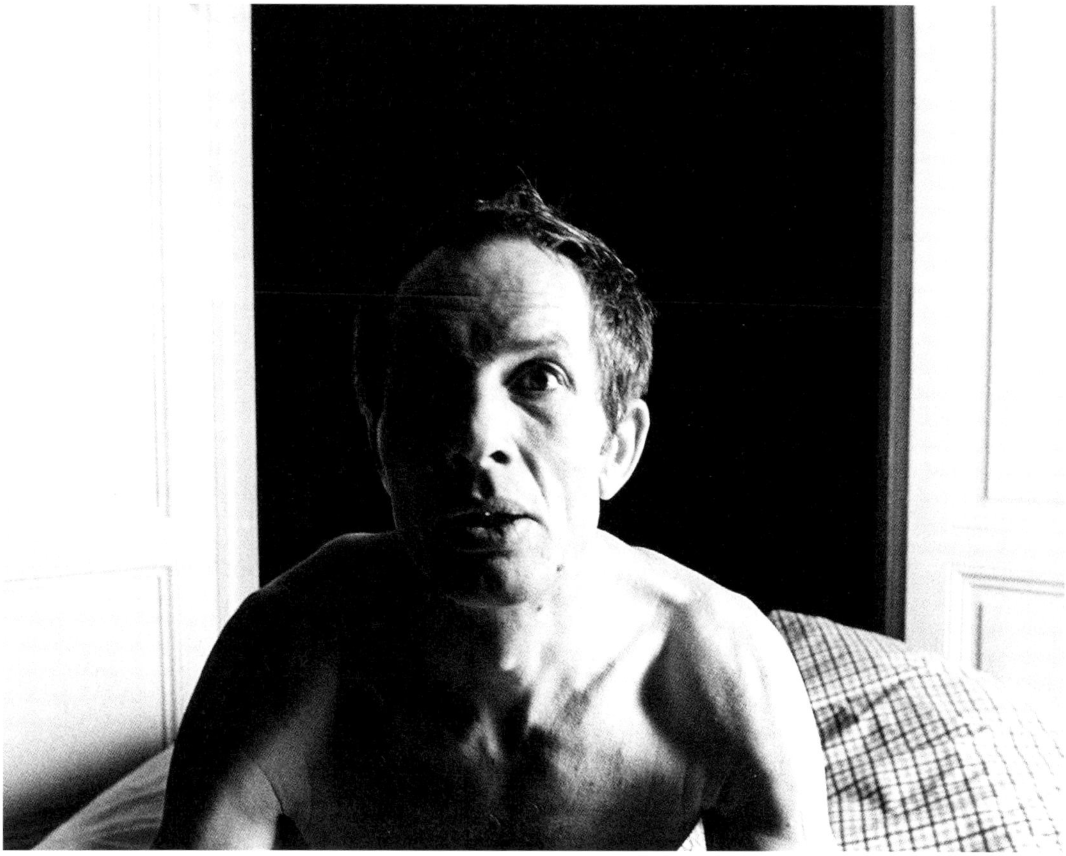

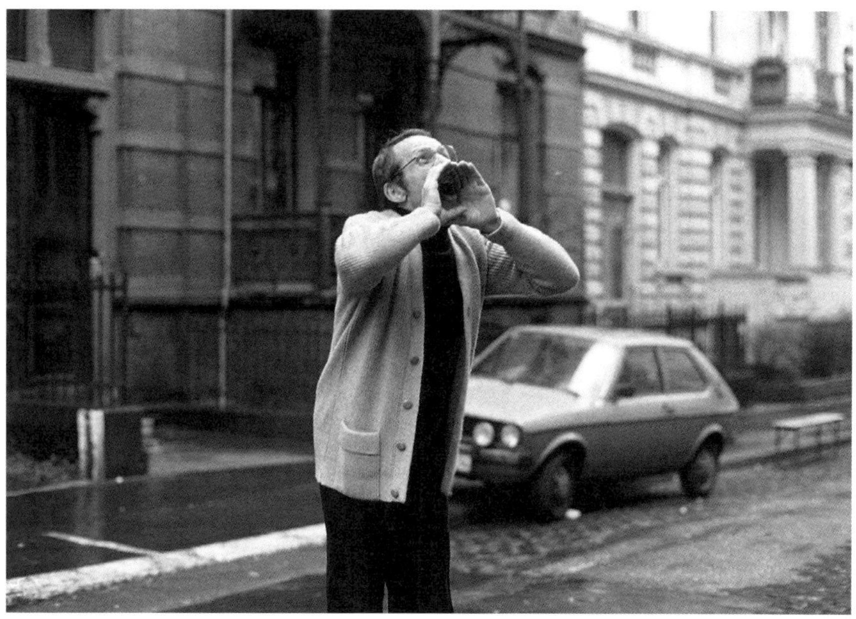

Ein Handicap bei den Dreharbeiten war das kurze Tageslicht im Dezember. Filmaufnahmen im Außenbereich mussten schnell erledigt sein. Bei den Innenaufnahmen wollten Saless und sein Kameramann Ramin Molai nicht, dass die Fenster ›überstrahlt‹ sind: bei Tagaufnahmen sollten in den Fenstern die Fassaden der Häuser gegenüber sichtbar sein. An manchen Tagen war das Tageslicht aber so düster, dass man mit offener Blende drehen musste, um diesen Effekt zu erreichen.[8]

Bei einigen Szenen kam es dadurch zu Unschärfen im Bild. Die Einstellungen mussten dann anderntags wiederholt werden. Ein Kameraassistent wurde wegen dieser Unschärfen entlassen.

Manchmal war es draußen so dunkel, dass man sich kurzerhand entschloss, umzudisponieren und für Nachtszenen umzubauen.

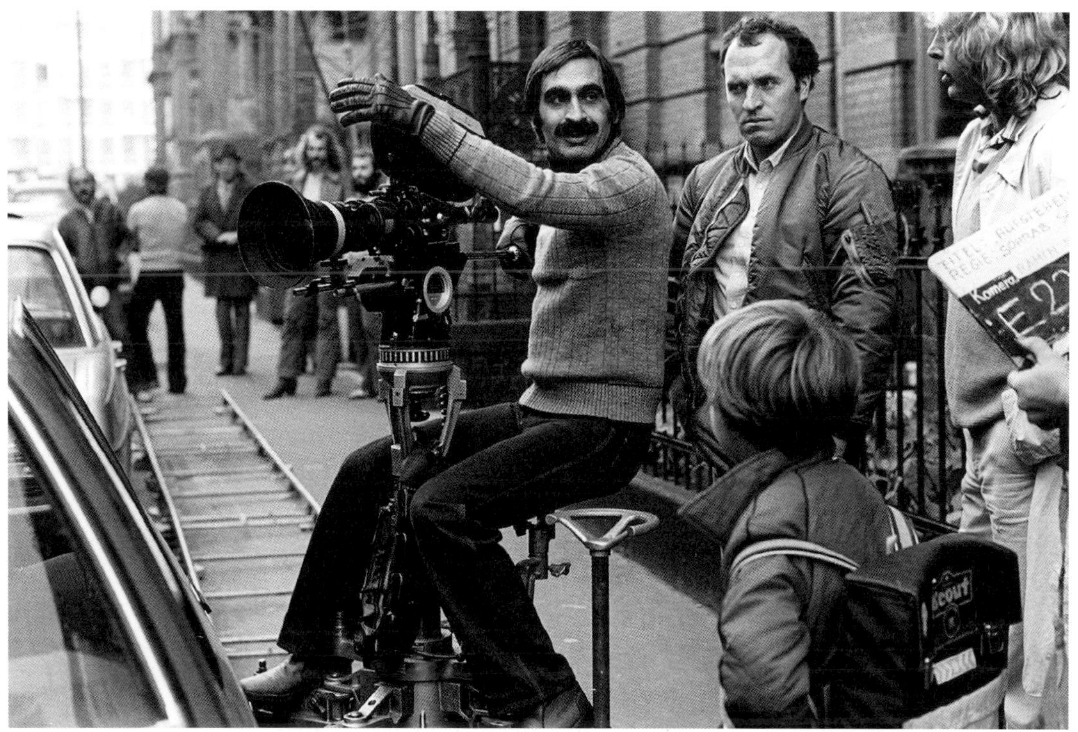

An der Kamera Ramin Molai, neben ihm Sigi Gierich, zweiter von rechts

8 Je größer die Blendenöffnung (kleine Blendenzahl), umso geringer ist die Schärfentiefe (und umgekehrt).

Sigi Gierich, Oberbeleuchter bei ORDNUNG:
»Herbert Kerz hatte mich angerufen. Ich war noch festangestellt, hatte aber schon freie Produktionen gemacht. Er sagte wörtlich: ›Ich bin hier mit zwei Idioten, die haben letztes Jahr den Silbernen Bären gewonnen und benehmen sich so, als ob sie den Oscar haben wollten mit einem Armeleutefilm ...‹«

Bert Schmidt:
»Bei ORDNUNG hatte ich anfangs den Eindruck, dass es nicht einfach war zwischen dir und Ramin?«

Sigi Gierich:
»Ich empfand ihn als einen Fanatiker, Perfektionisten. Der wäre mit Sicherheit nicht zu gebrauchen gewesen für irgendwelche Serienfilme. Also ›Kilometer machen‹, das war nicht sein Ding.
Wir haben uns dann aber irgendwann gekriegt. Ich habe relativ schnell aufgegeben, irgendwelche Vorschläge zu machen. Ich versuchte das umzusetzen, was die sich gedacht haben. Man muss ›die‹ sagen, denn Ramin war absoluter Befehlsempfänger von Saless, leider.
Wenn er sich mit Saless gestritten hat, habe ich ihn weggezogen, ihm einen Grund gegeben, mit mir zu reden. Ich wollte damit die Spannung rausnehmen, einfach, damit das nicht eskaliert. Wenn die mal drauf waren, war das ja wie ein Sport.«

Die Szenen in der Psychiatrie wurden in einem leerstehenden, unbeheizten Sanatorium im Taunus bei Wiesbaden gedreht.
Die Schauspieler bekamen von dem Stress nichts mit. Saless behandelte seine Darsteller in der Regel mit äußerster Höflichkeit, auch dann, wenn er nicht mit ihnen zufrieden war.
Das Team wurde von Saless und Kerz weiterhin angetrieben, vor allem Ramin Molai. Eine Situation war symptomatisch: bei den Dreharbeiten in der Klinik, im Krankenzimmer von Herbert, sollte Molai eine Nahaufnahme des Nachttischs mit Medikamenten drehen. Molai richtete das Bild ein, und Saless schaute sich die Bildkomposition durch den Kamerasucher an. Daraufhin herrschte er Molai an: »Ich will keine schönen Bilder!« und verschob zornig den Bildausschnitt.
Molai hatte früher auch Werbefilme gedreht und nach Saless Auffassung den Hang zu einer übersteigerten Ästhetik – Bilder, die Saless nicht ausstehen konnte, weil sie sich vom Filminhalt abhoben – das gleiche galt auch für die Art der Lichtgestaltung. Kein überflüssiges Licht, keine Effekthaschereien!
Wenn eine Lichtkomposition sich nicht auf eine eindeutige Lichtquelle im Bild bezog, spottete er: »Es schneit Licht ...« und ließ das ändern.

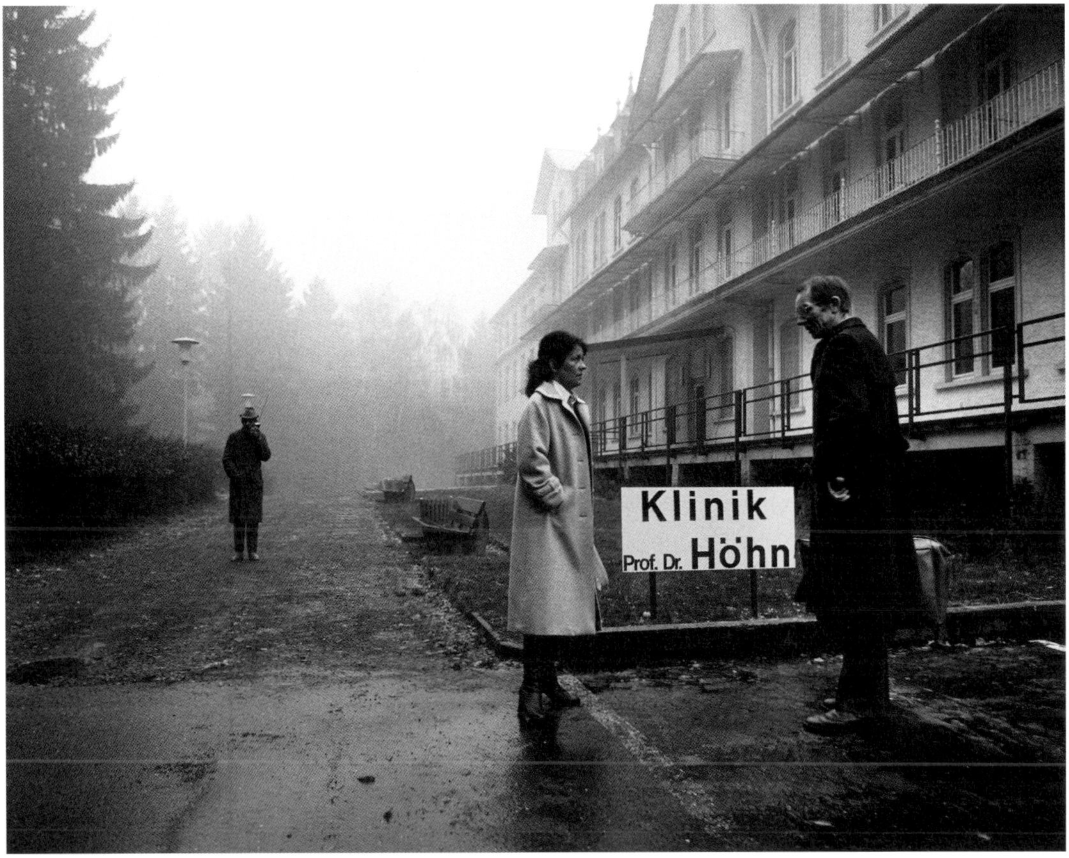

Klinik
Prof. Dr. Höhn

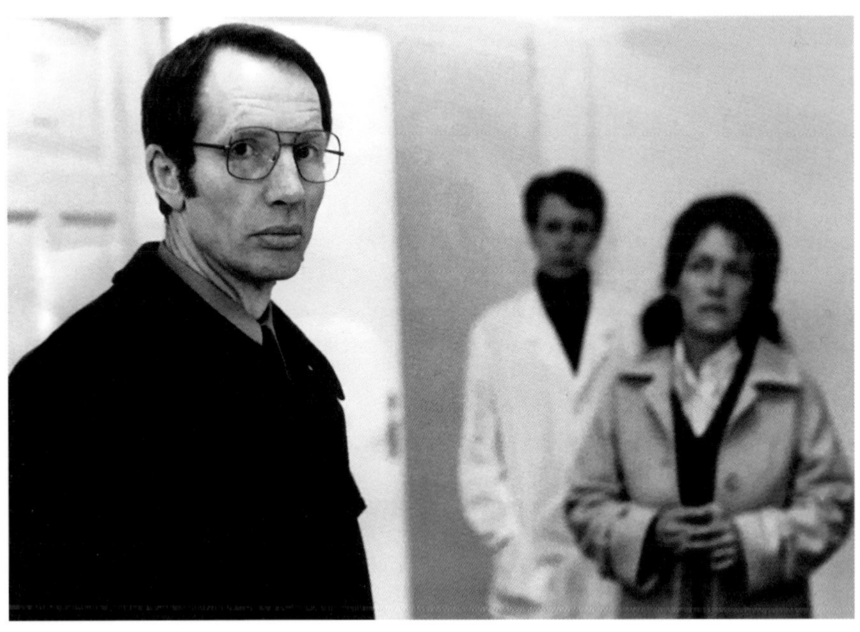

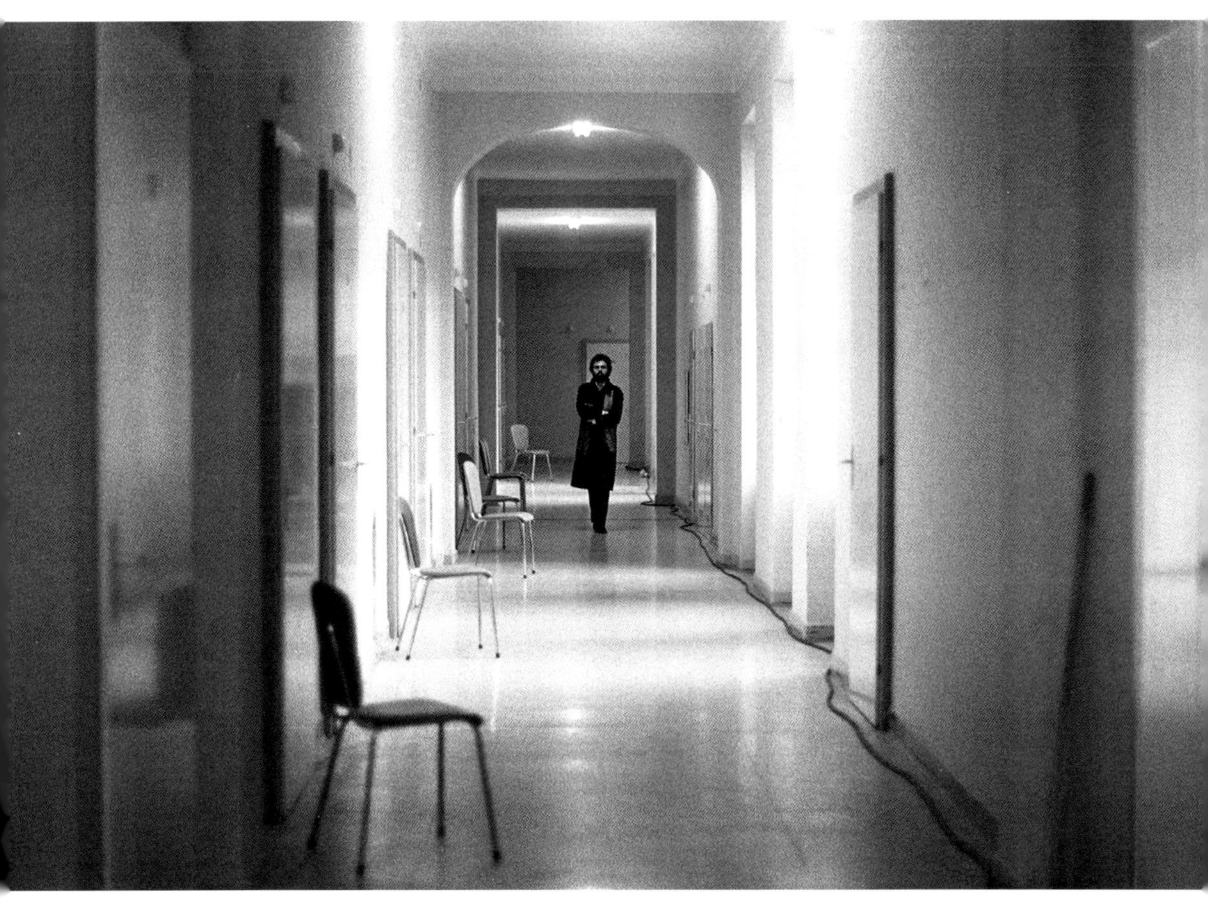

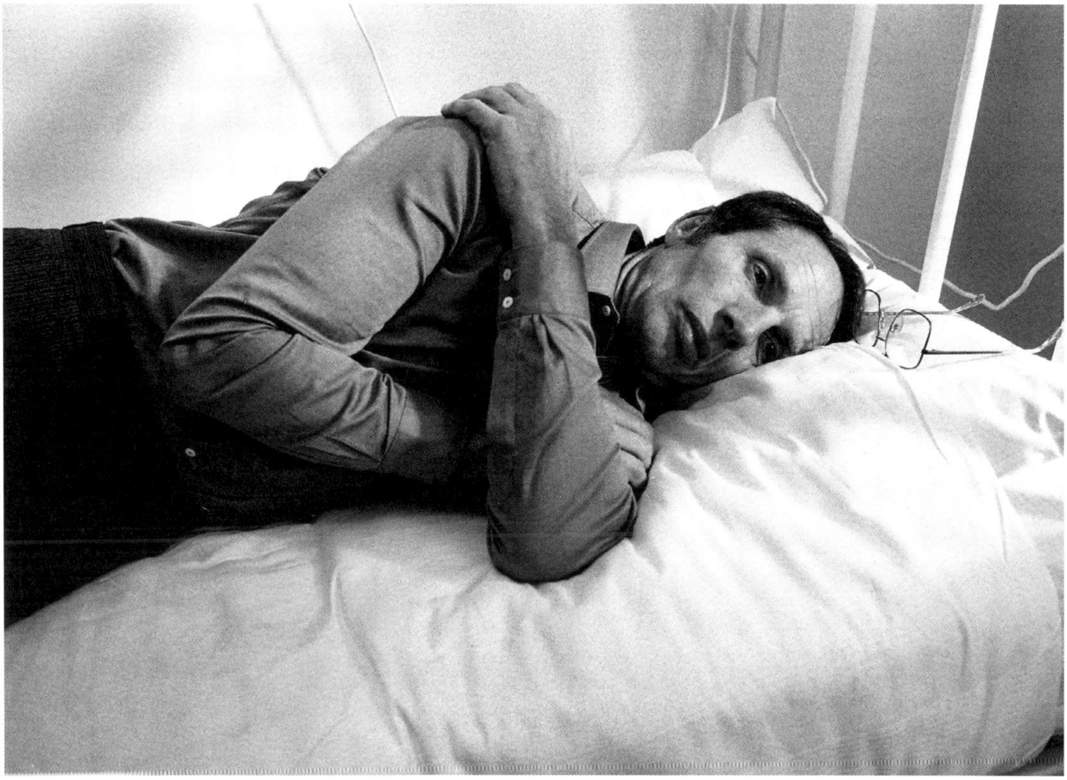

Herbert träumt mit offenen Augen.

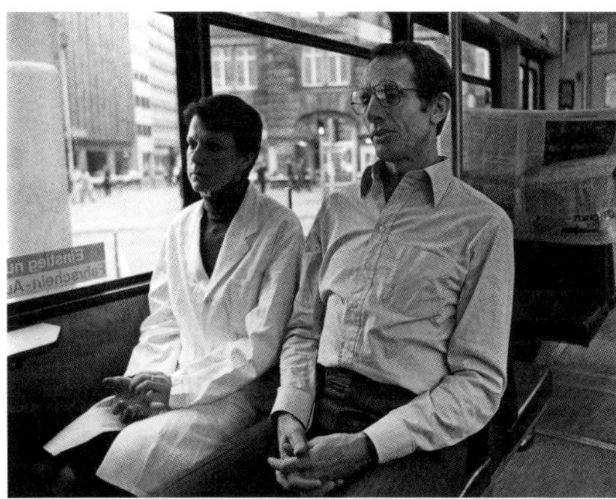

In einer Art Wachtraum sieht er sich in der Straßenbahn. Seine Ärztin kommt ins Bild, setzt sich zu ihm, beide bleiben stumm.

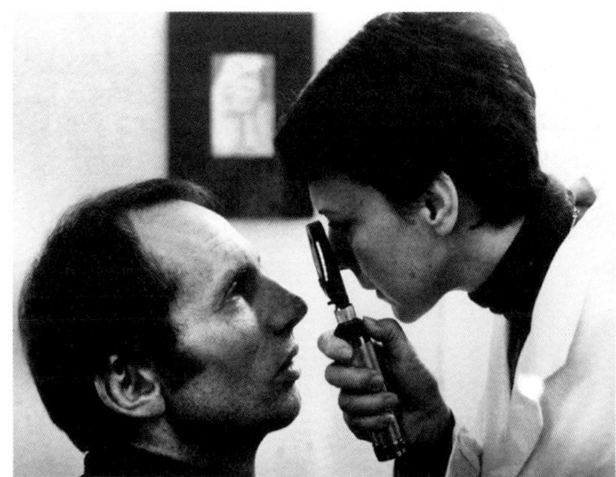

Untersuchung durch die Ärztin (Dagmar Hessenland)

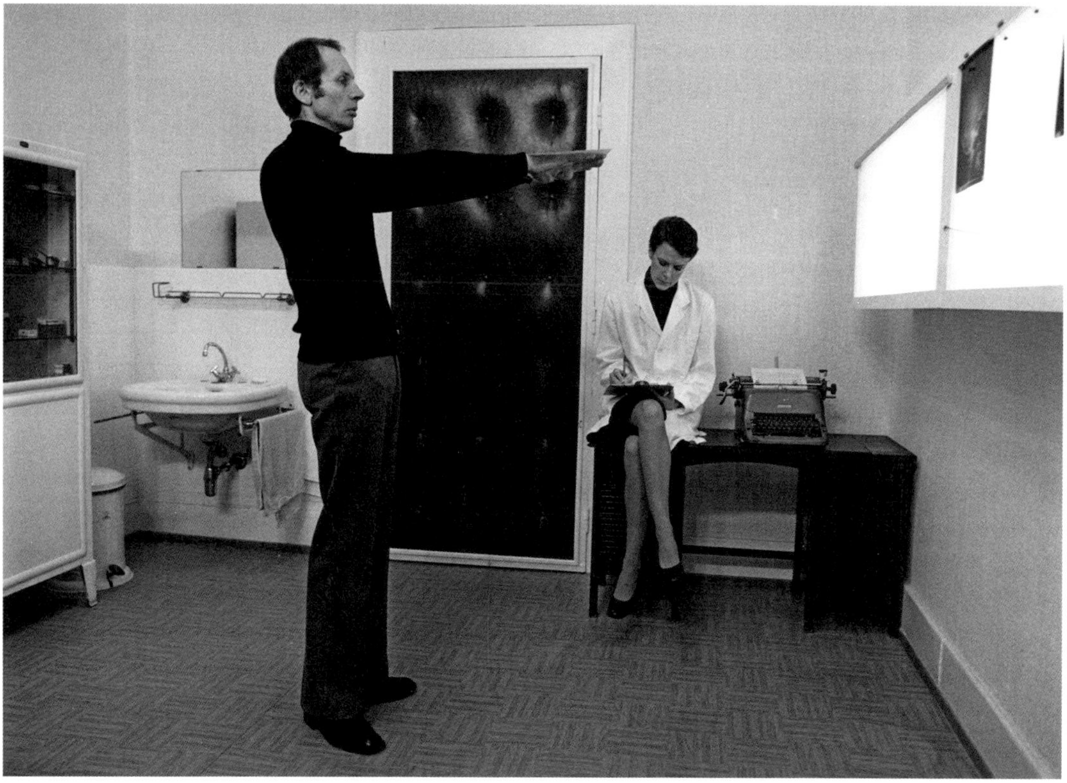

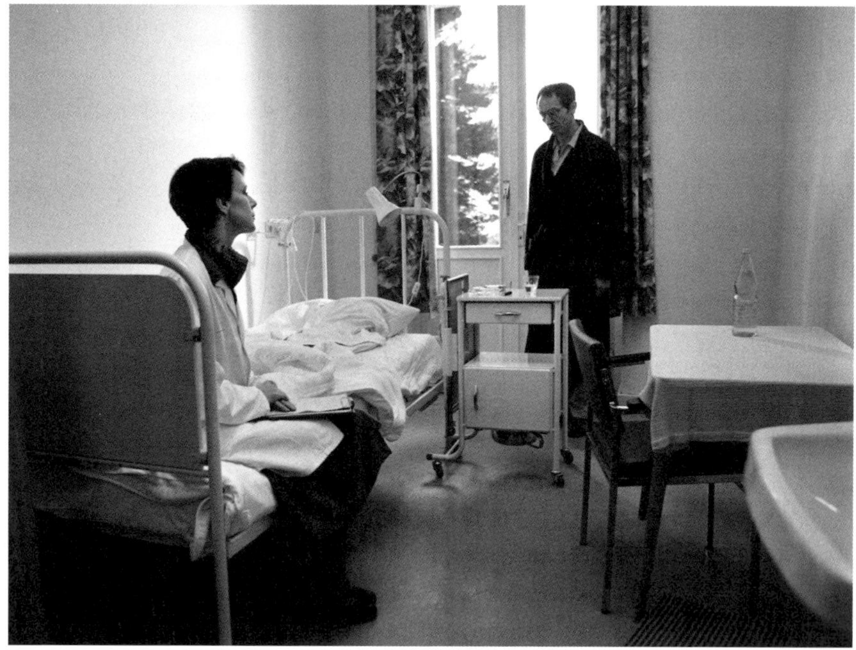

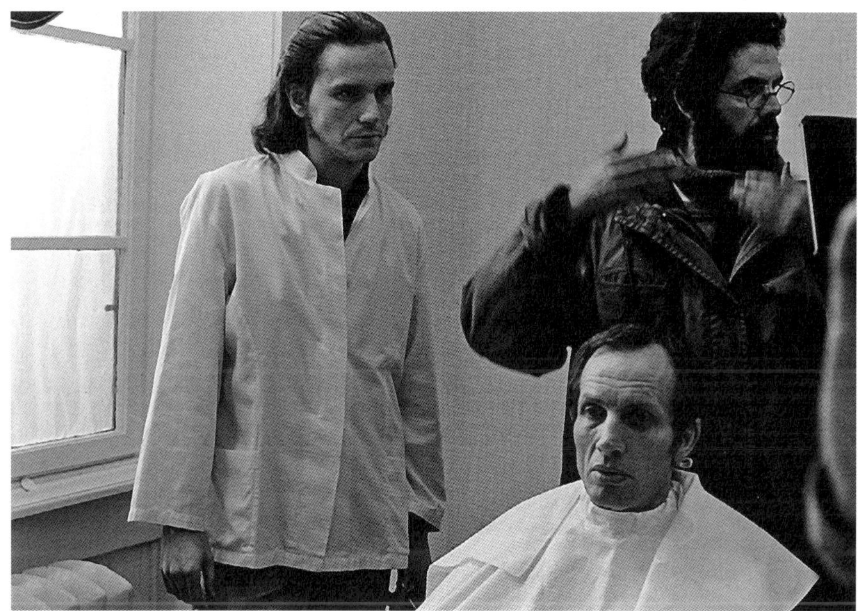

Dieter Reifarth, links, in der Rolle des Anstaltsfriseurs

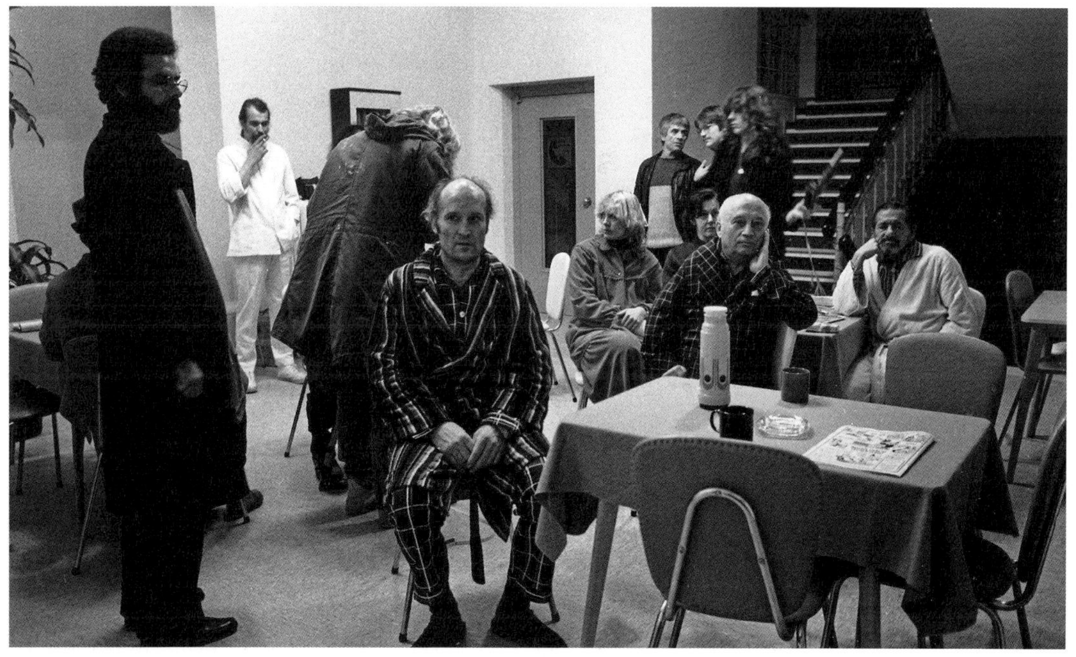

Aufenthaltsraum der Klinik

Am meisten Stress aber hatte ich. Ich musste drei Tätigkeiten parallel ausführen: Ich war erstens Regieassistent, musste zweitens den Primärton mit einem kleinen Kassettengerät aufnehmen und drittens Standfotos schießen. Da dies meine erste wirklich ›professionelle‹ Produktion war, war ich gefordert. Saless hatte, ähnlich wie Herbert Kerz, Allüren eines unerbittlichen Antreibers.
Nach dem Ende der Dreharbeiten schwor ich mir: ›Nie wieder bei einer solchen Filmproduktion!‹, und vor allem ›Nie wieder mit Saless, dem Despoten‹ zu arbeiten.
Später entschuldigte er sein Verhalten mir gegenüber. Ich sei neben Ramin Molai der einzige im Team gewesen sei, dem er vertrauen konnte. Die Vertrauten könne man eben anschreien ... dann habe das restliche Team mehr Respekt.

In der Folge hatte ich wenig Kontakt zu Saless, war nicht beim Schnitt dabei, sondern nur bei der Nachsynchronisierung in den Taunusstudios und später in Berlin beim Geräuschemachen mit Hans Walter Kramski. Der Film schaffte es zum Filmfestival nach Cannes, wo er in der ›Quinzaine des Réalisateurs‹ lief, und er gewann einen ›Silbernen Hugo‹ beim Filmfestival in Chicago.

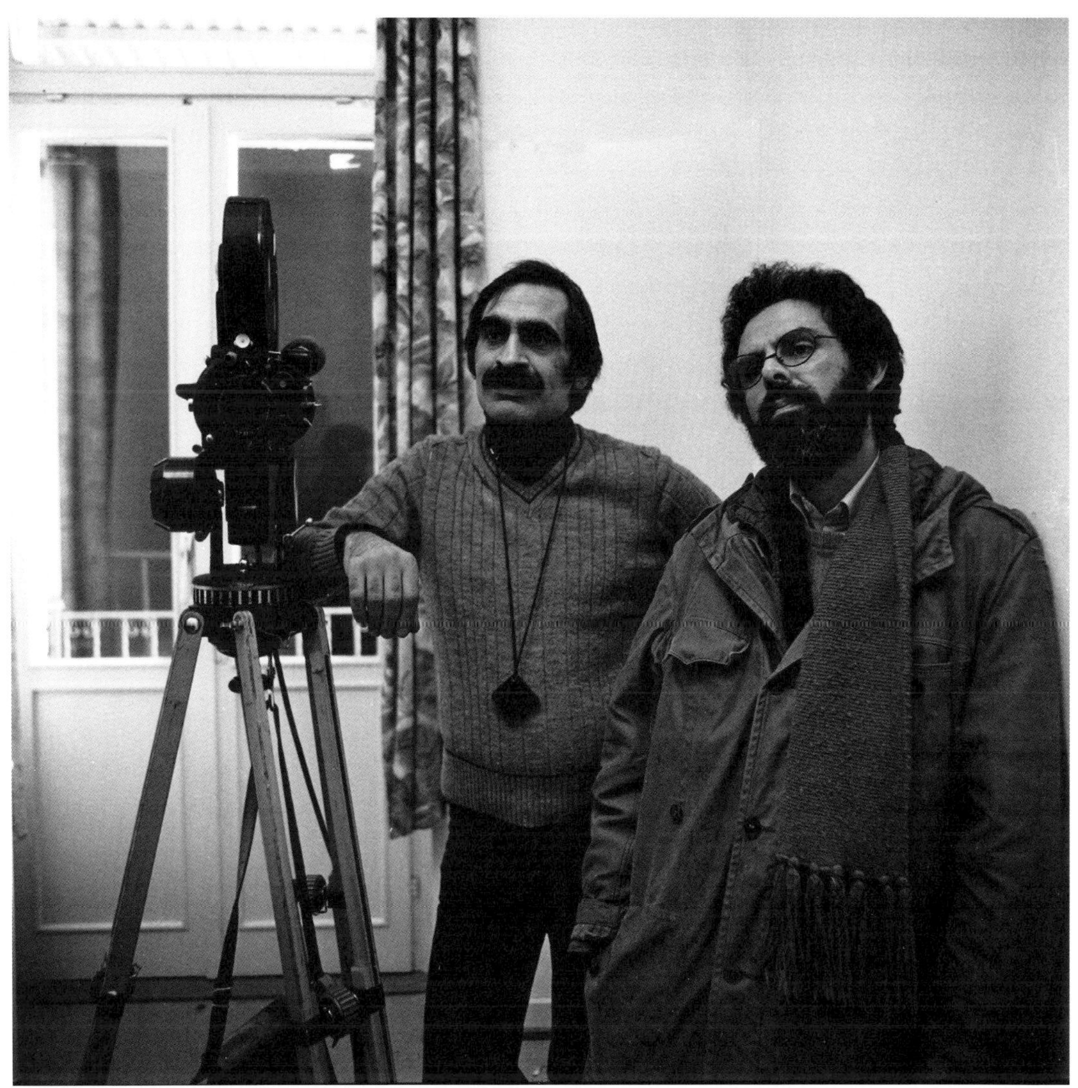

Sigi Gierich: »Ja, das ging auch ans Eingemachte. Als Drehschluss war und das Abschlussfest stattfinden sollte, spätnachmittags, da haben die beiden erst einmal eine Stunde auf der Straße herumgeschrien. ›Du Hurensohn‹ und weiß der Kuckuck was …beide! Da hat keiner dem anderen was geschenkt.«

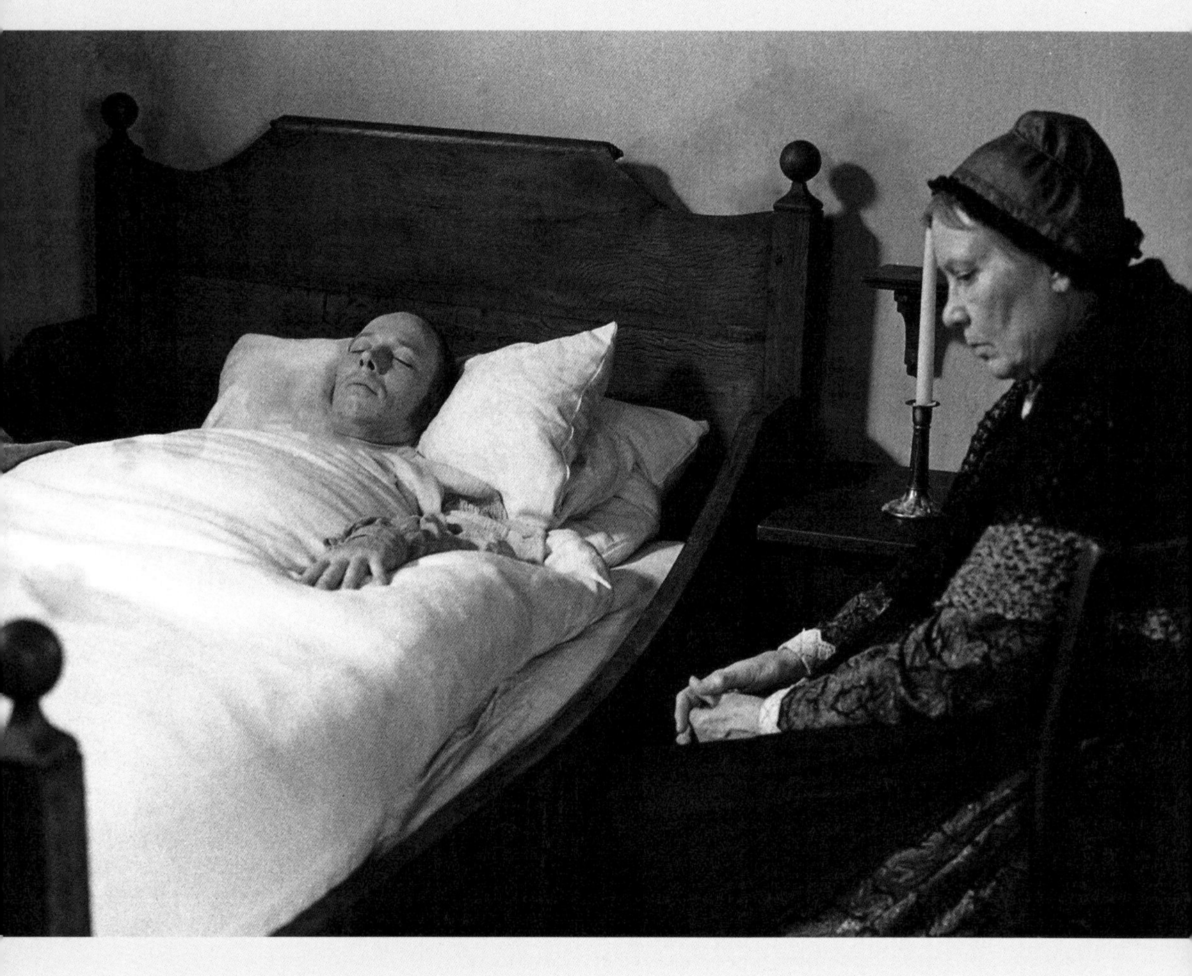

GRABBES LETZTER SOMMER

BRD 1980

Format: 16mm Farbumkehr

Länge: 204 Minuten, der längste Film von Saless überhaupt.

Drehzeit: 32 Drehtage

Drehorte: Verl, Detmold, Tecklenburg, Soest.

Der Film basiert auf der gleichnamigen literarischen Vorlage von Thomas Valentin.

Darsteller: Wilfried Grimpe, Renate Schroeter, Ulrich von Bock, Sonja Karzau, Martha Holler, Eberhard Fechner.

Redaktion: Jürgen Breest, Fernsehspiel Radio Bremen.

Drehbuch: Sohrab Shahid Saless

Kamera: Rolf Romberg

Ton: Elmar Schmidt

Ausstattung: Günther Naumann

Kostüme: Ute Burgmann

Produktion: Hausproduktion Radio Bremen.

Uraufführung (DE): 07.12.1980, ARD

Drei Adolf-Grimme-Preise in Gold, 1981,
für Sohrab Saless (Regie), Thomas Valentin (Buch) und Wilfried Grimpe (Bester Schauspieler)

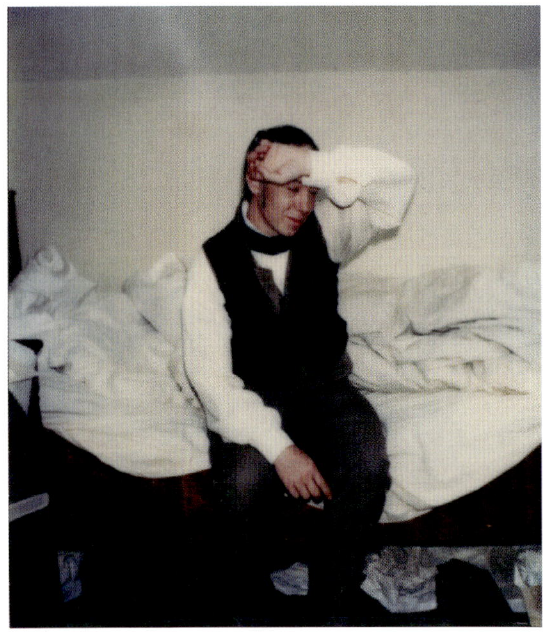

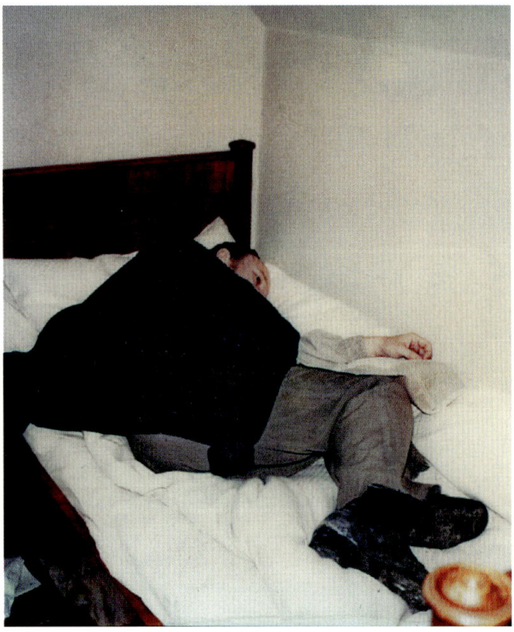

Grabbe im Hotelzimmer. Luise, seine Frau wollte ihn nicht ins gemeinsame Haus lassen.

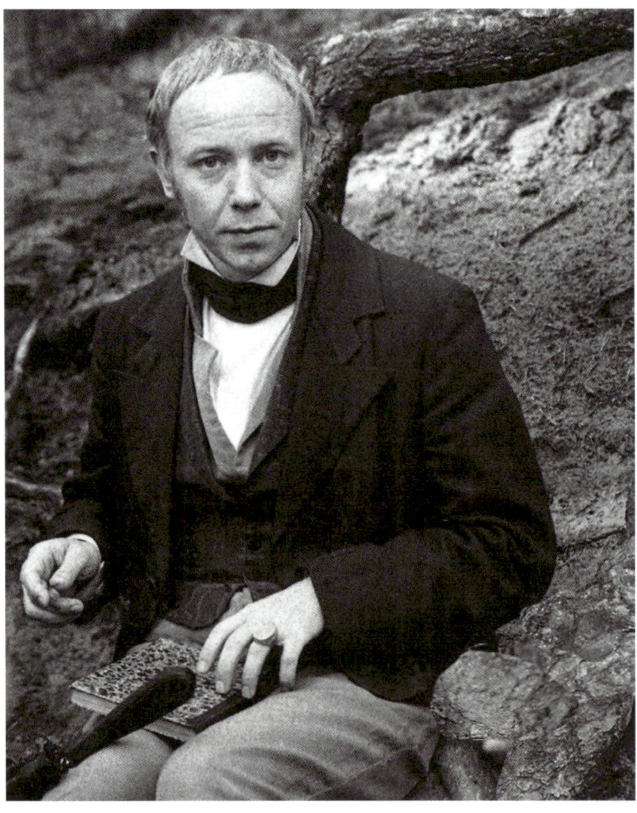

Inhalt:

Alkoholismus, Geldsorgen und Ehekonflikte: Grabbe zerbricht an dem unlösbaren Widerspruch, die bürgerliche Gesellschaft bis in den Grund zu hassen und doch Anerkennung und Akzeptanz als Dichter in ihr finden zu wollen.
Im Frühsommer 1836 kehrt Christian Dietrich Grabbe nach längerem Aufenthalt in Frankfurt und Düsseldorf bei Karl Immermann als ein Gescheiterter in seine Heimatstadt Detmold zurück. Vor Jahren war er von dort geflüchtet, auch vor der bürgerlichen Enge seiner Ehe. Er ist mittellos, krank und resigniert, dem Alkohol verfallen. Er konnte sich mit seiner Radikaldramatik in der Öffentlichkeit nicht durchsetzen, sein Frankfurter Verleger Kettembeil hatte ihn fallen gelassen. Zunächst steigt er im Hotel ›Zur Stadt Frankfurt‹ ab, weil seine Frau Luise sich weigert, ihn bei sich zu Hause aufzunehmen. Sie stammt aus bürgerlichen Verhältnissen und ist Eigentümerin des gemeinsamen Hauses. Ihre Ehe mit Grabbe war von Anfang an problematisch, weil Luise mit dem ungestümen Temperament ihres Mannes nicht zurechtkam und er andererseits nicht mit ihrer Bürgerlichkeit.

Grabbe verbringt die Zeit in Kneipen, trifft Freunde und besucht seine Mutter. Wie alle ermahnt sie ihn, nicht so viel zu trinken. Er schreibt weiter unter verzweifelten Anstrengungen an seinem Schauspiel ›Hermannsschlacht‹.
In einer großen Runde im Wirtshaus rezitiert Grabbe aus der ›Hermannsschlacht‹, aber man nimmt ihn nicht ernst, sondern verspottet ihn: »Setz das Lesen aus, Grabbe! Sauf lieber, das kannst du besser!«. Im Zimmer spuckt er sein Spiegelbild an, er greift zur Pistole um sich umzubringen, doch ein Freund kommt dazwischen.

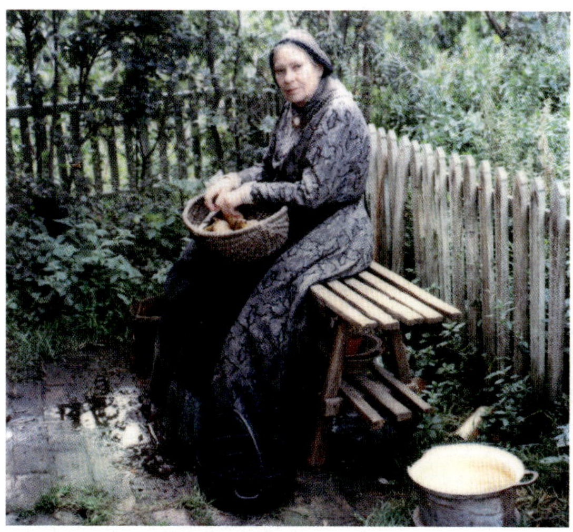

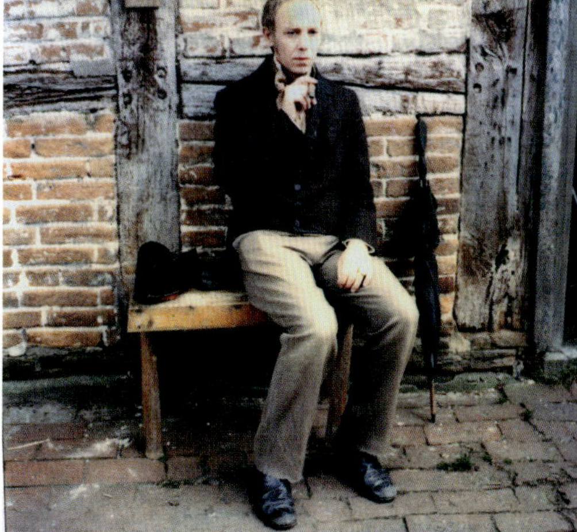

Grabbes Mutter (Sonja Karzau): »I at dat suipen, Krischan!«

Schließlich kann Grabbe doch wieder bei seiner Frau einziehen. Beide nehmen sich vor, friedlich miteinander auszukommen. Aber schon bald brechen die alten Konflikte wieder auf. Da Luise den todkranken Grabbe nicht mehr ohne weiteres vor die Tür setzen kann, beantragt sie die Scheidung. Ehe es zum Prozess kommt, stirbt Grabbe nach langem Siechtum im September 1836.

Die Figur des Christian Dietrich Grabbe in GRABBES LETZTER SOMMER kommt in meiner Wahrnehmung Saless von allen seinen Filmfiguren vielleicht am nächsten. Er ist fast sein Alter Ego, ein Bruder im Geiste. In der Ruhelosigkeit, Zerrissenheit und Heimatlosigkeit zeigen sich frappierende Parallelitäten zwischen Grabbe und Saless:
- Grabbe hat radikale Stücke geschrieben, die zur damaligen Zeit auch technisch kaum aufführbar waren. Er ist an seinem künstlerischen Misserfolg zerbrochen.
- Saless hat radikale, monumentale Filme gedreht, zumindest, was deren Dauer betrifft – im Fernsehen sind sie kaum spielbar (höchstens im Nachtprogramm) und sie hatten nur vereinzelt eine Kinoauswertung.

In Saless' Film über Grabbe findet ein Dialog zwischen den Schauspielern und dem Dramatiker statt. »Sie pfeifen auf die Gesetze des Theaters, sie verurteilen sich selbst zum Mißerfolg ...!«
Grabbe: »... weil ich gar nicht für diese Gesellschaft schreibe, die nur Ruhe, Geld und Genuß will ...«
Ein Satz, der auch von Saless selbst hätte stammen können.
Das lange Sterben des Dramatikers im Film, seine Trunksucht, sind wie eine Vorwegnahme von Saless' eigenem Schicksal.

Die Fernsehspielabteilung von Radio Bremen unter Leitung von Jürgen Breest beauftragte Thomas Valentin, ein Drehbuch seines Romans GRABBES LETZTER SOMMER zu verfassen.
Sohrab Shahid Saless sollte Regie führen. Jürgen Breest hatte zuvor Saless' Film STILLEBEN, (Iran, 1974), gesehen und war davon so begeistert, dass er mit ihm gerne einen Film produzieren wollte. Ein Stoff über einen deutschen Dichter des Vormärz mit einem iranischen Regisseur – eine verwegene Kombination, wie Jürgen Breest selbst feststellte.
Es sei erstaunlich gewesen, wie schnell sich Saless in die Zeit des Biedermeier hineindachte, wie selbstverständlich er mit kulturellen Gegebenheiten dieser Epoche umging. Er drehte einen ›deutschen‹ Film, sei sich aber treu geblieben, auch hier habe er wie immer keine Zugeständnisse gemacht, was seine Genauigkeit des filmischen Erzählens betraf. Rückblickend kann man sagen, kaum ein Regisseur hat Grabbe so grundlegend verstanden wie Saless.

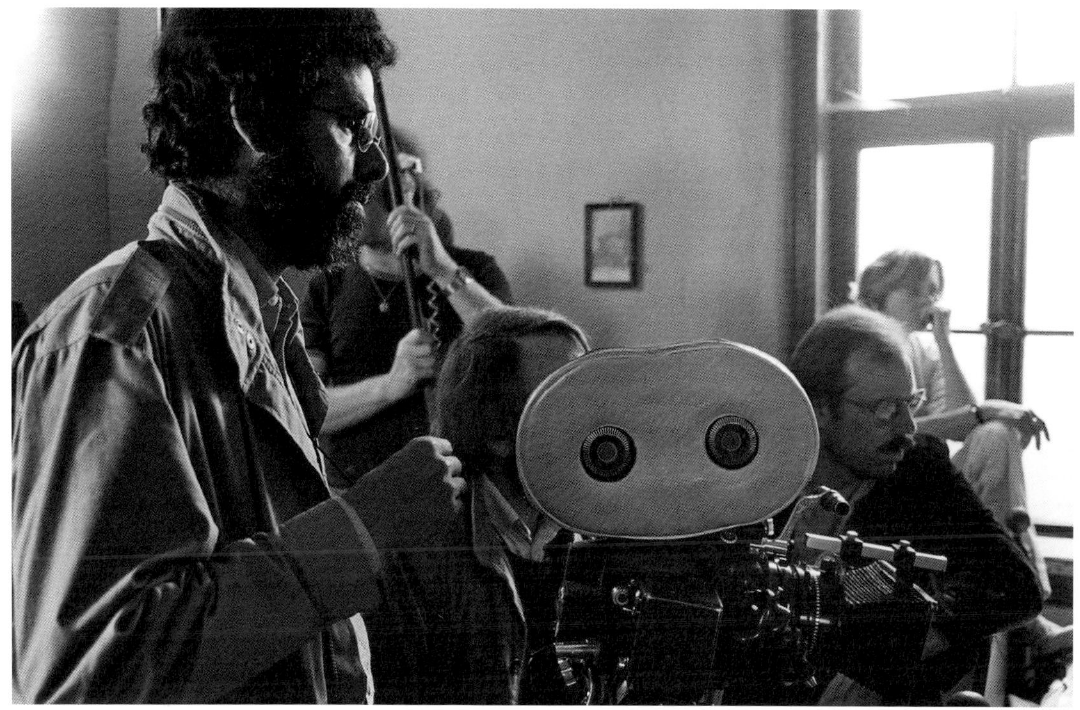

Schon während des Drehens zeichnete sich ab, dass der Film viel länger als die geplanten 120 Minuten werden würde. Saless' Kompromisslosigkeit zeigte sich nun in aller Klarheit. Das Kürzen oder gar Streichen von Szenen während des Drehs sei laut Jürgen Breest überhaupt nicht infrage gekommen. Auch während des Schnitts sei Saless unbeeinflussbar gewesen. Der Film wurde 204 Minuten lang, einer der längsten Fernsehspielfilme des deutschen Fernsehens, und der längste Film von Saless überhaupt.
Schon damals (1980) gab es hierfür keine Sendeplätze. Im heutigen TV würde mit entsprechenden Ausdehnungen des Plots daraus eine sogenannte Miniserie von mindestens 5 Teilen entstehen.
Aber Jürgen Breest schaffte es, den Film im Programm der ARD zu einer angemessenen Sendezeit unterzubringen (immerhin 21.10 Uhr).

Im Frühling 1980 begannen die Vorbereitungen zu den Dreharbeiten. Saless hatte mich überredet, wieder mitzumachen. Wir trafen uns in Bremen zu einer Besprechung über das Szenario von Thomas Valentin. Es war sehr umfangreich geworden, und Saless bemängelte vor allem den ersten Teil der Adaptation. Darin wurde sehr umständlich geschildert, wie der Dichter mit der Postkutsche in seiner Heimatstadt Detmold ankommt und zu seiner Gattin zurückkehren möchte. Unterwegs trifft er auf zahlreiche Bekannte aus seiner früheren Det

molder Zeit, befragt sie nach seiner Frau und erfährt, dass sie ihn nicht wieder bei sich aufnehmen will.
Diese Introduktion umfasste im Valentin'schen Drehbuch mehr als 60 Seiten – eine ziemlich lange Zeit, bis die eigentliche Handlung beginnt.[9]

Saless schrieb nun seinerseits eine Drehbuchversion, darin fasste er diese 60 Seiten in drei Einstellungen zusammen!
1. Ankunft der Kutsche.
2. Grabbe trifft auf einen alten Bekannten und fragt ihn nach seiner Gattin.
3. Die Gattin sagt »Nein, er kommt mir nicht ins Haus!«
Für mich war dies ein Musterbeispiel, wie ökonomisch Saless mit Filmzeit umgehen konnte. Geschult am Ideal Čechov'scher Dramaturgie erkannte er zielsicher, wie sich Überflüssiges aus dem Plot entfernen ließ.[10]

Wir besichtigten Schauplätze, an denen gedreht werden sollte. Mit dabei war der Ausstatter Günther Naumann. Dieser schilderte mir seine Probleme bei der Suche nach geeigneten Schauplätzen. Der Film spielt in der Biedermeierzeit, um 1835. Die Stadt Detmold war 1980 natürlich längst kein verträumtes Biedermeierstädtchen mehr. Oft habe man eine alte Häuserzeile gefunden, doch mittendrin hätte ein Eigentümer mit Glasbausteinen, Aluminiumtüren und Ähnlichem experimentiert, was oftmals nicht zu kaschieren gewesen sei, erläuterte Naumann.[11]

Günther Naumann hatte daraufhin die Schauplätze auf die weitere Umgebung Detmolds verteilt. Nur zwei Szenen wurden tatsächlich in Detmold gedreht (Am Weiher/Vor dem Schloß).
Die Ankunft von Grabbe mit der Postkutsche, sowie mehrere Straßenszenen und Passagen wurden nach Tecklenburg verlegt, einem beschaulichen Städtchen am Rand des Teutoburger Waldes. Hier gab es ganze Straßenzüge, die in Grabbes Epoche passten. Das Haus von Grabbes Gattin Luise, in dem der größte Teil des Films gedreht wurde, stand nun in dem Ort Verl bei Gütersloh. Ein gut erhaltenes Gebäude aus dem 18. Jahrhundert mit angrenzendem Innenhof, an dem eben keine ›Modernisierungen‹ vorgenommen worden waren. Darüber hinaus gehörte es gastfreundlichen Menschen, die die Filmcrew aufnahmen, als gehöre sie zur Familie.

9 Eine Drehbuchseite entspricht etwa einer Minute im fertigen Film.
10 Anton Čechov: »Man kann kein Gewehr auf die Bühne stellen, wenn niemand die Absicht hat, einen Schuss daraus abzugeben.« und »Wenn im ersten Akt ein Gewehr an der Wand hängt, dann wird es im letzten Akt abgefeuert.«
11 – Digitale Nachbearbeitung war noch lange nicht in Sicht, dieser Begriff existierte noch nicht einmal. Man musste analog fündig werden.

In der Stadt Soest hatte Günther Naumann eine geeignete Häuserzeile für Passagen gefunden, sowie am Dom einen Platz für die Szenen auf dem Markt.

Naumann war äußerst sorgfältig in der Ausgestaltung der Sets. Ich beobachtete, wie er einmal einen Maler (vom Sender) zurechtwies, der eine Tür etwas nachlässig patiniert hatte. Naumann zeigte auf die Stellen. Der Maler zuckte mit den Achseln und formte seine Hände zu einer Geste, die der Größe eines damaligen Fernsehbildschirms entsprach, was in etwa bedeuten sollte: ›für den kleinen Kasten brauch' ich nicht präziser zu malen ...‹ oder auch ›versendet sich ...‹ Günther Naumann war fassungslos. Für ihn zeigte sich hier einmal mehr, wie unterschiedlich damals bei Fernsehschaffenden und Kinofilmschaffenden gedacht wurde.
Doch die große Mehrheit des Teams von Radio Bremen war hochmotiviert, und so verliefen die Dreharbeiten fast ohne größere Zwischenfälle. Gegen Ende ereignete sich allerdings ein Unfall. Beim Drehen der Szene: ›Grabbe geht über den Marktplatz‹, wurde ein Kind schwer verletzt: Wir hatten hier einen Drehorgelmann eingesetzt, auf dessen Instrument ein kleiner Affe saß. Dieser nahm die Münzen der Passanten entgegen. Als das kleine Mädchen dem Affen eine Münze reichen wollte, sprang er das Kind an und rammte seine messerscharfen Zähne in dessen Stirn. Wir mussten die Dreharbeiten unterbrechen, den Notarzt holen, das Kind versorgen. Der Affe, eine Meerkatze, wurde selbstverständlich vom Set entfernt.

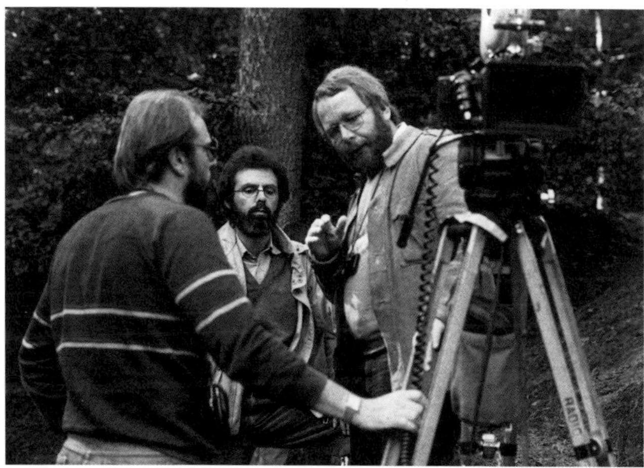

Kameramann Rolf Romberg lieferte zusammen mit der Crew um Oberbeleuchter Hans Joachim Wahrmann beachtliche Bilder – leider auf Kodak-Umkehrmaterial. Dieses Filmmaterial war damals bei TV-Sendern üblich, auch für Spielfilme. Für die damalige TV-Übertragungstechnik war die Qualität ausreichend. Eine Auswertung im Kino oder auch nur auf Filmfestivals war für den Film nicht vorgesehen. Der fertig geschnittene Film wurde auf Video abgetastet und das Filmmaterial wanderte für immer ins Archiv. Und so kam es, dass heute nur eine Videoversion existiert und kein Filmmaterial mehr, mit dem man eine höher auflösende Fassung herstellen könnte.[12]

12 Bert Schmidt: »Wo befindet sich das Original von ›Grabbe‹?«
Jürgen Breest: »Wahrscheinlich weg, weil das Archiv verkleinert wurde.«

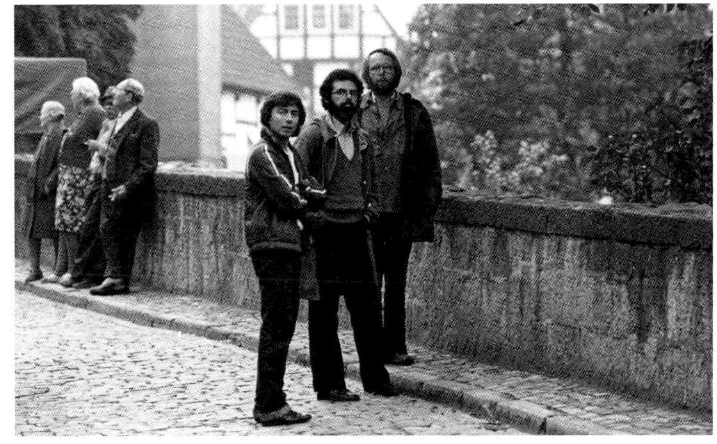

von links: Hans Joachim Wahrmann,
Sohrab Saless, Rolf Romberg

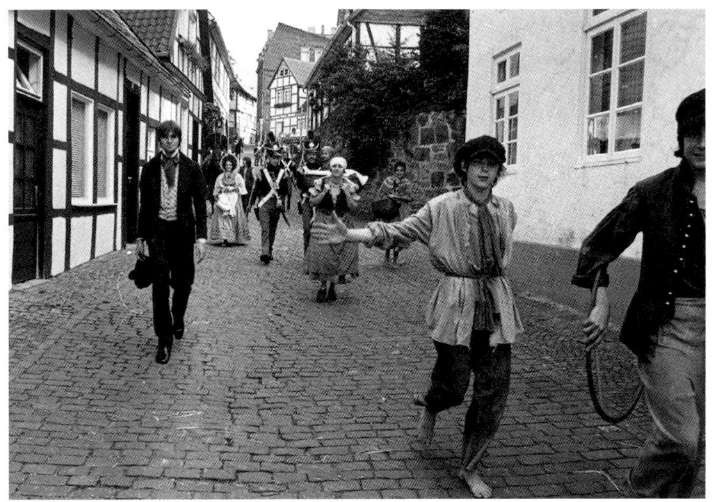

Straßen in Tecklenburg mit Komparsen

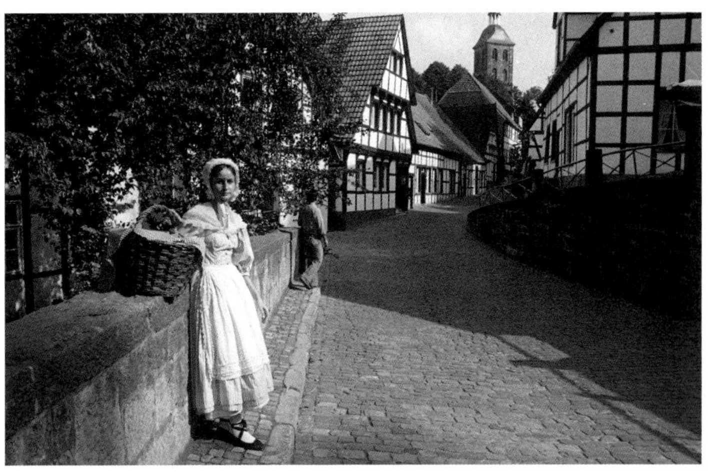

Bei den Dreharbeiten bestand fast das gesamte Team aus Mitarbeitern von Radio Bremen.

Ute Burgmann, die für die Kostüme verantwortlich zeichnete, kam wie Günter Naumann von außen. Es handelt sich bei GRABBES LETZTER SOMMER um einen Kostümfilm, die Ausstattung und die Kostüme mussten historisch korrekt sein. Dabei waren mitunter größere Recherchen erforderlich, zum Beispiel: wie sahen die Uniformen der Detmolder Wachhabenden zum Zeitpunkt von Grabbes Rückkehr nach Detmold aus? Ute Burgmann und Günter Naumann kannten sich aus früheren Produktionen wie beispielsweise DIE VERLORENE EHRE DER KATHARINA BLUM von Volker Schlöndorff.

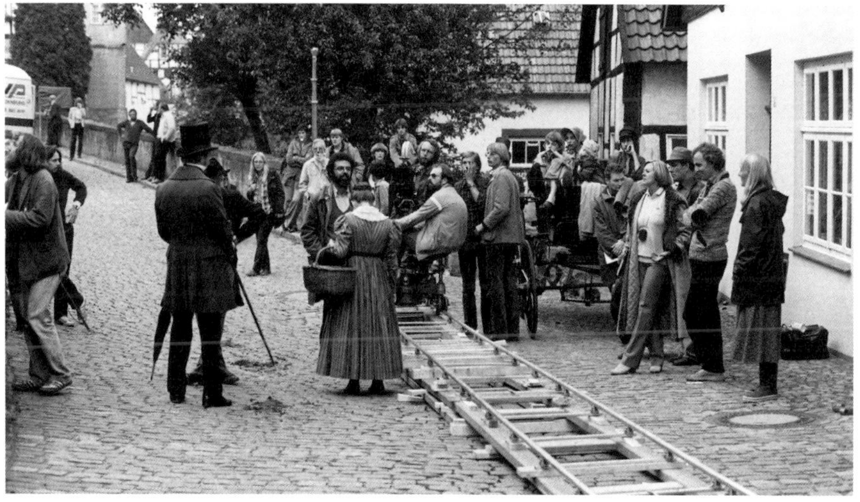

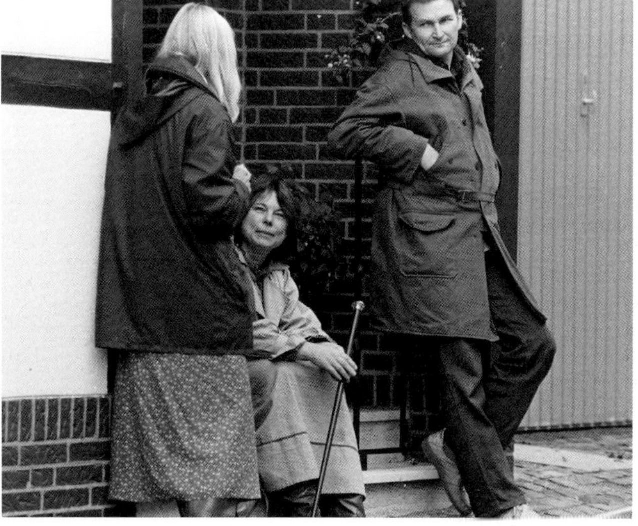

Ute Burgmann, sitzend, rechts Elmar Schmidt, Tonmeister

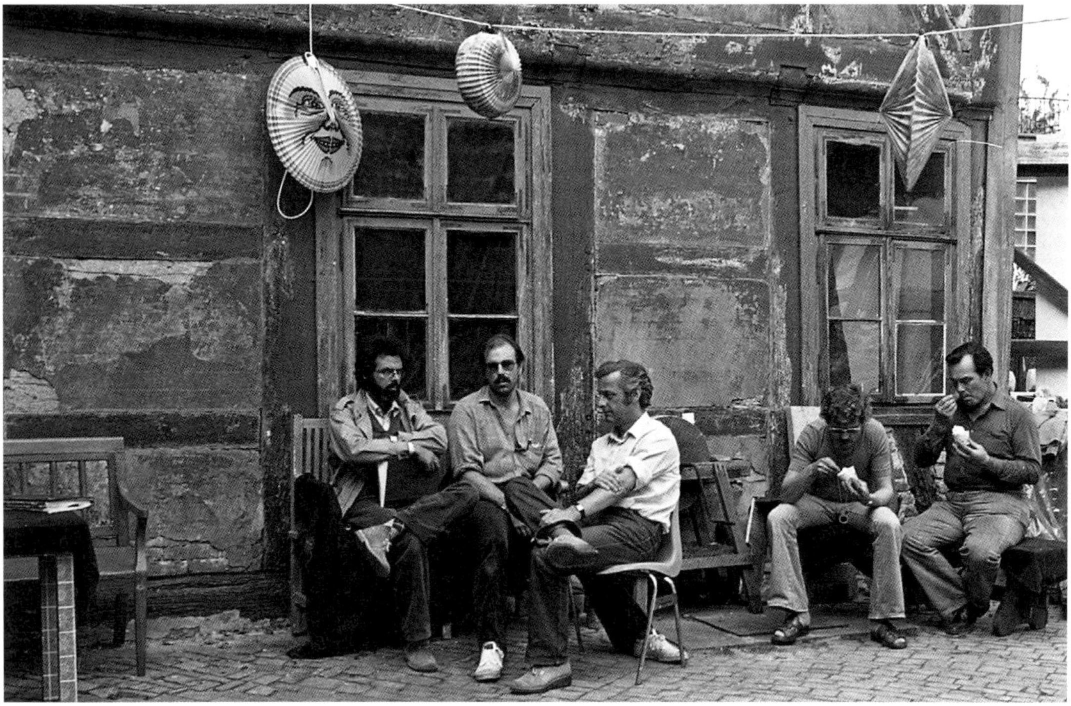

Sohrab Saless mit Jürgen Breest, dritter von links, beim ›Bergfest‹

Gabriele Fischer als ›Sophie‹.
Saless hat sie später in UTOPIA in der Rolle der Studentin/Prostituierten besetzt.

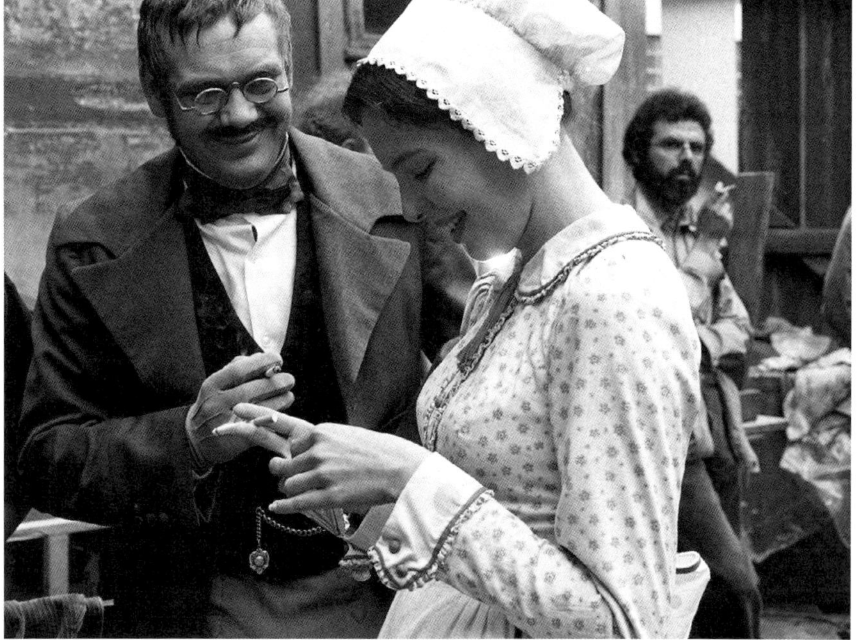

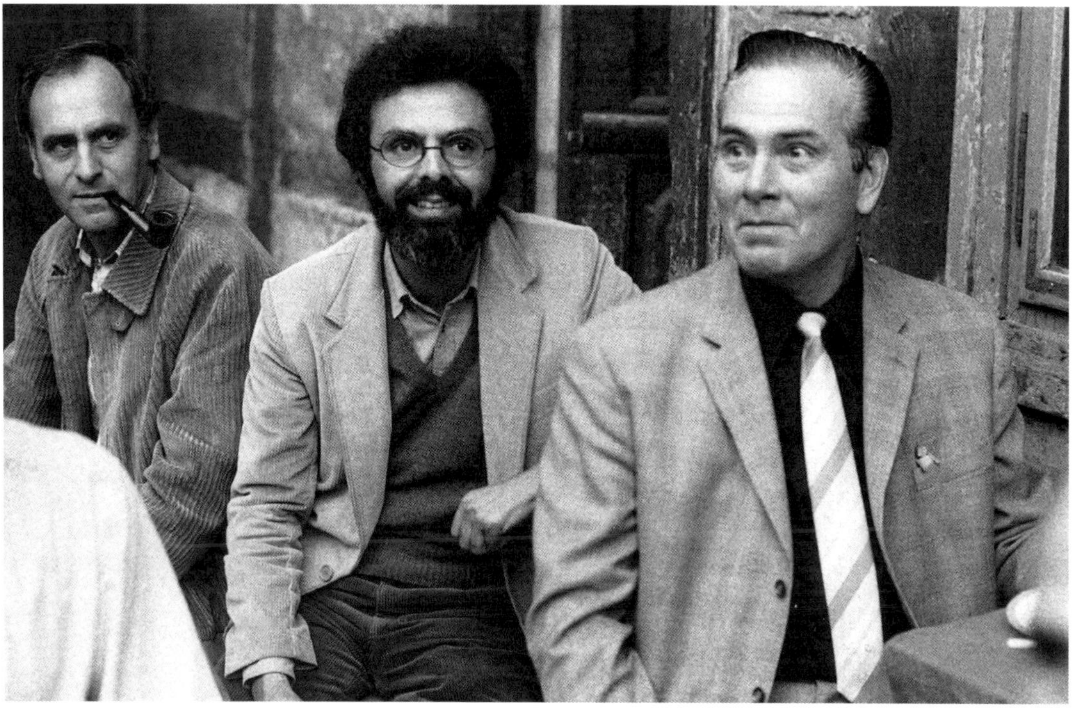

›Bergfest‹. Ein entspannter Sohrab Saless.
Links: Harry Köhler, Aufnahmeleiter, später Produktionsleiter bei EMPFÄNGER UNBEKANNT

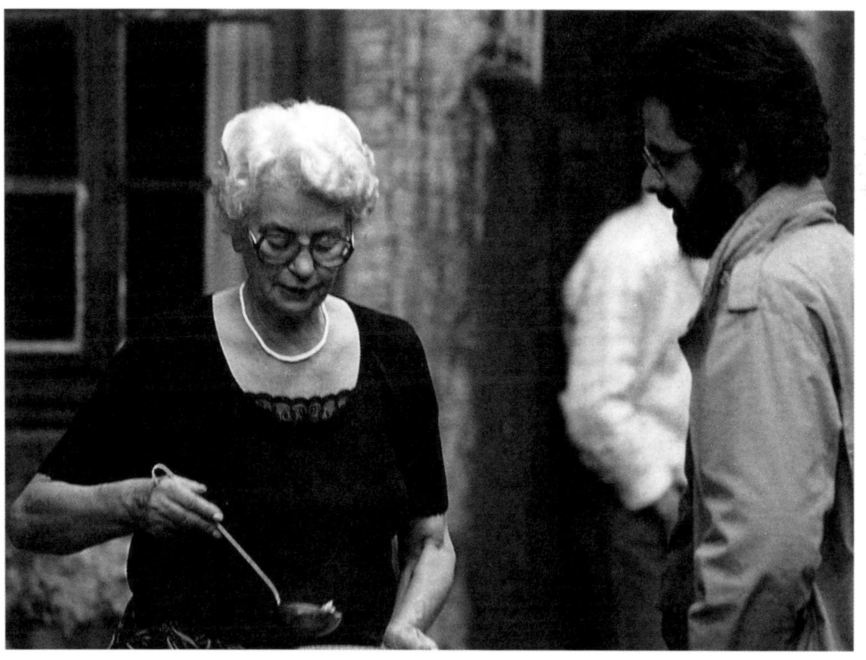

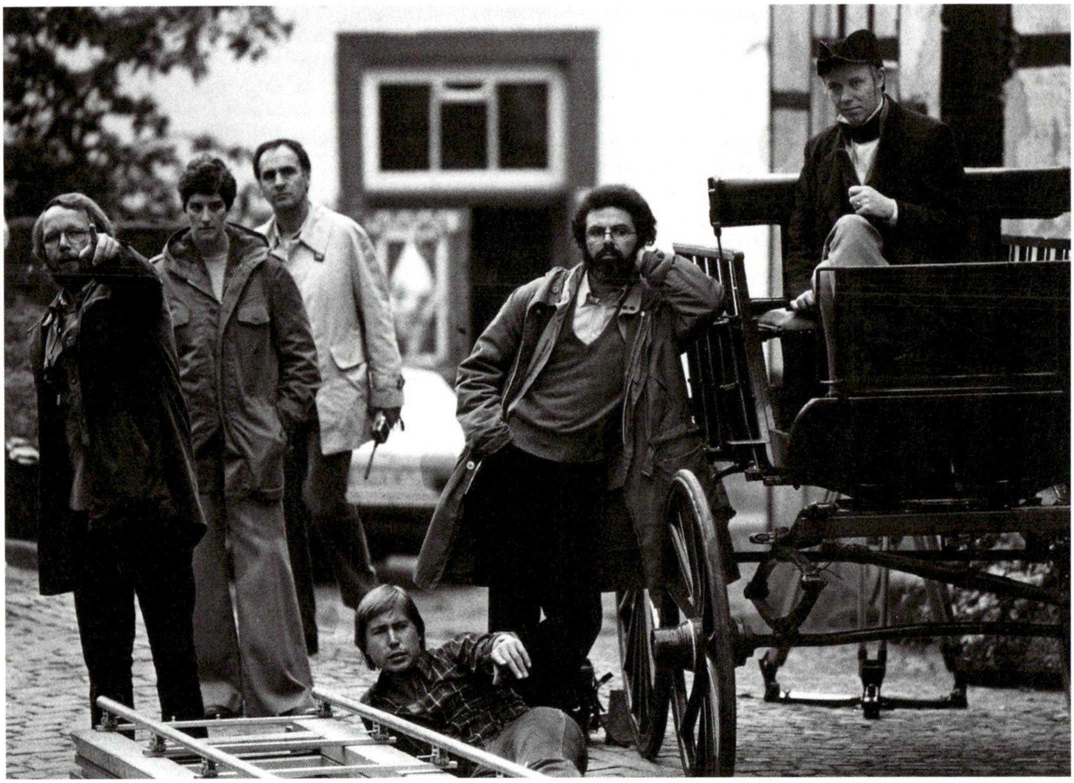

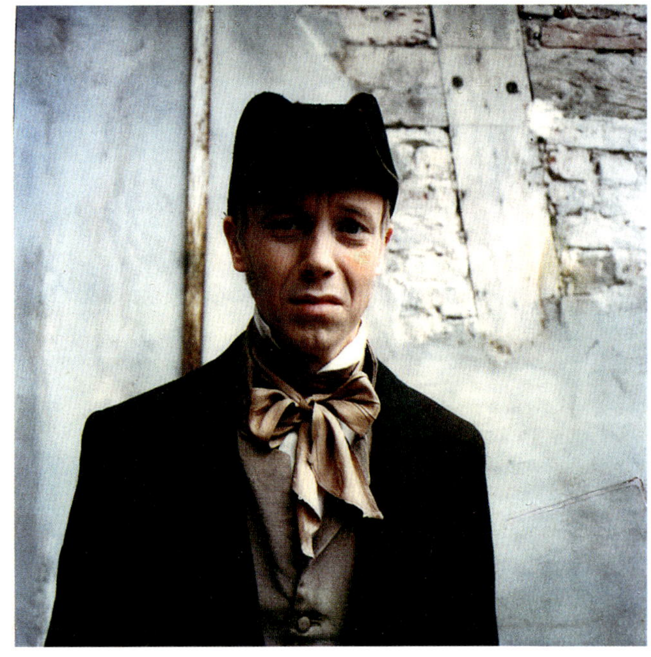

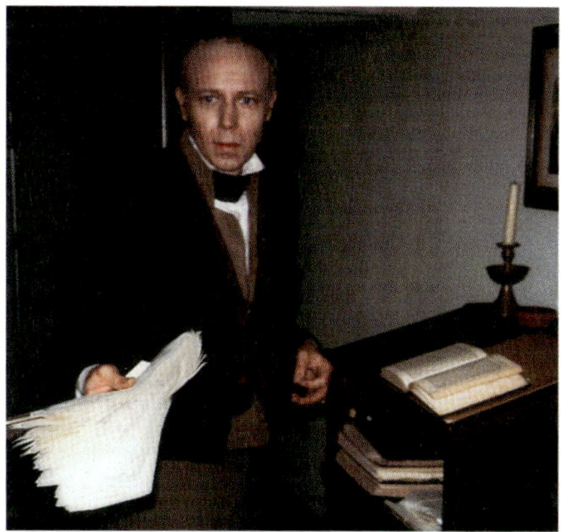

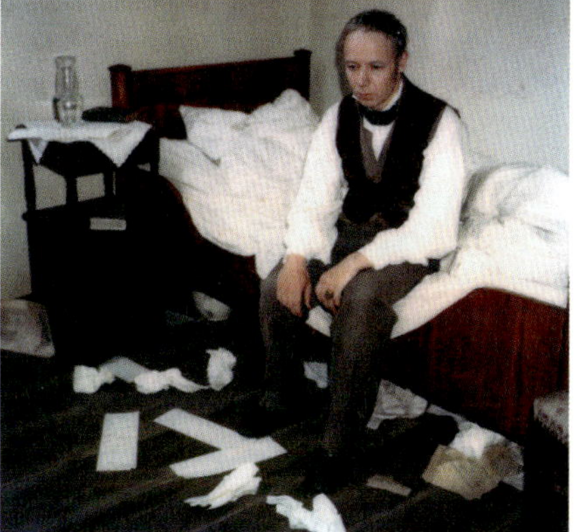

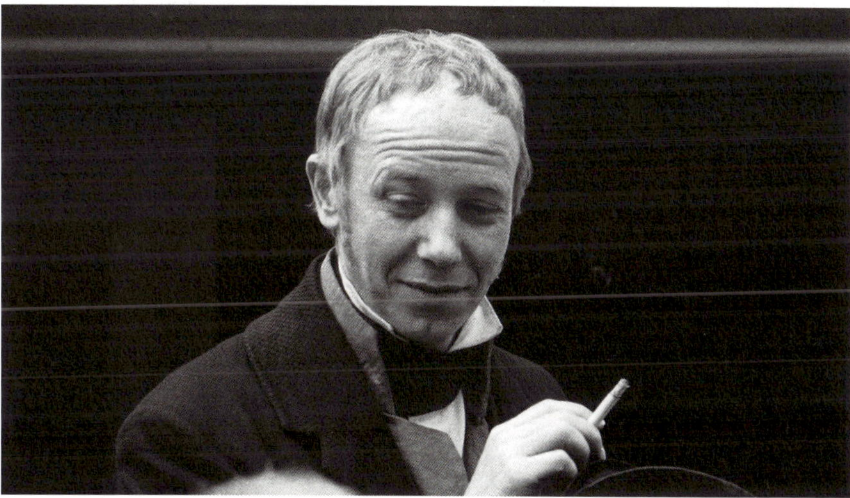

Überragend war die schauspielerische Leistung von Wilfried Grimpe in der Rolle des Christian Dietrich Grabbe. Nicht nur, dass er Grabbe ähnlich sah, verglichen mit den wenigen Zeichnungen, die von ihm überliefert sind. Während einer Drehpause in Detmold saßen wir mit ihm in einem alten Kaffeehaus und über ihm hing eine Portraitzeichnung des historischen Grabbe: die Ähnlichkeit war frappierend.
Auch war er in der Lage die ganze Widersprüchlichkeit, ja verzweifelte Zerrissenheit des begabten, letztlich aber erfolglosen und vergessenen Dichters zu verkörpern, dessen monumentale Stücke damals uninszenierbar waren.[13]

13 Und das ist leider bis heute gültig, obwohl seine Formensprache von modernen Dramatikern wie Artaud, Jarry und nicht zuletzt von Brecht rezipiert wurden (Text und Kritik 212, S. 3, München 2016).

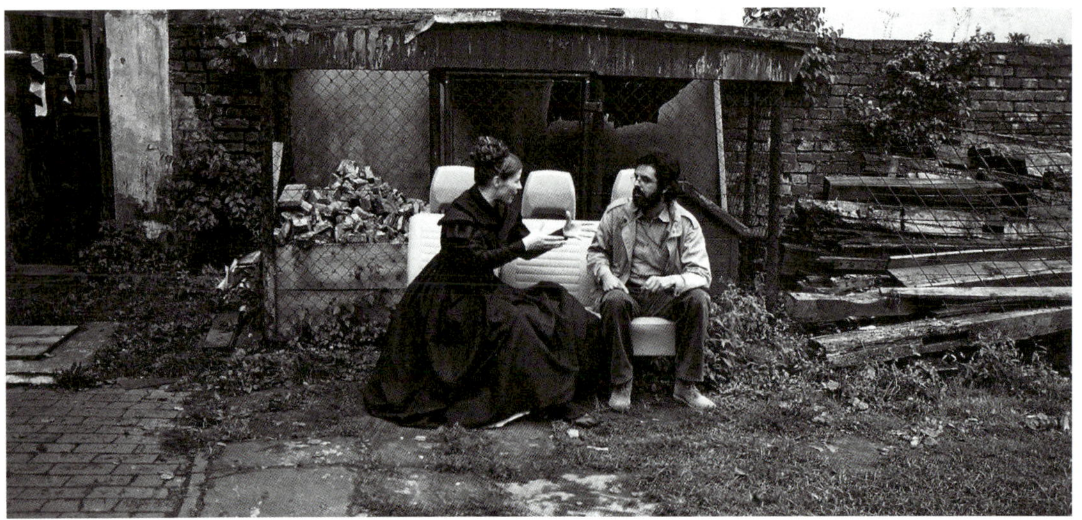

Renate Schroeter als ›Luise‹, Sohrab Saless

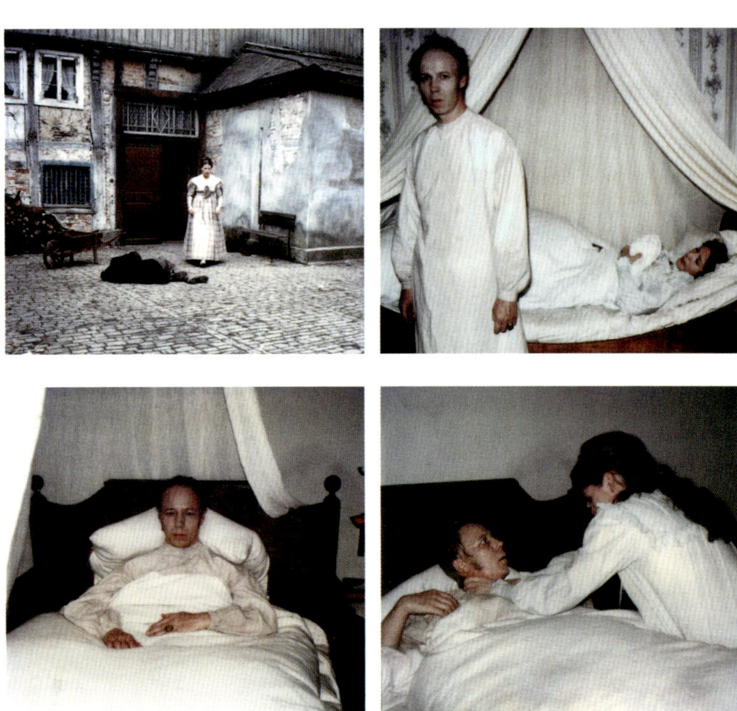

Spuren des Ehekriegs

Der Film erhielt 1981 den wichtigsten deutschen Fernsehpreis, den renommierten ›Grimme-Preis‹ in drei Kategorien: ›bestes Buch‹, ›beste Regie‹ und ›bester Hauptdarsteller‹.

Lotte Eisner war eigens zu einer Vorführung nach Bremen gekommen, um den Film zu sehen: »Ich habe immer gesagt, es ist unmöglich einen Film über eine berühmte Persönlichkeit zu machen«, meinte sie später. »Doch es war für mich ein wunderbarer Film (...). Man kann jetzt nicht mehr sagen, es sei unmöglich, Filme über berühmte Persönlichkeiten zu machen.« (Interview, Mamad Haghigat,1982)

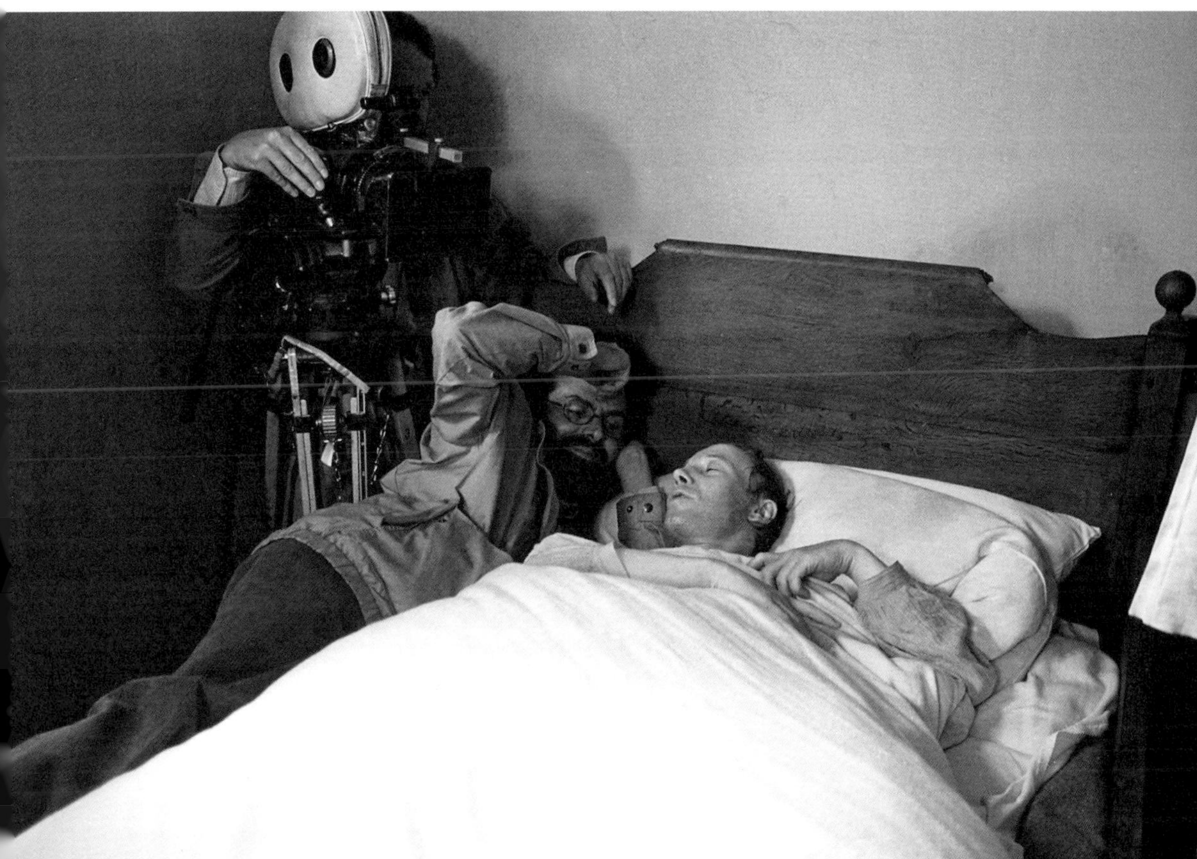

Im Drehbuch über 40 Seiten lang: das langsame Sterben des Christian Dietrich Grabbe.

Saless lernte im Lauf der Dreharbeiten eine junge Frau kennen, mit der er ein paar Jahre zusammen war und mit der er eine gemeinsame Tochter hatte, Mascha (nach einer der ›Drei Schwestern‹ im Drama von Čechov). Leider ging die Beziehung bald in die Brüche. Mascha wuchs ›vaterlos‹ auf – so wie er ›mutterlos‹ ...

821

E 821 - H.T
LUISE richtet sich auf und
mustert ihr Werk.

LUISE, ernst:
Mag er weiterleben in der
ewigen Welt der Kunst. (Pause)
Er ist erlöst - ich aber auch.

Sie muß lachen und beißt
auf ihre Faust.

E 822 - H.T
DOROTHEA GRABBE sitzt in
ihrem Stuhl. Sie hat ihre
Blechflasche in der Hand.

822

DOROTHEA (murmelt):
Nä, dat es nicht wohr -
he sloept nur so'n betken.

E 823 - H.T
LUISE sieht sich angeekelt
nach der Alten um.

E 824 - H.T
DOROTHEA GRABBE streckt ihr
die Blechflasche hin.

E 825 - H.T (Kamera-Schwenk)
LUISE geht rasch aus dem Zimmer.

E 826 H.T
DOROTHEA GRABBE trinkt einen
Schluck.

DOROTHEA:
Min Krischan is so juste
sanfte inschloppen.

Und plötzlich winselt Grabbes
Mutter wie ein verlassenes Kind.

E 827 - H!T
Grabbes Gesicht

- E N D E -

Die letzten Drehbuchseiten

76. BILD

Insert

"Sonne, könnt
Ich dich einmal bei deinem Strahlenhaupte packen -
Am Felsen wollt ich dein Gehirn zerschmettern
Und dich, was Schmerz heißt, fühlen lassen."

(Handschrift:)
Christian Dietrich Grabbe

Schlußtitel

GRABBES LETZTER SOMMER

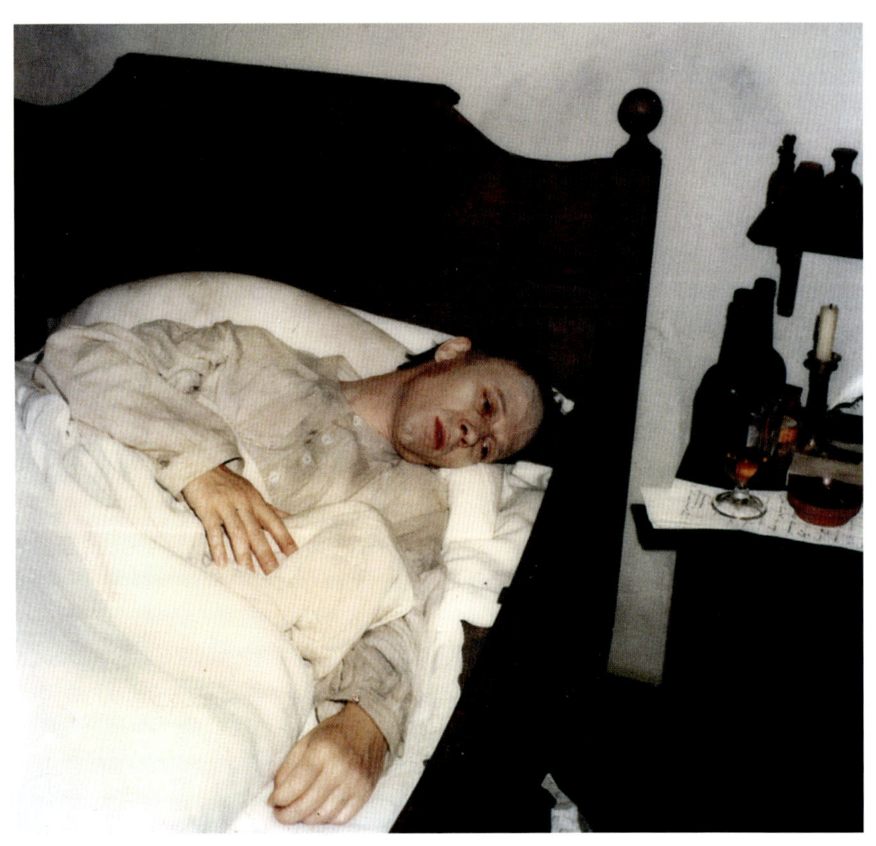

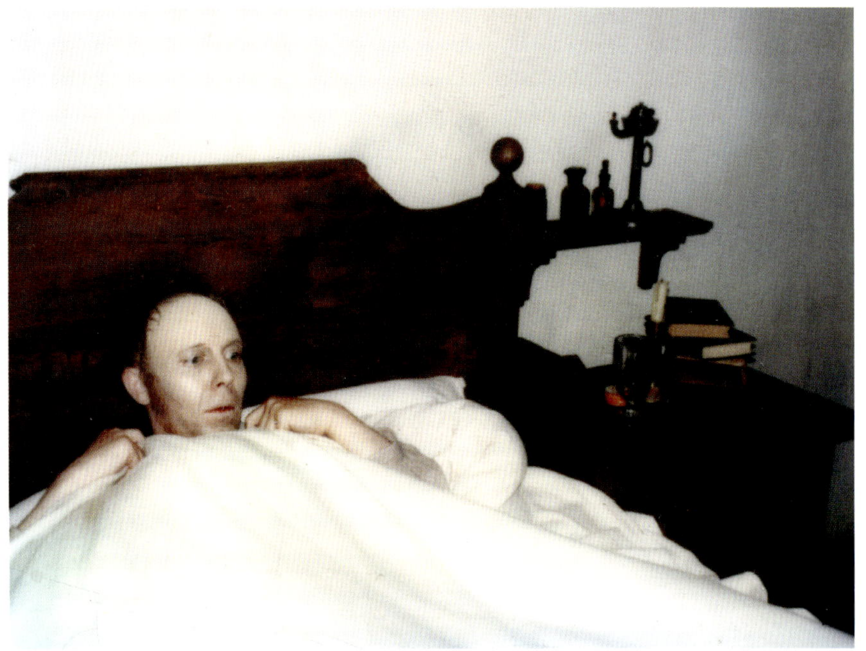

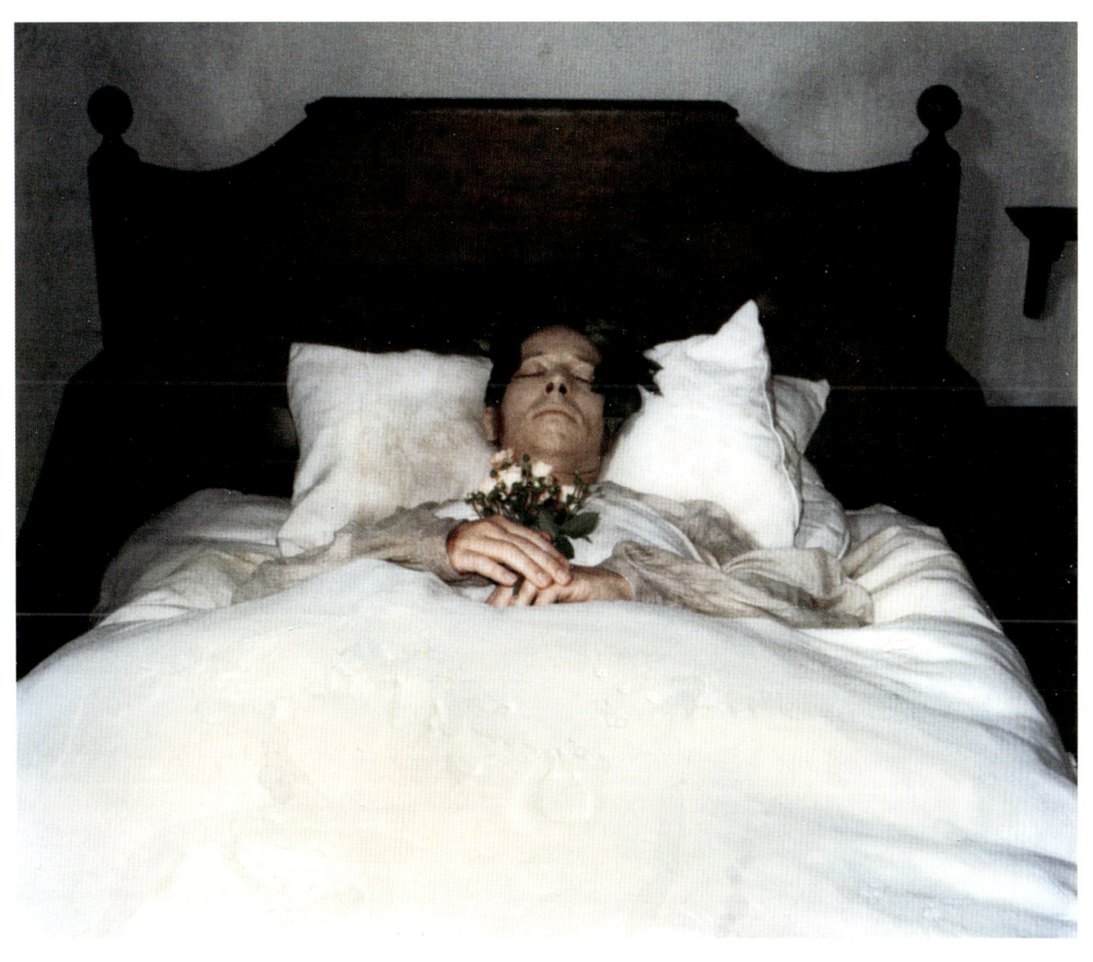

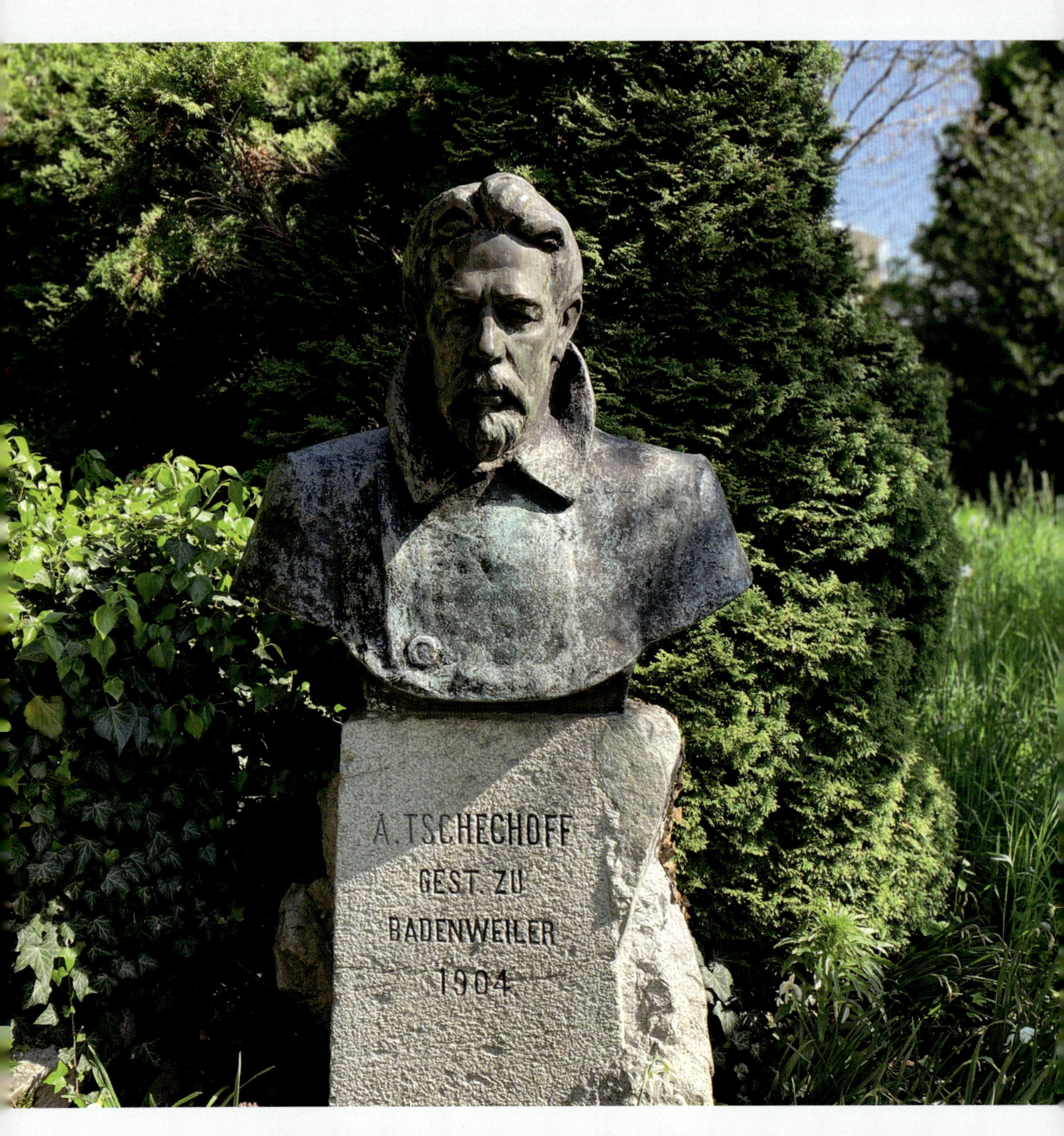
A. TSCHECHOFF
GEST. ZU
BADENWEILER
1904

ANTON PAVLOVIČ ČECHOV – EIN LEBEN

BRD 1981

Format: 16mm

Länge: 95 Minuten

Buch: Sohrab Shahid Saless und Peter Urban

Produktion: Provobis Film für WDR, RAI Radiotelevisione italiana, Sender Freies Berlin, Südwestfunk.

Premiere: 26.12.1981, West 3

Kamera: Ramin Molai

Redaktion: Christhard Burgmann, WDR

Drehorte: Melichova, Taganrog, Venedig, Jalta, Badenweiler, Moskau [Sommer]

Inhalt:
»Čechovs Leben sollte meines Erachtens realistisch und dokumentarisch in eine ganz eigene filmische Sprache umgewandelt werden. Seine wichtigsten Jahre, ausgehend von seiner Jugend bis hin zur Vervollkommnung seiner Werke und die Denkweise des Dichters, sind die Richtung, der wir folgen. Also: Gespräche, Tagebücher, Erlebnisse und dergleichen. (...) Die Reiseberichte beispielsweise werden einen wesentlichen Teil des Films ausmachen. Die Begegnung mit Maxim Gorki oder der Aufenthalt bei Leo Tolstoi, der großen Einfluss auf Čechov hatte, wie er selbst bestätigte, sind unvermeidlich. Leider muss die Reise nach Sachalin, der Verbannungsinsel des Zaren, trotz ihrer Wichtigkeit gekürzt werden. Es gibt sehr viele Erzählungen von Čechov, die wahrhaftig aus dem Leben seiner Freunde erzählen, wie beispielsweise dem russischen Landschaftsmaler Isaac Levitan in ›Der Flattergeist‹ oder der Kreis seiner Künstlerfreunde in ›Die Möwe‹, und es gibt daneben präzise Studien aus dem Leben des russischen Volkes. Die Darstellung einiger Aspekte aus diesen Erzählungen wird in der Konstruktion des Films von großer Bedeutung sein.
Die späten Jahre des Dichters, die er einsam in Jalta auf der Krim verbrachte, die Ehe mit Olga Knipper, der russischen Schauspielerin, die mit Stanislawski gemeinsam für das Moskauer Theater arbeitete, und schließlich Čechovs Tod in Badenweiler bilden den letzten Teil des Films.«

Sohrab S. Saless, Auszug aus seinem Exposé, 1980

Christhard Burgmann (damals Kulturredakteur im WDR-Fernsehen):
»Der Film erzählt Čechovs Leben hauptsächlich durch zeitgenössische Fotos und durch Zitate aus Briefen, Erinnerungen und persönlichen Aufzeichnungen Čechovs in seinem literarischen Gesamtwerk. Es ist keine Dokumentation, die nur linear und von außen das Leben schildert, sondern sie erzählt ganz wesentlich aus der Sicht von Čechov selbst. Keine übliche TV-Biographie, kein ›Biodoc‹, sondern der Versuch einer Selbstdokumentation Čechovs.«

Bert Schmidt:
»Wie kamen Sie auf Saless?«

Christhard Burgmann:
»Da gibt es folgende interessante Anekdote: ich sitze in Köln am Fernseher und sehe einen Spielfilm, der mich sofort in den Bann zieht: ein kleiner Junge läuft durch den ganzen Film, ob er nach Hause kommt, ob er seine Freunde treffen will, bei welcher Gelegenheit auch immer. Und ich denke, das ist wirklich aufregend, was da abläuft. Vor allem, dass und wie der Rhythmus dieses

Films durch den laufenden Jungen ganz wesentlich definiert wird und mir diese einfache Geschichte aus dem Iran, einem mir fernen Land, ganz nahe bringt. Und daraufhin habe ich mir den Namen des Regisseurs aufgeschrieben: Sohrab Saless.
Am nächsten Tag war ich zum Einkaufen auf dem Markt in Köln-Nippes und bekam an meinem Gemüsestand mit, wie die Verkäuferin einer Kundin erzählte, sie hätte im Fernehen einen Film gesehen, der sie ungemein berührt hätte. Es war genau dieser Film über den kleinen Jungen. Und da habe ich mich eingemischt, ja – auch ich hätte den Film gesehen und er hätte mich ebenso beeindruckt. Und daraufhin ergab sich noch ein sehr interessantes Gespräch mit dieser Marktfrau, über den Gemüsetisch ihres Verkaufsstandes hinweg.

Christhart Burgmann:
»Kurz danach rief mich Wilfried Reichart an, ein Kollege, der damals die Filmredaktion beim WDR leitete. Er sagte, er habe gerade einen Autor gesprochen, der würde gerne einen Film über Anton Čechov machen, er sei ein iranischer Filmemacher. Ich sagte etwas abwehrend, ich sei selber sehr interessiert, einen Film über Čechov zu produzieren. Da müsste man nochmal drüber nachdenken. Es sei denn, er spräche von Sohrab Saless – ich dachte an den Film EIN EINFACHES EREIGNIS, den ich zuvor gesehen hatte. Und da sagte Reichart: ›Genau der ist es!‹
So kam es zu meiner Begegnung mit Sohrab Saless. Er hat mir seine Ideen und sein Konzept für den Čechov-Film entwickelt, das mir sehr einleuchtete. Der Film ist ja – auf eine besondere Weise – dokumentarisch angelegt, hat aber ein paar Momente, die inszeniert worden sind, kleine Spielszenen mit Kostümen aus Čechovs Theaterstücken ›Ivanov‹ und ›Die Möwe‹. Dafür hat Saless meine Frau Ute Burgmann, die zuvor schon Kostümbildnerin bei seinem Film GRABBES LETZTER SOMMER gewesen war, nach Hamburg kommen lassen, um dort diese wenigen, aber für den Film wichtigen Szenen zu drehen.«

Bild S. 68 Čechov-Denkmal im Kurpark Badenweiler von Wladimir Tschebotarjow). Eine immer noch verbreitete Unsitte: Der Name des Dichters wurde in der Umschrift ordentlich »eingedeutscht«.

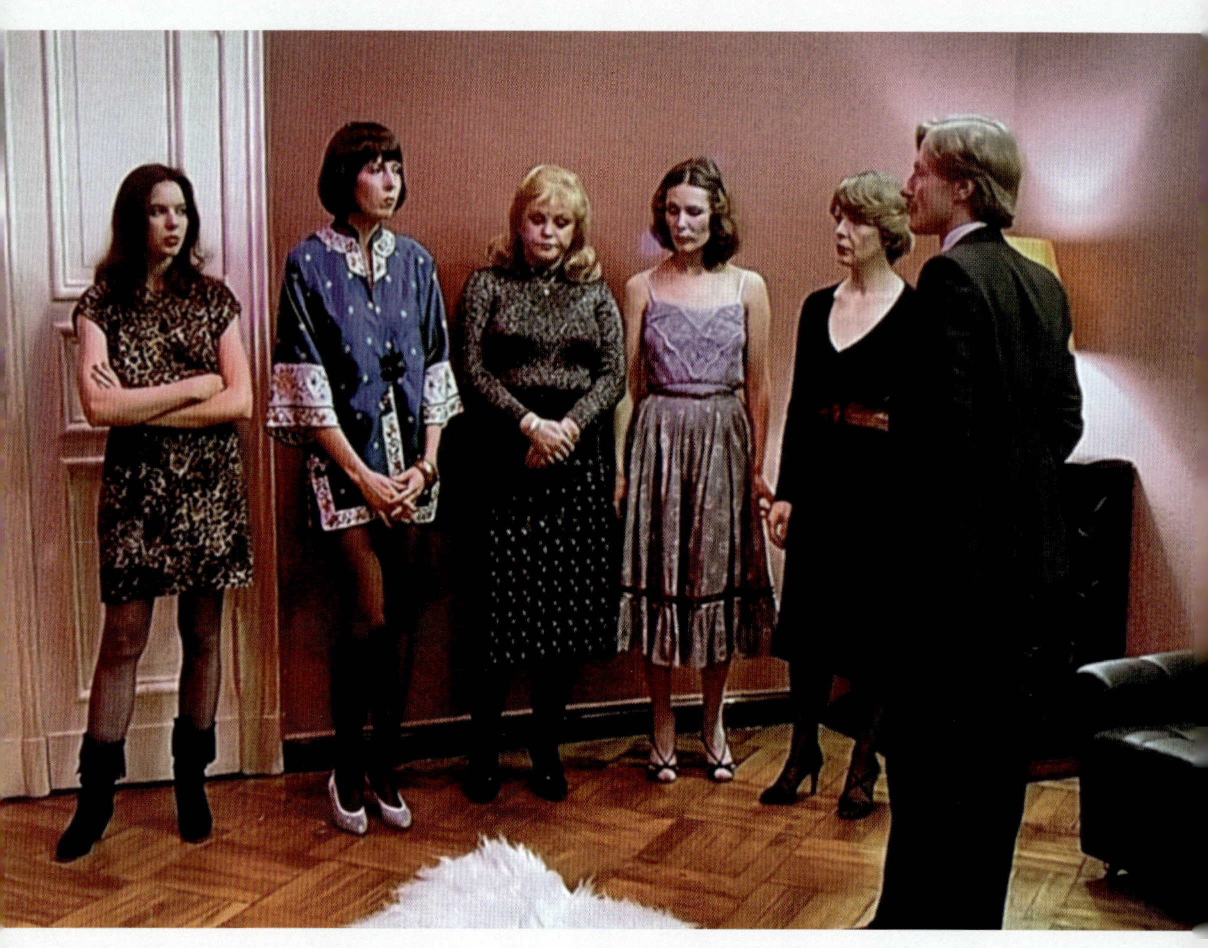

UTOPIA

BRD 1983

Format: 35mm, 1:1,66

Länge: 198 min

Drehzeit: 22 Tage

Drehorte: West-Berlin

Drehbuch: Sohrab Shahid Saless, Manfred Grunert

Kamera: Ramin Molai

Ton: Wolf-Dietrich Peters-Vallerius

Ausstattung: Claus Jürgen Pfeiffer

Kostüme: Monika Grube

Darsteller: Manfred Zapatka, Imke Barnstedt, Gundula Petrovska, Gabriele Fischer, Johanna Sophia, Birgit Anders

Produktion: Multimedia (Hamburg) in Co-Produktion mit Ullstein Tele Video (Berlin), ZDF

Redaktion: Willi Segler, ZDF

Uraufführung: 20.02.1983, Berlin, IFF – Wettbewerb;

Kinostart: 20.05.1983, Frankfurt am Main, Kino ›Eden‹;

Fernsehfilmpreis der Deutschen Akademie der Darstellenden Künste, 1984, Baden-Badener Tage des Fernsehspiels

Inhalt:

In einer zum Bordell umgestalteten Wohnung arbeiten fünf Frauen verschiedenen Alters aus verschiedenen Schichten und aus unterschiedlichen Gründen als Prostituierte für den sadistischen Zuhälter Heinz. Es sind müde und kaputte Frauen zu sehen, die aus Kostengründen an ihrem Arbeitsplatz wohnen, die keinen Feierabend haben, kein Privatleben. Nicht nur ihrer Menschenwürde, auch ihres Verdienstes beraubt. Ihr Verhältnis untereinander ist gekennzeichnet von Misstrauen und Neid. Jeder Schritt der Frauen wird von dem Mann überwacht, eine Privatsphäre gibt es nicht. Versuche, sich der Knechtschaft zu widersetzen, werden grausam bestraft.
Um jegliche Gefahr einer gemeinsamen ›Rebellion‹ im Keim zu ersticken, spielt der Zuhälter die Frauen auch gegeneinander aus. Aber selbst nachdem sie ihren Peiniger gemeinschaftlich umgebracht haben, gelingt es den fünf Frauen nicht, sich aus ihrer Lebenssituation zu befreien.
Saless' Film basiert auf Beobachtungen, Recherchen im Milieu und Interviews mit Prostituierten.

»Dreieinhalb Stunden in einem schäbigen Berliner Bordell, dreieinhalb Stunden, die nur aus Warten bestehen, aus Warten auf die Freier, auf den Zuhälter – und ganz ohne Busen, ohne Tragik, ohne Schicksal, wer will das sehen? Keine Beziehungskisten, keine Vergangenheitsbewältigung, keine Thomas-Mann-Verfilmung, keine grünen Ameisen, keine Filmförderung.« (Benedikt Erenz' begeisterte Kritik in ›Die Zeit‹, 11. Januar 1985)

Der Film spiegelt Saless' düstere Weltsicht. Die Machtverhältnisse, in denen wir alle mehr oder weniger leben, aus denen es kein Entrinnen gibt, spielen in all seinen Filmen eine Rolle – hier repräsentiert durch die Figur des despotischen Zuhälters Heinz. Saless zeigt aber auch die Ambivalenz von Heinz, der ein Leidender ist – (siehe die Szene, wenn er Jugendfotos von sich betrachtet!)
Doch als sich im Film die Machtverhältnisse umkehren, bleibt alles mehr oder weniger beim Alten: das ist Saless' Sicht auf die Welt. Es gibt kein Entrinnen. Albert Camus scheint hier durch oder Jean-Paul Sartre: »Die Hölle, das sind die anderen.« Und wir.

Anfang und Ende des Films weichen ab von anderen Saless-Filmen. Sie bilden eine Art Rahmen, nicht Prolog und Epilog, in den der Film eingebettet ist.

Er beginnt in der Oper, eine Sängerin trägt das Lied ›Im Treibhaus‹ aus Richard Wagners Vertonung der ›Wesendonck Lieder‹ vor. Die Kamera schwenkt über das Orchester auf eine Loge, ein Mann erhält dort eine Nachricht und verlässt eilig die Oper. Draußen steigt er in ein Auto. Mit einem plötzlichen Schwenk

auf die andere Straßenseite, wo Heinz mit Renate streitet, werden wir in die eigentliche Handlung eingeführt. Ganz untypisch für das dramaturgische Verständnis von Saless.
Dieser geheimnisvolle Mann aus der Oper taucht nie wieder auf. Anfangs glaubt man, dass er als ein Klient des Clubs ›Arena‹ wieder in Erscheinung treten wird.[14]
Am Ende des Films kehren wir in die Oper zurück. Aus dem (off) hören wir wieder die Sängerin aus der Anfangssequenz mit dem Lied ›Im Treibhaus‹. In einer Totale sehen wir den vollbesetzten Zuschauerraum. Durch diesen Rahmen erhält der Film den Charakter einer Parabel, und umso interessanter ist der Liedtext:

Im Treibhaus
Hochgewölbte Blätterkronen,
Baldachine von Smaragd,
Kinder ihr aus fernen Zonen
›Saget mir, warum ihr klagt?
Schweigend neiget ihr die Zweige,
Malet Zeichen in die Luft,
Und der Leiden stummer Zeuge
Steiget aufwärts, süßer Duft.
Weit in sehnendem Verlangen
Breitet ihr die Arme aus,
Und umschlinget wahnbefangen
Öder Leere nicht'gen Graus.
(...)

Es liegt nahe, dass der Club ›Arena‹ ein Synonym für das ›Treibhaus‹ ist, seine Insassen jene klagenden Pflanzen, die ›in sehnendem Verlangen die Arme ausbreiten und wahnbefangen, öder Leere nicht'gen Graus umschlingen‹.
Die Rede ist also von einem wahren Unort, voller unbehauster Wesen. Mit dem Blick auf das gesamte Publikum am Ende des Films findet die Übertragung statt: das Gezeigte und Gehörte trifft auf uns alle zu. Wir alle leben mit einer Vorstellung von Utopia, aber diese Utopie erweist sich als die Hölle, beherrscht von Despoten. Wird ein Despot beseitigt, kommt schon der nächste (einer von uns!) und übernimmt das Kommando.

14 Siehe oben Anm. ›Čechovs Gewehr‹: »Man kann kein Gewehr auf die Bühne stellen, wenn niemand die Absicht hat, einen Schuss daraus abzugeben.«

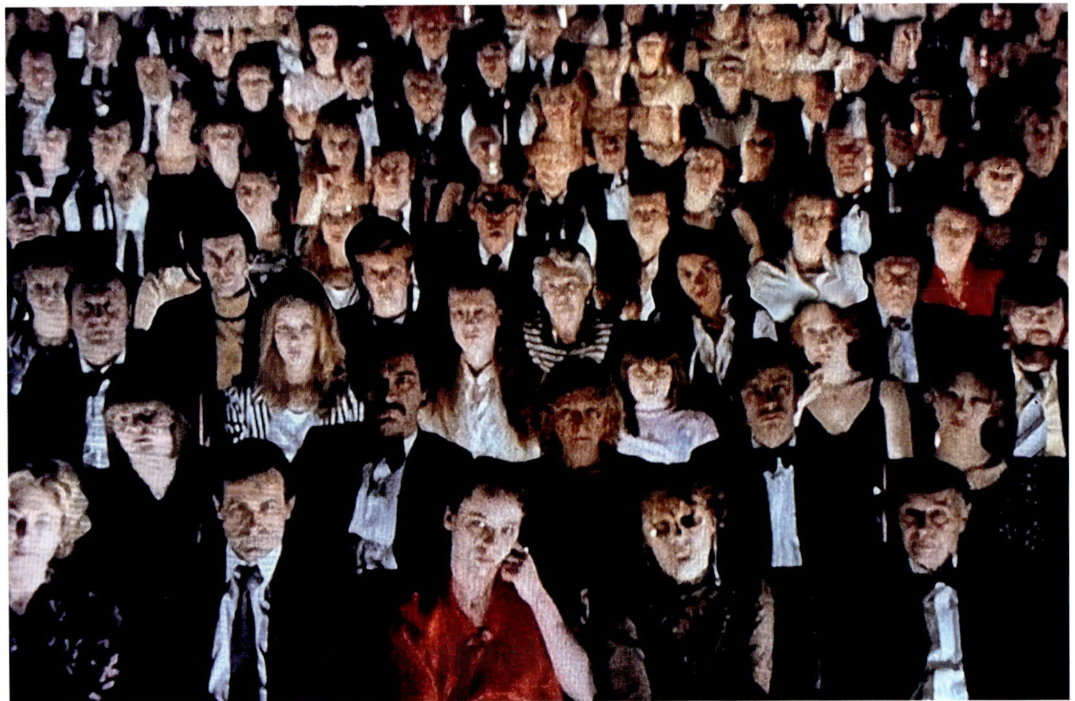

Die letzte Einstellung des Films

Das Drehbuch ist schon in den 1970er Jahren entstanden. Es brauchte allerdings Jahre bis zur Realisierung. Dieter Reifarth hatte damals (1979), eine frühe sehr umfangreiche Fassung des Drehbuchs zu lesen bekommen.

Dieter Reifarth:

»Der Stoff stammte meines Wissens ursprünglich von Manfred Grunert, dem Koautor. Saless war unzufrieden mit Grunerts Fassung und hat es umgeschrieben. Irgendwann kam es, wie bei fast allen, zum Zerwürfnis.«

Bert Schmidt:

»Saless zog damals zur Recherche durch die Puffs.«

Dieter Reifarth:

»Ja, er hat auch die Damen dafür bezahlt, dass sie ihm über ihre Erfahrungen erzählten. Wir waren hier in der ›Breite Gasse‹ (Frankfurt/Main), und er hat damals noch an dem Buch herumgewerkelt. Wir haben mit den Damen etwas getrunken, mussten aber ordentlich bezahlen, und die haben dann aus ihrem Alltag erzählt, von den Freiern, wie sie die abfertigen, dass es bestimmte Tricks gibt, damit die Typen schneller zum Orgasmus kommen und so weiter, also mehr ›handwerkliche‹ Dinge. Diese Recherchen hat er wohl sehr ausgiebig gemacht. Er war ja eher ein hypochondrischer Typ, und ich glaube nicht, dass er da in jedem Puff ›aktiv‹ wurde. Das passt nicht zu ihm ...«

Bert Schmidt:
»Mit dem Koautor Grunert war es dann wohl irgendwann vorbei. Saless hat ja immer die Stoffe zu seinen eigenen gemacht.«

Dieter Reifarth:
»Ja, das war ja immer so bei ihm. Er war kein Mensch, der irgendeine Form von Arbeitsteilung respektiert hat, außer, dass er die Leute irgendwie dirigiert und benutzt hat – so wie der Faßbinder, den er gehasst hat wie die Pest. Aber er war auch ein Ebenbild von ihm ... Ein Monomane.«

Saless und Molai erzählten mir, dass die Produktionsleitung sparsam wie immer war, und so kam es, dass für die Szenen in der Oper mit dem Wagnerlied ›Im Treibhaus‹ zu wenig Komparsen im Zuschauerraum saßen. Vor allem für die Totale am Schluss des Films reichte die Besetzung bei weitem nicht aus. Die Aufregung war groß, Saless wollte unbedingt eine Totale des Zuschauerraums. Molai bot eine technische Lösung an. Er schlug einen Filmtrick aus den frühen Tagen der Filmgeschichte vor, den sogenannten Stopptrick.[15]

Wolf-Dietrich Peters-Vallerius, der damals als Tonmeister dabei war, bestätigt diesen Ablauf:
»Die Szene in der Oper wurde im ›Theater des Westens‹ gedreht. Wir blicken irgendwann von der Bühne ins Publikum. Jetzt fülle bitteschön das ›Theater des Westens‹ mit Publikum! Das kannst du vergessen. Das Geld hat keine Produktionsfirma.«[16]

Bert Schmidt:
»Hat die Produktion gespart?«

Wolf-Dietrich Peters-Vallerius:
»Nein, 80 oder 100 Komparsen hatten wir bestimmt. Dann wurde ein Wahnsinnsplan ausgetüftelt, der dann auch funktioniert hat. Die Kamera stand hier auf dem Bühnenboden und ein Bildausschnitt wurde festgelegt, der wurde

15 Stopptrick, den Alfred Clarks (1895) und später dann Georges Méliès zuerst verwendet hatten. Man nimmt eine Einstellung auf, stoppt dann die Kamera, spult den Film zurück, verändert etwas im Bild – man fügt etwas hinzu, so wie hier. Dann wird die Aufnahme fortgesetzt. Bei der Projektion des Films ›erscheinen die beiden Aufnahmen als eine einzige.

16 Anm.: 1982 hatte das Theater ca. 1400 Sitzplätze.

dann auf den Sitzreihen mit Flatterband markiert. Dann wurden die Komparsen hingesetzt. Die mussten auch Wechselklamotten haben. Sie wurden dann zunächst vorne in die ersten 6 oder 7 Sitzreihen gesetzt. Das Verrückte war, dass jeder eine Neonlichtleiste auf die Knie bekam, dadurch haben sie Licht bekommen. Jeder wurde von unten angestrahlt, der Rest des Raums wurde dunkel gehalten. Die Kamera war fest installiert auf dem Bühnenboden, festgeschraubt sozusagen.
Das wurde gedreht. Dann wurden die Leute alle umgesetzt, und wir hatten dann im Film den Raum ziemlich gefüllt, 400 oder 500 Leute mit eigentlich nur 80 Komparsen. Das war eine Glanzleistung, mit wenigen Leuten das ›Theater des Westens‹ zu füllen.
Wir hatten einen ziemlich männlichen Darsteller: Manfred Zapatka, ein unglaublicher Profi. Man hat es wirklich in jeder Sekunde gemerkt: er war ›Heinz‹, danach war er wieder Manfred, der aber auch als Manfred ein sehr beherrschter Typ ist – auch bei EMPFÄNGER UNBEKANNT. Ich habe nie ein warmes Gefühl für ihn bekommen. Wenn wieder ein Film mit ihm zustande käme, wir wären immer noch per Sie. Man kam nicht richtig an ihn heran, er hatte immer etwas um sich herum. Vielleicht ist er ja so. Er verkörpert in den Filmen auch immer solche Typen ...«

Claus-Jürgen Pfeiffer:
»UTOPIA war der erste größere Kinofilm für mich. Herbert Kerz (Produktionsleiter) wollte mich nicht als Ausstatter. Ganz oft wollte er mich zur Seite schieben und selber Entscheidungen fällen, die eigentlich ich zu entscheiden hatte. Ich ging zu Sohrab: ›Ich kann mich gegen diesen Krokodiljäger nicht wehren.‹ Er war lange in Australien und hat da im Busch gelebt. Er wurde immer der Krokodiljäger genannt, weil er wohl dort Krokodile gejagt hatte. Er war schon ein toller Typ.«

Bert Schmidt:
»Er soll vorher auch Stukapilot gewesen sein.«

Claus-Jürgen Pfeiffer:
»Das wusste ich nicht, aber Stukapilot im Krieg würde zu ihm passen. Schnelle Entscheidungen treffen, machen, tun, Dinge durchdrücken. ›Der oder ich!‹. Ich habe Saless am Anfang von UTOPIA kennen gelernt. Wir haben einen ganzen Tag miteinander gesprochen, als es um meine Einstellung ging. Saless sagte dann, er wolle, dass ich den Job mache.
Danach sind wir zwei Wochen lang durch das ›Milieu‹ gezogen. Wir waren bestimmt in einem Dutzend Puffs. Saless gab sich als tatsächlicher Kunde aus. Vielleicht war er es auch, so dass er sich da gut auskannte ...«

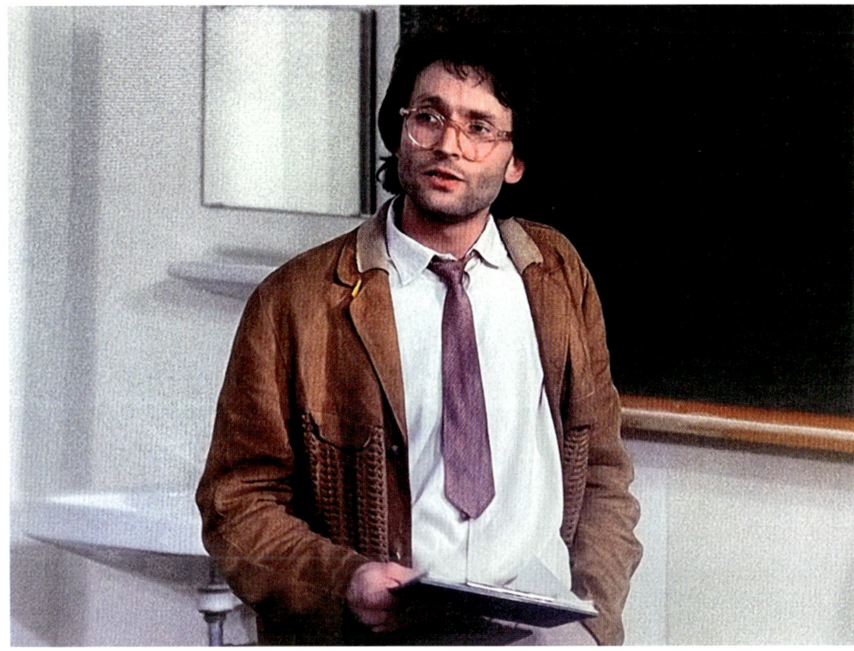

Claus-Jürgen Pfeiffer in der Rolle eines Universitätsprofessors in UTOPIA

Bert Schmidt:

»... mit Sicherheit!«

Claus-Jürgen Pfeiffer:

» ... dass er aus Einsamkeit als Freier unterwegs war, obwohl er mit Frauen in seinen Filmen immer gut umgegangen ist, wie ich finde – weit seiner Zeit voraus.

Woran ich gerne zurückdenke bei UTOPIA ist:

Herbert Kerz hat mir zwei Bühnenleute zur Seite gestellt, Raimund Kummer und Hermann Pitz, die eigentlich Künstler waren und die beide berühmte Künstler wurden.

Ich hatte ein wenig Angst vor ihnen, weil ich mit ihrer anderen Art von Kunst nichts anfangen konnte, aber sie waren unglaublich solidarisch. Ich sagte ihnen ›das ist das erste Mal in dieser Größenordnung für mich und ich schaff' das nicht ohne euch‹ – Sie haben mich immer unterstützt, auch mit Ideen. Götz Heimann, mein Lehrmeister, hatte mir eingeschärft:

›Immer die Ideen der anderen mitnehmen‹, nicht im Sinne von Kopieren, sondern Schauen, was haben die anderen zu bieten.

Es gab nie Auseinandersetzungen zwischen Sohrab und mir. Mit Dominik Graf habe ich viele Auseinandersetzungen gehabt. Seit 1996 habe ich ja fast alle Filme

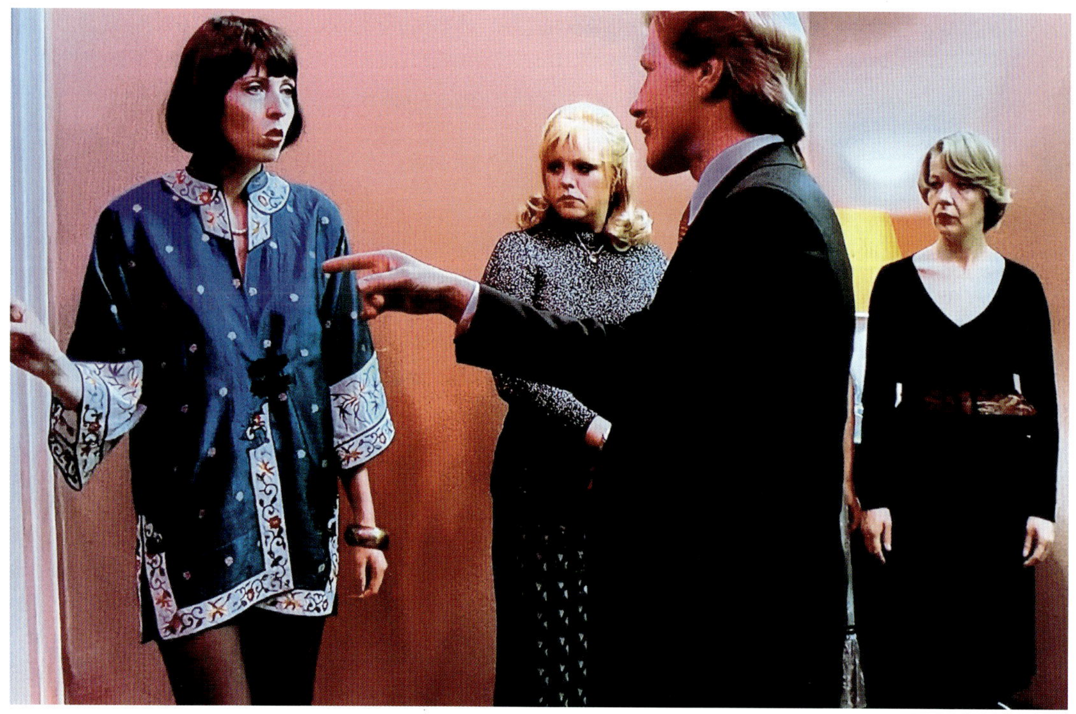

Parabel in der Parabel, wie ein ironischer Seitenhieb auf das Filmgeschäft: die Szene, in der Heinz wie ein Regisseur beim Casting die Damen in ihre Rollen einweist und sie in ihrer Darstellung korrigiert wie Schauspielerinnen.

mit ihm gemacht.

Die Wohnung für UTOPIA war so groß, dass wir immer dort bleiben konnten – Monika Grube mit ihren Kostümen, ich mit meinen Sachen. Fast ein zweites Zuhause.

Schräg gegenüber war eine ›Deutsche Bank‹-Filiale. Einmal kam von dort ein Getöse: jemand hatte die Filiale überfallen! Leute rannten hinter dem Räuber her und haben den armen Kerl wirklich zu Fall gebracht, anstatt den laufen zu lassen. Wir haben auf dem Fenster gesessen und quasi ein Live-Spiel mitverfolgt.

Wir hatten abgedunkelte Fenster im Gegensatz zu anderen Filmen. Dadurch gab es keine Innen/Außen-Verbindung.[17] Das erzeugt eine gewisse Hermetik. Der Film war für mich mehr eine Parabel, UTOPIA hat ja nichts mit der Wirklichkeit zu tun. Eine Parabel auf Machtverhältnisse, Unterdrückung. Diese Räume haben ja etwas Steriles, es sind wirklich nur Kulissen. Das Lichtkonzept sah vor, alles so auszuleuchten, dass es keine Schatten gab. Da gab es ja nichts Dramatisches. Nur durch die Handlung entstand das Tragische, Theaterhafte,

17 Siehe oben Kap. ORDNUNG ›überstrahlte Fenster‹.

und durch die Dialoge, nie durch das Licht. Ramin waren die Hände gebunden. Ramin konnte in dem Film nicht viel tun, ohne dass Sohrab den Daumen nach oben hatte. Er war schon ein Erfüllungssklave. Mit mir ist Sohrab nie so umgegangen, ich weiß nicht wieso.«

Wolf-Dietrich Peters-Vallerius über seinen ersten Tag bei UTOPIA:
»Ein Anruf kam, ›ein Film mit Saless wird gedreht‹. Ich sofort: ›bin dabei‹. Wir trafen uns am Motiv im Hausflur. Saless begrüßte mich, ›Hallo Wuffi, wie geht's, was macht deine Freundin, was hat sich getan?‹
Das hat mich so sehr berührt. Das allererste, das er mich fragt, nach sechs Jahren:[18] ›Wuffi hat damals Kummer gehabt mit seiner Freundin, die hat sich von ihm getrennt‹. Saless: ›Und, was ist?‹ Ich sagte, ›Ja, Trennung ist vollzogen, dafür habe ich eine andere Frau kennen gelernt, wir sind sehr glücklich miteinander.‹
Dann haben wir über UTOPIA gesprochen. Der ›Club Arena‹ befand sich in der Hauptstrasse in Berlin-Schöneberg. Eine Wohnung wurde zum Club umgebaut. Dort herrschte viel Straßenlärm, aber wir sind damit klar gekommen. Nach vorne waren die Fenster sowieso abgedunkelt. Ich gehe davon aus, dass so gut wie nichts nachsynchronisiert wurde.
Kamera: Ramin Molai, Sigi Gierich, Licht. Ramin hat in allen Räumen Licht vorgebaut, so ein Grundlicht, so dass wir am Tag drei, vier verschiedene Räume bespielen konnten. Der Lichtumbau hat nie länger als 10–15 Minuten gedauert, und dann konnten wir arbeiten.«

Sigi Gierich:
»Bei UTOPIA, in dem Puff, haben wir so geleuchtet, dass wir Blende 8 hatten ... Dann kannst du dir vorstellen, wie da geballert wurde mit der damaligen Lichttechnik.
Ich sagte zu Ramin: ›Spinnst du, Blende 8! Der Liebe Gott hat doch die Blende erfunden, um sie zu benutzen.‹ Das war zwischen Saless und Ramin eine heilige Kuh. Das musste Blende 8 sein. Ich dachte, ich kriege die Krise.«

Wolf-Dietrich Peters-Vallerius:
»Wir hatten 21 oder 22 Drehtage gehabt und hatten dann eine Version von 3 Stunden 20 Min., die dann auf 3 Std. 10 Min. geschnitten wurde. Saless hat wenig herausgenommen von der ganzen Geschichte, was auch gut war. Wenn der Film auch lang ist, aber er erzählt etwas. Er erzählt in der ganzen Zeit eine Entwicklung, die man in 1½ Stunden nicht hätte zeigen können. Deswegen war

---

18 Er bezieht sich auf die Dreharbeiten zu TAGEBUCH EINES LIEBENDEN, BRD 1976, bei denen Peters-Vallerius Aufnahmeleiter war.

das richtig. Wir haben beim Drehen schon ein paar Überstunden gehabt, aber wir hatten im Schnitt am Tag 11 Stunden gearbeitet.«

Claus-Jürgen Pfeiffer:
»Es gab dann Krach zwischen Saless und Molai auf der einen Seite und Herbert Kerz auf der anderen Seite. Das Team war auf Seiten von Saless und Molai. Das viele Licht an der Decke war der Stein des Anstoßes. Kerz fand das unmöglich. Aber Kerz, einer, der mit bloßen Händen Krokodilen das Maul zuhalten kann, konnte sich gegen den schmächtigen, aber willensmächtigen Saless nicht durchsetzen. Das kalkulierte Drehverhältnis[19] schien für die Produktion aus dem Ruder zu laufen. Es lag auch daran, dass so wahnsinnig lange Einstellungen gedreht wurden. Wenn die Einstellung abgebrochen wurde oder nochmal gedreht werden musste, sind gleich Kilometer von Material durchgelaufen. Es gab einen Riesenkrach wegen dem Materialverbrauch.«

Bert Schmidt:
»Saless erzählte mir von dem Krach. Und er habe einen Teil seiner Gage eingesetzt, um ungestört weiterdrehen zu können?«

Wolf-Dietrich Peters-Vallerius:
»Da gab es tatsächlich irgendwann einen ziemlichen Ärger. Dann kam die Herstellungsleiterin an den Set. Sohrab sagte zu ihr, ›dann kauf ich Material‹. Ich kann mir vorstellen, dass mit Herbert Kerz dann Schluss war. Wenn man bei ihm auf der falschen Seite stand, dann war auf jeden Fall Schluss. Er musste ja für die Produktion arbeiten. Das ist halt der blöde Job, wenn du Produktionsleiter oder Aufnahmeleiter am Set bist: du gehörst nicht zum Team, nicht zur Produktion. Du bist einfach ein Depp.«

Claus Jürgen Pfeiffer bestätigt, dass Saless Material mit eigenem Geld gekauft hat: »Ca. 20.000 oder 30.000 Mark, damit Herbert Kerz die Klappe hält.«

Bert Schmidt:
»Saless hat immer dicke Drehbücher geschrieben ... UTOPIA war aber nicht extrem dick.«

Claus-Jürgen Pfeiffer:
»... aber lang!«

---

19 Drehverhältnis: Das Verhältnis, zwischen dem abgedrehten und dem tatsächlich für einen Film verwendeten Material.

Bert Schmidt:
»Durch die Inszenierung wurde es lang und dadurch wurde mehr Material verbraucht. Kerz fühlte sich getäuscht.«

Claus-Jürgen Pfeiffer:
»Sohrab war schon jemand, der Taschenspielertricks drauf hatte. Aber es hat mir gefallen, weil er es für eine Sache getan hat.«

Bert Schmidt:
»Er muss getrickst haben ... Der hohe Materialverbrauch kam durch die tatsächliche Länge des Films, die Saless so schon im Kopf hatte und wahrscheinlich verschwiegen hat.
Wurden denn Mastershots gedreht und deswegen so viel Material verbraucht?«[20]

Wolf-Dietrich Peters-Vallerius:
»Die haben wir eben nicht gemacht. Ganz im Gegenteil. Auch da kam Sohrab mit einem absolut durchdachten Film an. Er hat natürlich überlappend gedreht, also nicht genau an dem Punkt gestoppt, wo er schneiden wollte. Wenn es irgendwo einen Versprecher gab, dann hab ich ihm das mitgeteilt und dann hat er nicht zwangsläufig den ganzen Take neu aufgenommen, sondern sagte: ›Das ist im nächsten Schnitt‹, oder wir haben pick-ups gemacht.[21]
Er wusste, wo sein Schnitt ist! Das gibt's ja heute gar nicht mehr ...
Das mit dem Material war schon etwas Spezielles. Es war ja mal gedacht, dass wir einen 90minüter drehen, und es wurde immer länger und länger, und irgendwo muss das Material ja herkommen.«

Bert Schmidt:
»Wie viele Klappen, wie viele Takes wurden gedreht?«

Wolf-Dietrich Peters-Vallerius:
»Es war eigentlich alles im ganz normalen Bereich, obwohl einige Schauspielerinnen nicht sehr erfahren waren. Es waren Namen dabei, die ich noch nie gehört hatte: Imke Barnstedt, Birgit Anders kannte ich, Gaby Fischer nicht. Sie spielte später in ›Die Schwarzwaldklinik‹«.

20 Mastershot: man dreht eine Szene von Anfang bis Ende kontinuierlich, meist in der Totalen. Damit hat man die Szene einmal komplett zur Verfügung. Nahaufnahmen der Szene werden gelegentlich aber auch komplett gedreht, damit hat man dann beim Schnitt die große Auswahl. Produzenten haben dann die optimale Möglichkeit den Schnitt in ihrem Sinne zu ändern. In Hollywood übliche Methode.

21 pick-up: passiert bei der Aufnahme ein Fehler, z. B. ein Versprecher der Darsteller, so dreht man nicht die Einstellung von Beginn an neu, sondern nur ab dem Fehler.

Claus-Jürgen Pfeiffer:
»Saless hat ein paar Mal bei mir übernachtet – er hatte ziemliche Paranoia. Ich weiß nicht, ob es Paranoia war, aber er fühlte sich immer verfolgt. Sein Dilemma: er ist vor dem einen Diktator abgehauen und ist von den anderen fast eingeholt worden. Er hatte zwei Diktaturen im Nacken.«

Rechtsanwalt Claus Mayershofer hat Saless jahrelang in Rechtsfragen beraten. Bei der Premiere von UTOPIA trat er zum ersten Mal in Erscheinung.

Rechtsanwalt Claus Mayershofer:
»Ich habe ihn in der Frage seines Aufenthaltsrechts vertreten.
Das erste Mal habe ich Saless auf der Berlinale getroffen, bei UTOPIA (1982). Ich war bei der Vorführung und dann bei den anschließenden Problemen mit den Verleihfirmen dabei. Saless wollte den Film nicht in den Verleih geben, weil er angeblich zu dunkel produziert wurde. Das war auch ein Thema bei der Berlinale-Premiere. Er ist aufgesprungen und zum Vorführer gelaufen und hat ihn gebeten, fast angeschrien: ›heller, heller, heller‹. Der Mann hat alles versucht was möglich war, um den Film beim Abspielen heller wirken zu lassen. Aber im Vorführraum kam technisch bedingt nur eine kleine Nuance zustande.«

Dieter Reifarth war damals ebenfalls in der Vorführung.

Dieter Reifarth:
»Nach meiner Erinnerung wurde bei der Premiere die Nullkopie gezeigt, eine unkorrigierte Kopie. Die Produktion ›Multimedia‹, Hamburg, war damals verantwortlich. Saless hat kolportiert, das sei die Rache wegen der Überlänge des Films gewesen. Die wollten nicht so viel Geld für eine Korrekturkopie ausgeben, weil der Film ihnen auch nichts bedeutet habe. Willi Segler (ZDF) hat nicht nur hinter dem Film, sondern auch hinter Sohrab gestanden – uneingeschränkt! Das hat aber die Produzenten nicht dazu gebracht eine vernünftige Festivalkopie herzustellen.«

Rechtsanwalt Claus Mayershofer:
»Das war UTOPIA, und so habe ich Saless kennengelernt, gleich richtig mit der ihm eigenen Intensität. Er wollte den Film nicht in den Verleih geben. Die Damen in Berlin von BASIS Filmverleih haben ihn dann aber in Deutschland verliehen und weltweit hat ihn Cine International hier in München vertrieben.«

Im Sommer 1982 kam der Film in die Kinos. Kinostart war im ›Eden‹ in Frankfurt, einem dieser Hutschachtelkinos. Dort konnte ich den Film endlich sehen und hatte gleich zu Beginn der Vorstellung mit dem Vorführer eine Auseinandersetzung, weil der Bildstand nicht in Ordnung war. Das Bild wippte auf und ab. Er behauptete, das müsse an der Kamera gelegen haben, nicht am Projektor. Ich sagte, dass ich zufällig wüsste, mit welcher Kamera der Film gedreht worden war, nämlich mit einer Arri BL mit doppeltem Sperrgreifer, mit absolut stabilem Bildstand. Aber, es war aussichtslos ...

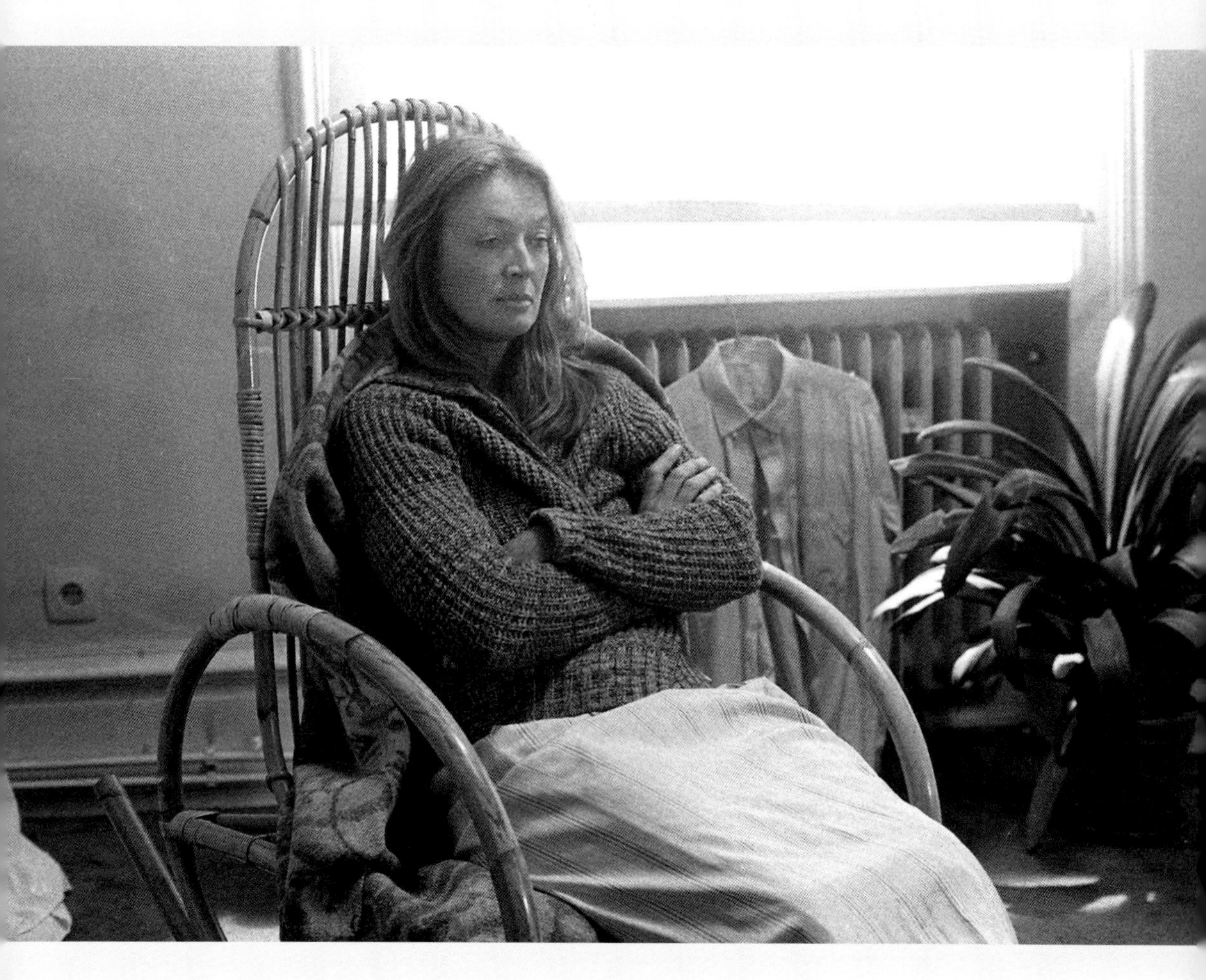

EMPFÄNGER UNBEKANNT

BRD 1983

Format: 16mm, Farbe

Länge: 81 Min.

Drehorte: Wiesbaden und Umgebung, West-Berlin, Frankfurt am Main

Produzent: Creative AGE, Klaus Grütz.

Redaktion: Eckhard Stein, ZDF – Kleines Fernsehspiel, (sein Markenzeichen: er hatte immer einen kleinen Stein an einer Kette umhängen)

Drehzeit: 16 Drehtage, vom 15.10.1982 bis 3.11.1982

Darsteller: Manfred Zapatka, Iris von Reppert-Bismarck, Umran Ertok, Dieter Schaad

Drehbuch: Sohrab Shahid Saless

Kamera: Ramin Molai

Ton: Wolf-Dietrich Peters-Vallerius

Ausstattung: Claus-Jürgen Pfeiffer

Kostüme: Monika Grube

Die drei hatten bei UTOPIA mitgearbeitet und sollten später auch wieder bei WECHSELBALG (1985) dabei sein.

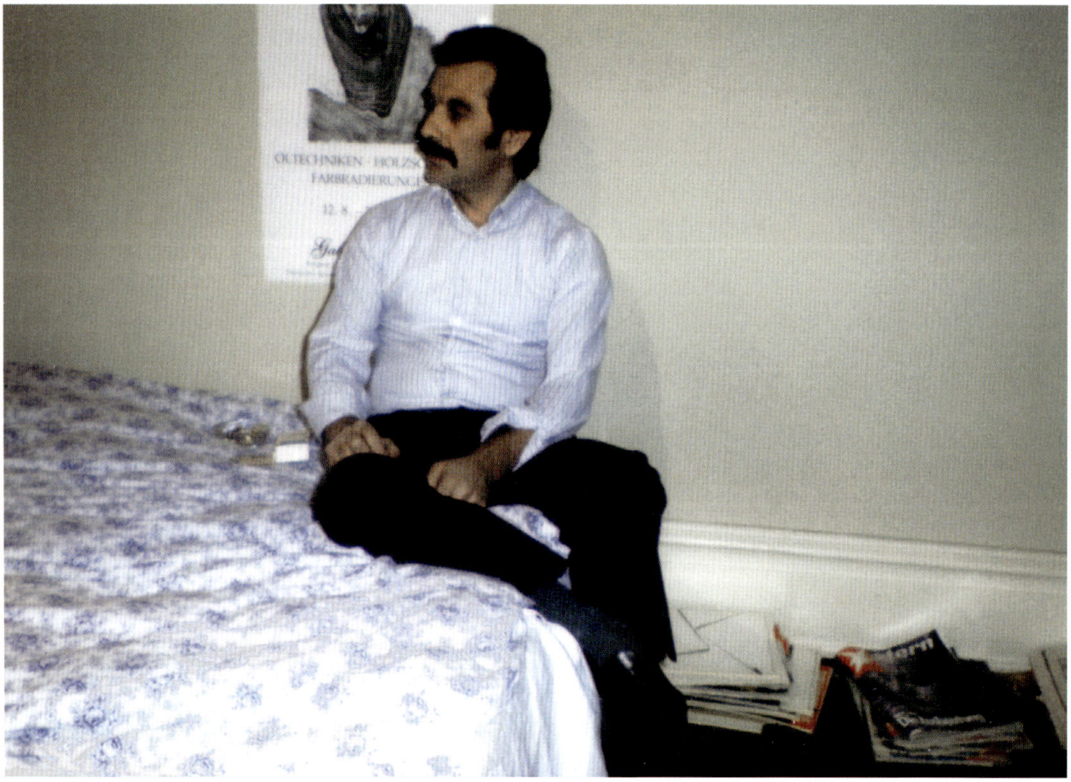

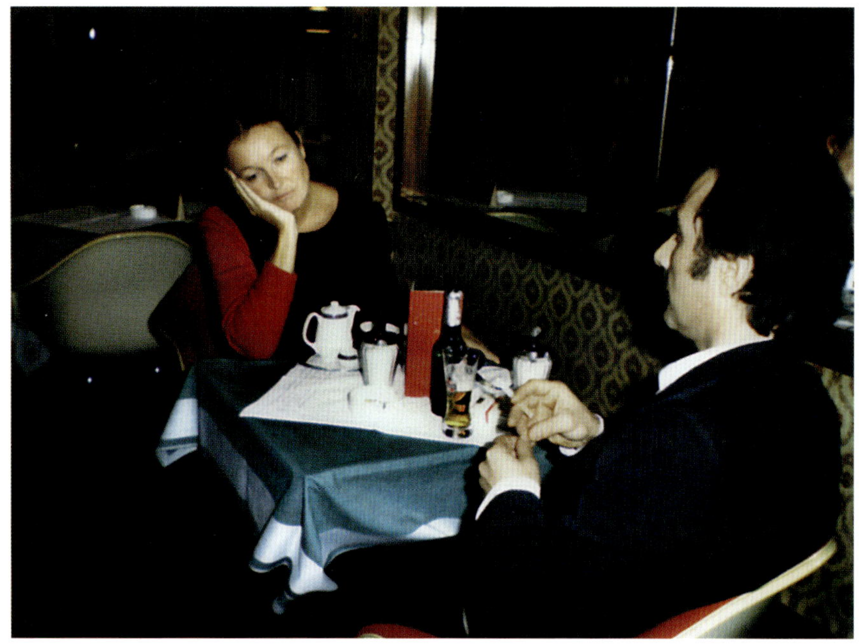

Inhalt:

Der Film beginnt mit einer Eisenbahnfahrt in Nordfrankreich entlang eines heruntergekommenen Wohnviertels. Die Fahrt stoppt gegenüber einer Mauer. Auf ihr steht ein Graffito: ›La France aux Français‹ (›Frankreich den Franzosen‹). Ein Text wird darüber eingeblendet: »Bei einer Reise in Frankreich sah ich aus dem Fenster etwas, was mich dazu bewegte, mich an das Thema ›Fremdenhass‹ zu wagen. Sohrab Shahid Saless.«

Es folgt in Bildern ein kurzer Abriss der jüngeren deutschen Geschichte. Provokativ rückt Saless den millionenfachen Massenmord an den Juden im KZ in die Nähe der Ausländerfeindlichkeit der BRD. Zu Bildern von Leichenbergen, aufgenommen kurz nach der Befreiung der KZs, hört man (off) einen Dialog zwischen einer deutschen Frau und einem Türken. Man sieht Großaufnahmen von Leichen, und die Frau fragt ihn (off), ob es ihm hier gefalle. Er antwortet: »Ja, ein wenig ... das bißchen Freiheit, keine Armut.«

Es folgt eine Sightseeing-Szene an der Berliner Mauer. Eine Touristengruppe steht vor einem Graffito ›Ausländer raus‹. Im (off) sprechen die Frau und der Mann über die Existenz der Mauer. Szenenwechsel: die beiden sitzen in einem Kaffeehaus, und die Handlung beginnt. Marianne (Iris von Reppert-Bismarck), eine Frau mittleren Alters, hat ihren Mann und ihre zwei Kinder verlassen und lebt jetzt bei Umran (Umran Ertok), einem arbeitslosen türkischen Architekten in Berlin.

Früher war Marianne mit ihrem Ehemann in der 68er-Bewegung aktiv. Doch bereits seit längerem führte die Familie ein bürgerliches Leben. Der Mann ist ein erfolgreicher Versicherungsunternehmer geworden, und die Frau war mit der Erziehung der Kinder beschäftigt. Sie fühlte sich aber immer stärker von der Realität abgeschnitten und floh aus dieser bürgerlichen Enge.

Sie lernt durch Umran, einen anderen Blick auf bundesdeutsche Realitäten zu werfen: zum Beispiel auf die Ablehnung, die man Ausländern entgegenbringt, während man sie gleichzeitig als ›Gast‹arbeiter bezeichnet.

Der Film besteht im Wesentlichen aus einer Parallelmontage zwischen zwei Handlungssträngen: Szenen mit Marianne und ihrem türkischen Freund wechseln ab mit Szenen aus der Welt, die sie hinter sich gelassen hat: ihr Mann zuhause mit den Kindern und bei seiner Arbeit.

Durch Briefe, die Marianne und ihr Mann austauschen, werden die unterschiedlichen Standpunkte der Eheleute sichtbar. Marianne versucht die Ursachen von Ausländerhass und Rassismus zu begreifen, schreibt über Konsumismus, Geschichtsverdrängung, Fremdenhass, während sich ihr Mann ›schöngeistigen‹ Reflexionen über einen Theaterbesuch oder Literatur, wie Erich Fromms ›Die

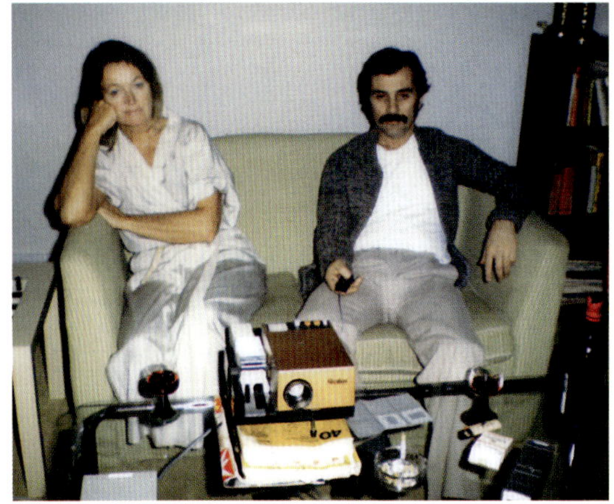

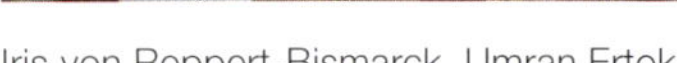

Iris von Reppert-Bismarck, Umran Ertok

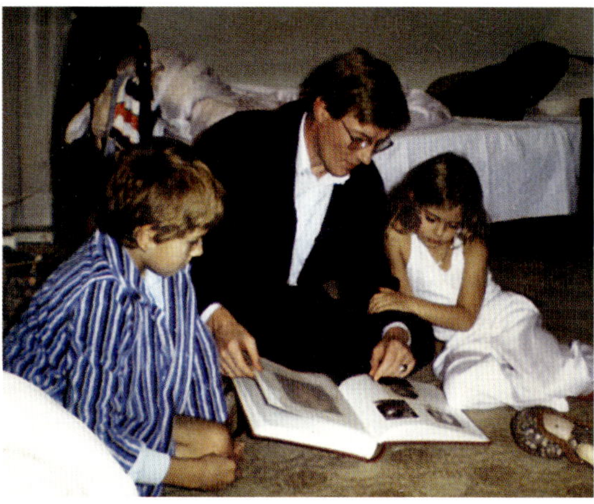

Manfred Zapatka

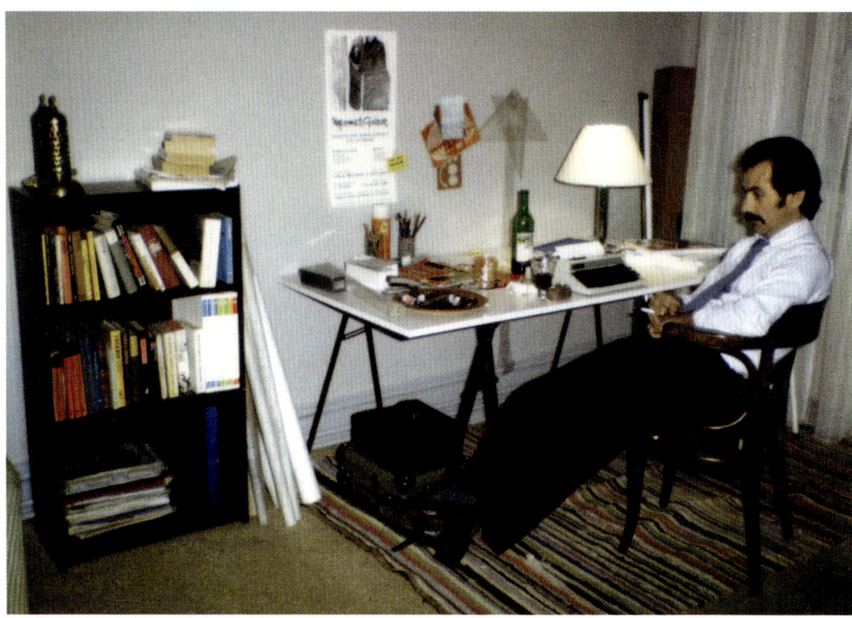

Kunst des Liebens‹ hingibt. Er will, dass Marianne zur Familie zurückkehrt. Umran hat einen Termin beim Ausländeramt. Wenn er in drei Monaten keine Arbeit annimmt, muss er das Land verlassen. Er empfindet dies als Erniedrigung, trennt sich von der Frau und kehrt in die Türkei zurück. Die Frau ist verzweifelt, während ihr Mann sein bürgerliches Leben weiterführt, z. B. ein neues Auto kauft. Aus einer Zeitungsschlagzeile erfahren wir, dass die Frau Selbstmord begangen hat.

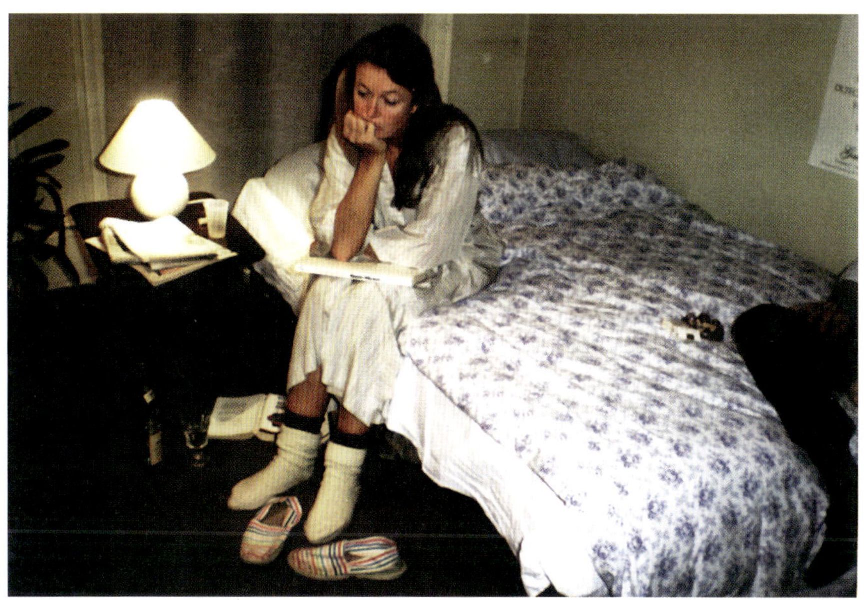

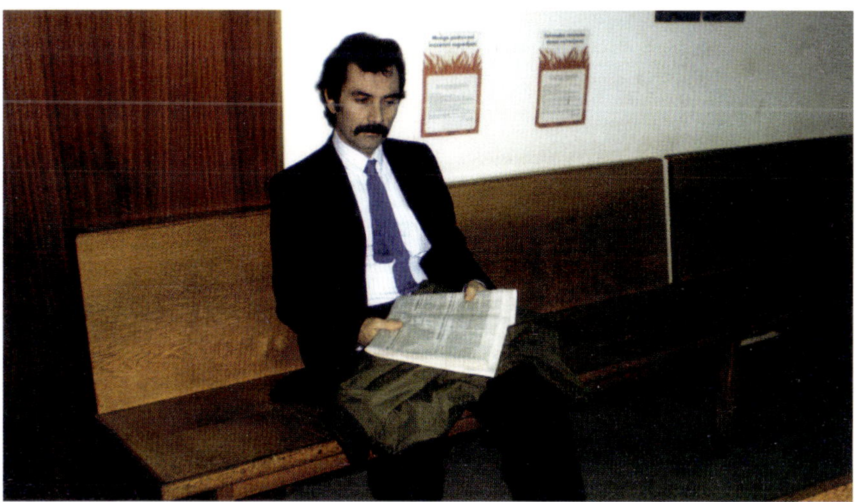

Der Film endet mit einer Fotomontage. Aus Juden am Stacheldraht des KZs werden Türken.

Saless zeichnet ein bewusst düsteres Porträt der bundesdeutschen Gesellschaft. Er schrieb zu EMPFÄNGER UNBEKANNT: »Der Film will provozieren, er muss zum Denken anregen. Er muss auf die Gründe einer durch Wohlstand gescheiterten Gesellschaft hinweisen. Menschen würden sich nie gegenseitig zerfetzen und sogar zerfressen, wenn sie nicht durch Not und Existenzangst ihre menschlichen Gefühle in Konservendosen in einem Schrank verstecken müssten. Ich möchte nicht durch diesen Film die Rührseligkeit zu Hilfe rufen, damit man sagt: Um Gotteswillen, die sollen und müssen bei uns bleiben. Das ist für den Film nicht maßgebend. Maßgebend ist, wenn Gastgeber und Gäste sich bewusst aus dem Weg gehen und nichts miteinander anzufangen wissen, dass ein Gespräch stattfindet und ein Menschenbild, sowohl der Deutschen als auch der Fremden, in den Köpfen eingeprägt bleibt.«

Formal unterscheidet der Film sich erheblich von seinem übrigen Werk. Er hat nicht die Stringenz in seiner Erzählweise, sondern ist teilweise collagenhaft aufgebaut. Handlung und Reflexion wechseln einander ab.
Saless machte diesen Film aus persönlicher Betroffenheit. So thematisiert er auch seine eigenen Erfahrungen auf verschiedenen Ausländerämtern.
In mehreren Szenen zeigt Saless, wie herablassend Deutsche mit Ausländern umgehen, etwa in der Firma des Mannes, wo man sich in großer Runde über die Putzfrau mokiert und ihr Diebstahl von Geld unterstellt. Schon bei den Dreharbeiten wirkten diese Szenen auf mich jedoch reichlich plakativ aufgrund ihres scheinbar beispielhaften Charakters und der klischeebeladenen Dialoge. Saless wehrte meine Kritik vehement ab.
Der Film ist eher ein Pamphlet. Saless war damals sehr in Sorge über die Entwicklung in Deutschland. Wie ein Seismograph erspürte er den schon in Ansätzen erkennbaren Ausländerhass Anfang der 80er Jahre.[22]
Der Film hat nicht nur auf der politischen Ebene autobiographische Bezüge: Marianne, Mutter zweier Kinder im Film, verlässt ihre Familie – ähnlich wie auch die Mutter von Saless die Familie früh verließ und nach Europa ging. Zudem thematisiert er auch das schwierige Verhältnis zwischen Mann und Frau. Umran, der türkische Architekt ist ein Fremder in Deutschland und verlässt die Geliebte ohne Vorankündigung. Er macht sich davon, wie auch Saless im richtigen Leben sich in Beziehungen zu Frauen immer wieder davongemacht hat.

Der Film spielt zum Teil in Berlin, wurde aber fast vollständig in Wiesbaden gedreht.

Produzent war Klaus Grütz, Creative AGE:

»Durch Marten Taege, den Produzenten von ORDNUNG, habe ich Saless kennengelernt und war ein bißchen mit ihm befreundet. Und als er dann für das

---

22 Er erkundigte sich damals mehrfach bei mir, wie man mit Bum-kun Cha umging – dem südkoreanischer Fußballspieler, der damals sehr erfolgreich für die Mannschaft von ›Eintracht Frankfurt‹ spielte und dessen Schicksal ihn beispielhaft bewegte. Würde man ihn schlecht behandeln als Ausländer, dann sähe es auch für Saless schlecht aus. Doch Bum-kun Cha wurde damals von den Fußballenthusiasten in höchstem Maße verehrt.

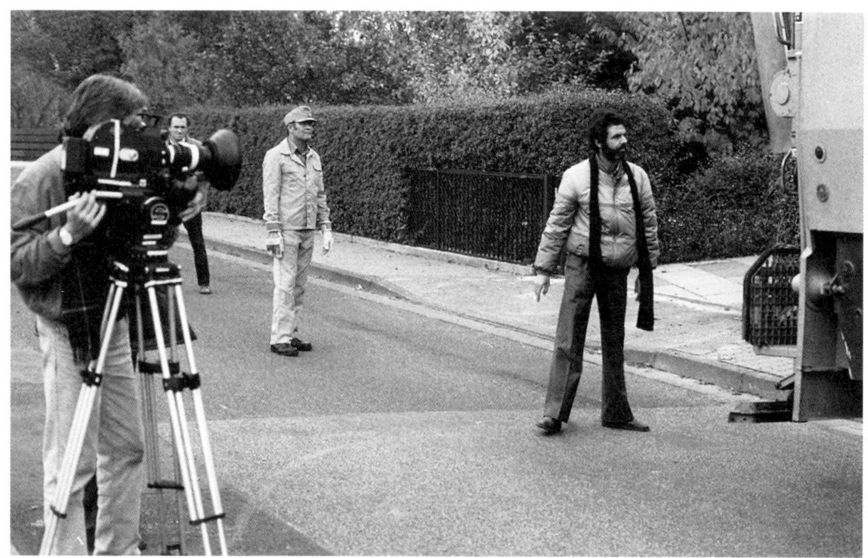

›Kleine Fernsehspiel‹ wieder einen Film machen sollte, da hat er mich gefragt, ob ich es produzieren wolle. Marten Taege hätte es zwar auch gemacht, aber Saless wollte das unbedingt mit mir machen. Das war ziemlich schwierig, weil ich dann die Finanzierung zusammenkriegen musste, aber es ist so einigermaßen gut ausgegangen. Es war also eine ziemliche Angst- und Qualproduktion, die ich da durchgemacht habe. Der Saless hat eigentlich immer versucht, mehr Geld auszugeben als da war. Das war also für mich nicht so lustig, die ganze Zeit.«

Bert Schmidt:
»Wie meinst du, ›versucht‹?«

Klaus Grütz:
»Er wollte Objekte (Filmmotive) anmieten, die viel zu teuer waren, und da musste ich immer Einhalt gebieten. Z. B. hat er in Offenbach ein Haus von einem Bekannten von mir ausgesucht, das aber ziemlich teuer war. Der hat viel Geld verlangt. Solche Sachen konnte ich mir nicht dauernd leisten. Auch im Theater die Szene mit den vielen Komparsen, die war auch ziemlich teuer.«

Bert Schmidt:
»Die Szene hier im Theater Wiesbaden? Ja, da laufen viele Personen herum...«

Klaus Grütz:
»Ja, das waren alles Komparsen, die wurden alle von mir bezahlt. Das hat dann damals 60.000 DM gekostet, nur diese eine Szene mit diesen Komparsen. Das

war jedenfalls nicht so einfach, und mit Saless zu arbeiten war auch nicht einfach. Also er war manchmal ziemlich unangenehm, wenn er für seine Arbeit etwas Bestimmtes hinkriegen wollte. Der wollte immer Kino machen, aber man musste ihm immer klar machen, dass das eigentlich kein Spielfilm für das Kino ist. Es ist finanziert worden mit..., ich glaube 400.000 D-Mark sind da bezahlt worden.«

Bert Schmidt:
»Claus-Jürgen Pfeiffer, der Ausstatter, fand die Dreharbeiten ganz gut, hat sich aber beklagt, dass die Vorbereitungszeit zu knapp gewesen sei, um Motive zu suchen; er kannte auch die Stadt nicht. Der Etat war klein...«

Klaus Grütz:
»Ja, ja, da war wenig Zeit.«

Bert Schmidt:
»Nochmal zurück zu Saless. Er konnte also unangenehm werden? War die Zusammenarbeit schwierig?«

Klaus Grütz:
»Ja. Ich habe immer so auf einem Grat balanciert. Mir sind immer die Kosten weggelaufen, wenn irgendetwas Unvorhergesehenes geschah. Ich musste höllisch aufpassen, damit ich das Projekt nicht überzogen habe. Zum Glück ist es einigermaßen zum Schluss gekommen, aber ich war froh, als der Film vorbei war. Später habe ich einmal Silvester mit ihm gefeiert, ich weiß aber nicht mehr in welchem Jahr. Danach habe ich nichts mehr gehört. Er hatte mir noch ein Buch geschenkt über das alte Russland, einen Riesenschmöker, den habe ich noch. Er war ja immer für den Bolschewismus, Kommunismus ...
Aus seiner iranischen Zeit hat er irgendwelche Macken gehabt, die er nicht überwinden konnte. Er war auch aggressiv gegenüber einer ganzen Schicht von Leuten, die wohlhabend waren und reich ... er hat sich immer als Proletarier aufgeführt ...«

Bert Schmidt:
»Er war aber privilegiert.«

Klaus Grütz:
»Er war privilegiert, aber er hatte nie Geld. Das Geld ist ihm immer durch die Finger geflossen. Ja, diese Produktionssummen! Er hat ja seine Gage bekommen; ich hab ihm manchmal noch etwas extra gegeben, weil das nie gereicht hat bei ihm. Wenn er dann jemand empfangen hat, da war er so großzügig. Er hat nicht aufs Geld geachtet.«

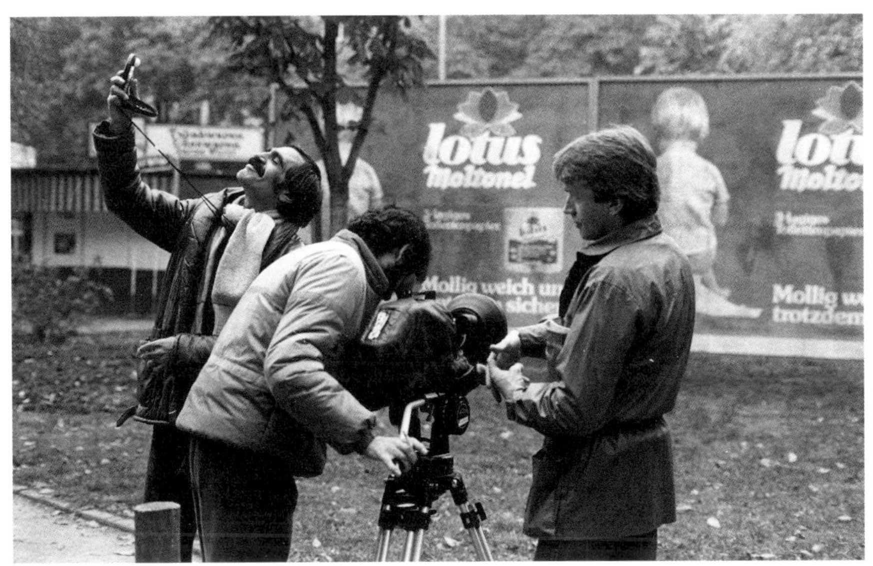

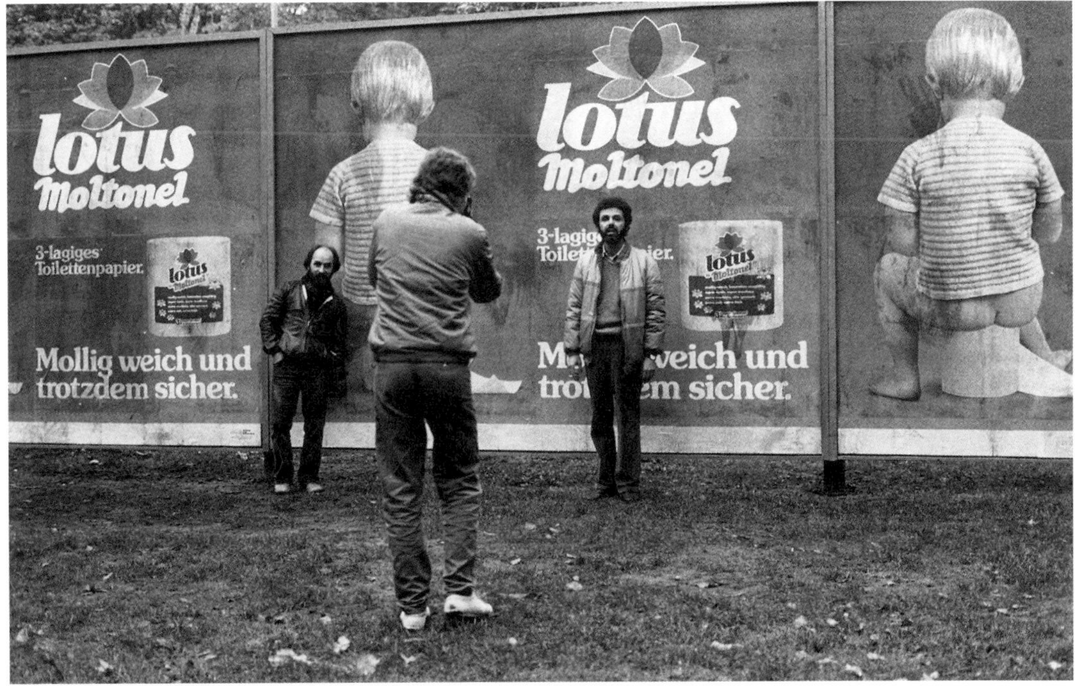

Dieses Foto entstand auf ausdrücklichen Wunsch von Saless.

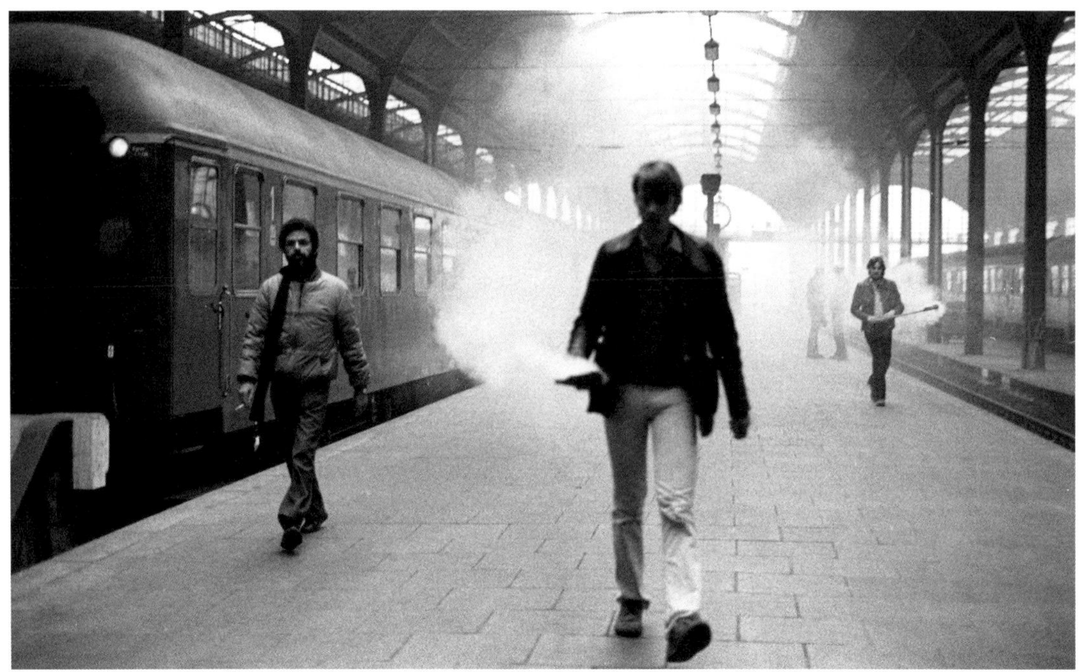

Der Wiesbadener Hauptbahnhof wird eingenebelt für die Szene, in der Mariannes Mann auf dem Bahnsteig vergeblich auf sie wartet.

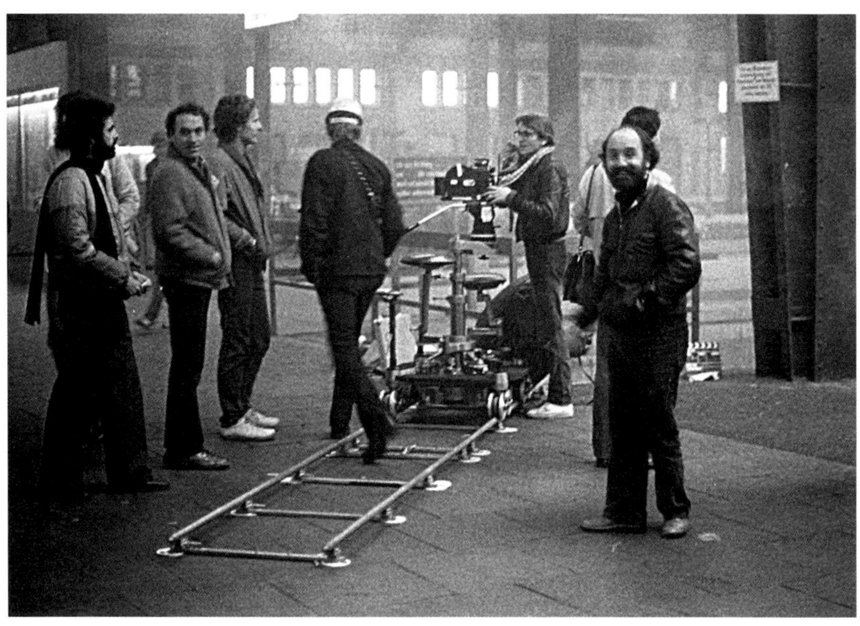

Links im Bild: Sohrab Saless, rechts neben ihm Sigi Gierich.

Claus-Jürgen Pfeiffer:
»Bei EMPFÄNGER UNBEKANNT erinnere ich mich an einen Produzenten, der ziemlich orientierungslos durch die Welt stiefelte. Ich glaube, der war irgendwie stolz darauf, dass er solch einen Film machen durfte. Man darf nicht unterschätzen, welchen Nimbus Saless damals hatte im deutschen Fernsehen. REIFEZEIT (BRD, 1976) war einer der ersten Filme, die mich wirklich nachhaltig beeindruckt haben im Fernsehen. Den habe ich heimlich gesehen, der wurde damals erst nach 10 Uhr abends gezeigt – für Jugendliche nicht geeignet, nur für Erwachsene, und ich war total gefesselt und beeindruckt davon. Das war nicht mit Ramin als Kameramann.«

Bert Schmidt:
»Doch!«

Claus-Jürgen Pfeiffer:
»Da waren doch schon viele Effekte drin. Das hat auch Ramin gemacht? Dieses immer Wiederkehrende: diese Treppe runter durch den Hof, einkaufen ... das hat mich irrsinnig beeindruckt und beschäftigt. Das war für mich fast wie eine Erleuchtung, dass man außer Karl May SCHATZ IM SILBERSEE auch was anderes machen konnte.

Bei EMPFÄNGER UNBEKANNT, da war viel Fummelkram. Ich fand die Motive schwierig, Ich kannte die Stadt nicht, hatte kaum Unterstützung gehabt. So etwas wie Scouting[23] gab es damals nicht. Ich bin dann selbst losgezogen, habe versucht, Motive zu finden, in einer Stadt, die mir fremd war. Ich hatte auch nur vier Wochen Vorbereitungszeit. Ich bin da hingekommen und es stand noch überhaupt kein einziges Motiv fest.«

Bert Schmidt:
»Warum wurde nicht in Berlin gedreht? – Der Film spielt doch nur teilweise in Wiesbaden ansonsten in Berlin.«

Claus-Jürgen Pfeiffer:
»Es war eine ZDF-Auftragsproduktion mit kleinem Budget. Da haben Leute mitgewirkt, die dort gewohnt haben – man hatte keine Hotelkosten, wenig Spesen, Schauspieler aus der Umgebung – Manfred Zapatka hatte damals ein Engagement am Schauspiel Frankfurt. Beim Produktionsbüro gab's eine Wohnung, in der auch gedreht wurde. Es ist eigentlich geglückt, dass es so aussah,

---

23 Suche nach geeigneten Orten für die Filmdreharbeiten

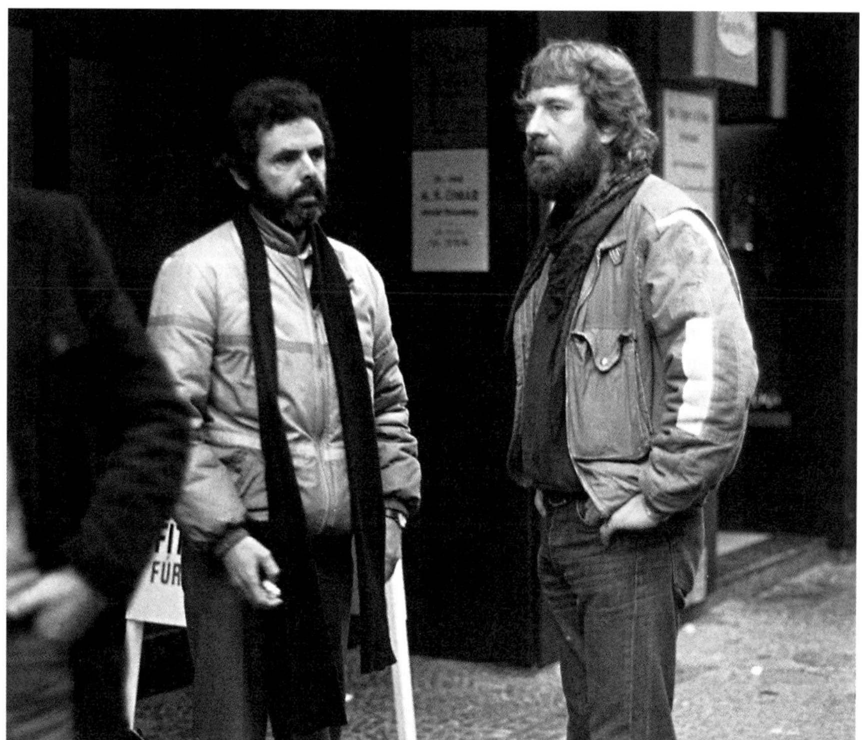

Wolf-Dietrich Peters-Vallerius, rechts, mit Sohrab Saless

als habe man zwei Schauplätze. Eine kleinere Stadt wie Wiesbaden hat doch eine andere Atmosphäre als Berlin. Es waren aber schöne Motive ...«

Claus-Jürgen Pfeiffer:

»Bei EMPFÄNGER UNBEKANNT das war eines der tollsten Teams, die ich in der ganzen Zeit erlebt habe, immer nett, nicht unverbindlich nett, sondern alle haben mitgemacht. Alle waren konzentriert, haben an dem Ding gearbeitet, egal wer. Das war schon damals auffällig. Für uns war das eine gute Fortführung nach UTOPIA. Die Arbeit war hier anders. Man musste die Motive mehr zusammenstückeln.«

Wolf-Dietrich Peters-Vallerius:

»Bei der Mischung zu EMPFÄNGER UNBEKANNT in Berlin war ich dabei. Es gab eine Szene, wo die beiden Hauptdarsteller im Fotoalbum blättern, die Kamera zwischen ihnen. Das Kamerageräusch war zu hören bei der Mischung. Ich sagte: ›Warum hör ich jetzt die Kamera?‹ Antwort des Mischtonmeisters: ›Weil man die Kamera hört!‹ Ich sagte: ›Nee, es gibt einen Nur-Ton[24] vom Dialog und vom Blättern des Fotoalbums, weil beim Drehen die Kamera zu laut war. Wo ist der?‹

24 Nur-Ton: Tonaufnahme ohne Bild.

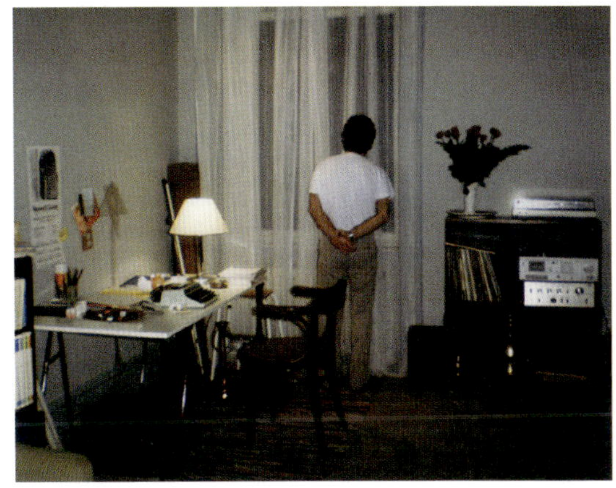

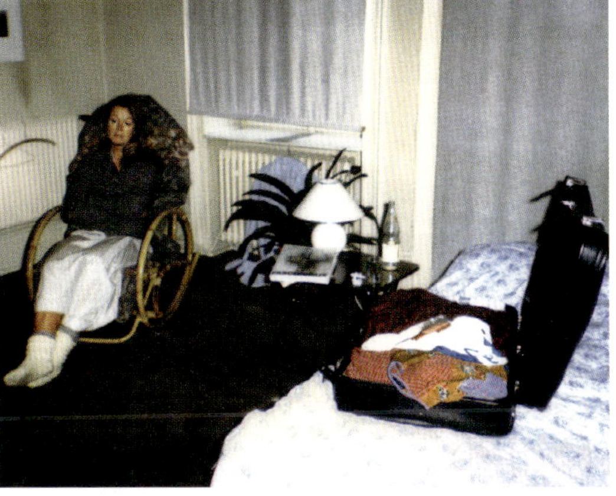

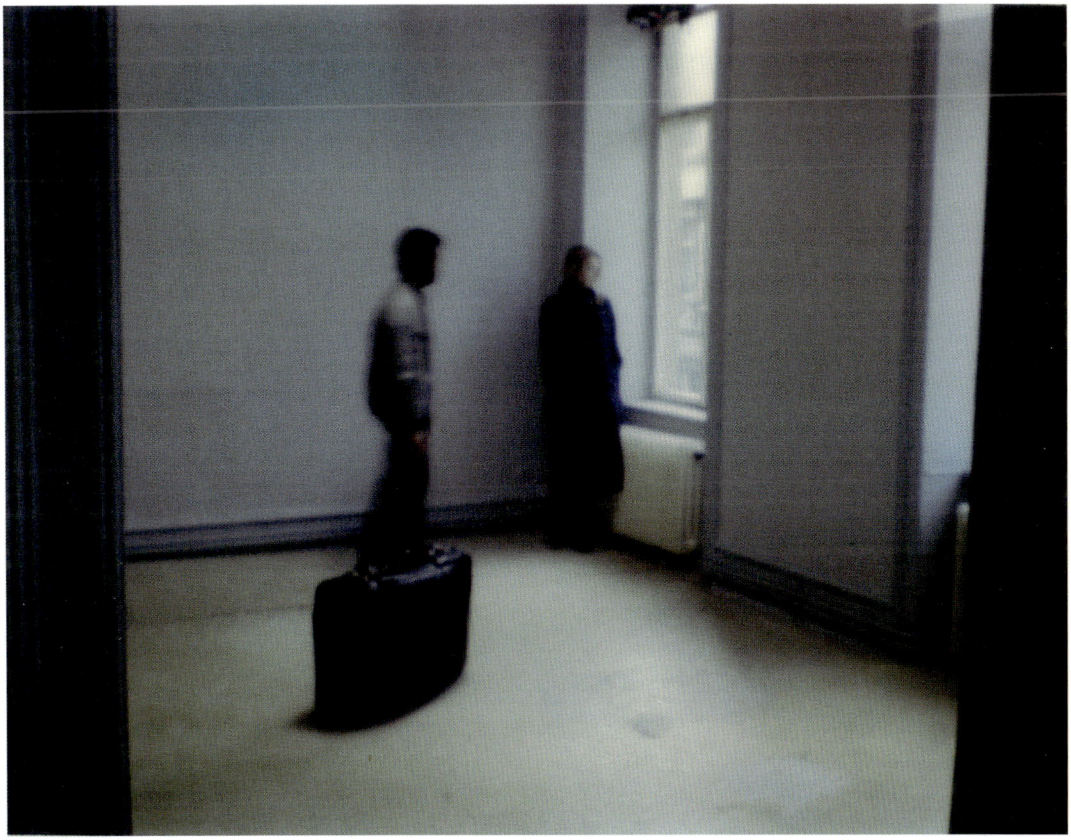

Probe für die letzte Szene in Umrans leerer Wohnung.

Daraufhin hat Sohrab die Mischung abgebrochen: ›Ich möchte, dass die Sachen aus dem Schneideraum geholt werden und die werden hier eingesetzt.‹ Da war Pause und die fragten ›Ja wo sind die Sachen?‹, Ich sagte: ›ich weiß wo‹. Ich schaute im Drehbuch nach, und wir konnten bei Kortwich[25] anrufen, Band Nr. soundso. Die Aufnahme wurde kopiert und nach einer Stunde war das Material im Tonstudio, wurde eingehängt und die Mischung ging weiter. So hab ich immer gedreht, damit ich wusste, wo ist welcher Ton. Beim Drehen einer anderen Szene kam z. B. Verwirrung auf, ob ein bestimmter Satz gesprochen wurde oder nicht. Alle glaubten, er sei gesprochen worden, auch der Schauspieler und selbst Saless war sicher, dass der Satz gesprochen wurde. Ich nicht! Wir haben dann nochmals gedreht. Bei den Mustern stellte sich heraus, dass ich recht hatte, aufgrund meiner Notizen. Saless hat sich bedankt. Das war das einzige Mal, wo ich erlebt habe, dass Sohrab sich geirrt hat!«

Während der Film sich noch im Stadium des ›Rohschnitts‹ befand, kündigte sich Ulrich Gregor an, damals Leiter des ›Internationalen Forum des Jungen Films‹ der Berlinale. Er war auf Sichtungsreise durch mehrere Länder, um Filme für die kommende Berlinale auszuwählen.
Ich holte ihn am Flughafen Frankfurt ab, und er setzte sich umgehend an den Schneidetisch, um die Rohfassung zu sichten. Er zeigte keine Reaktion, ob er den Film nähme oder nicht. Doch ich hatte schon während der Vorführung den Eindruck, dass er positiv gestimmt war.
Man kann an dieser Anekdote festmachen, welches Renommee Sohrab Saless damals im deutschen Film und darüber hinaus besaß. Nicht zu jedem kam der Leiter eines der wichtigsten internationalen Festivals, um sich einen Rohschnitt anzuschauen.
UTOPIA und EMPFÄNGER UNBEKANNT waren beide 1982 gedreht und 1983 liefen auch beide auf der Berlinale: UTOPIA im Wettbewerb und EMPFÄNGER UNBEKANNT im Forum.

Am Ende des Films spricht Marianne ihr ›Gebet für Nichtgläubige‹ zu Bildern in einer Fußgängerzone, mit Schaufenstern, Passanten.

25 Filmtonfirma in Berlin, für die Peters-Vallerius damals gearbeitet hat.

Mein Deutschland

Verzeih, dass ich kein Auto habe, kein Motorrad fahre,
meinen Taschenrechner vergaß und kein Geld heute auf die Bank brachte.

Ich verspreche dir, mich in Zukunft zu bessern, artig mehr in die Welt zu reisen,
jeden Tag das Wirtschaftsblatt zu lesen und aktiv an der Politik teilzunehmen.

Schütze meinen Hund vor den Menschen, Kindern und anderen bösen Tieren
und sorge, dass er nie hungern muss.

Danke für die tägliche Schokoladentorte mit Sahne und das nackte Mädchen am Frühstück und ...
weil der Wind weht an den Herzen der Menschen vorbei,

ziehen Wolken dicht und dichter in diesem Land herbei.

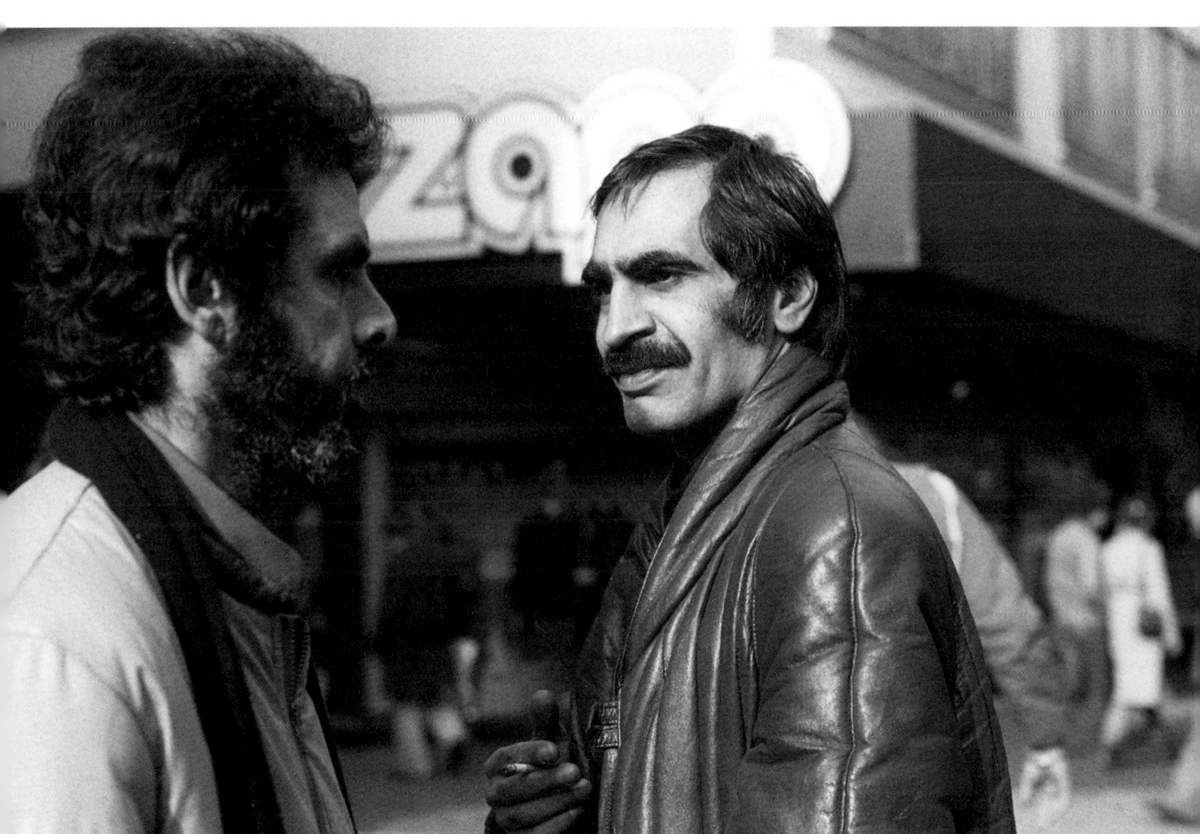

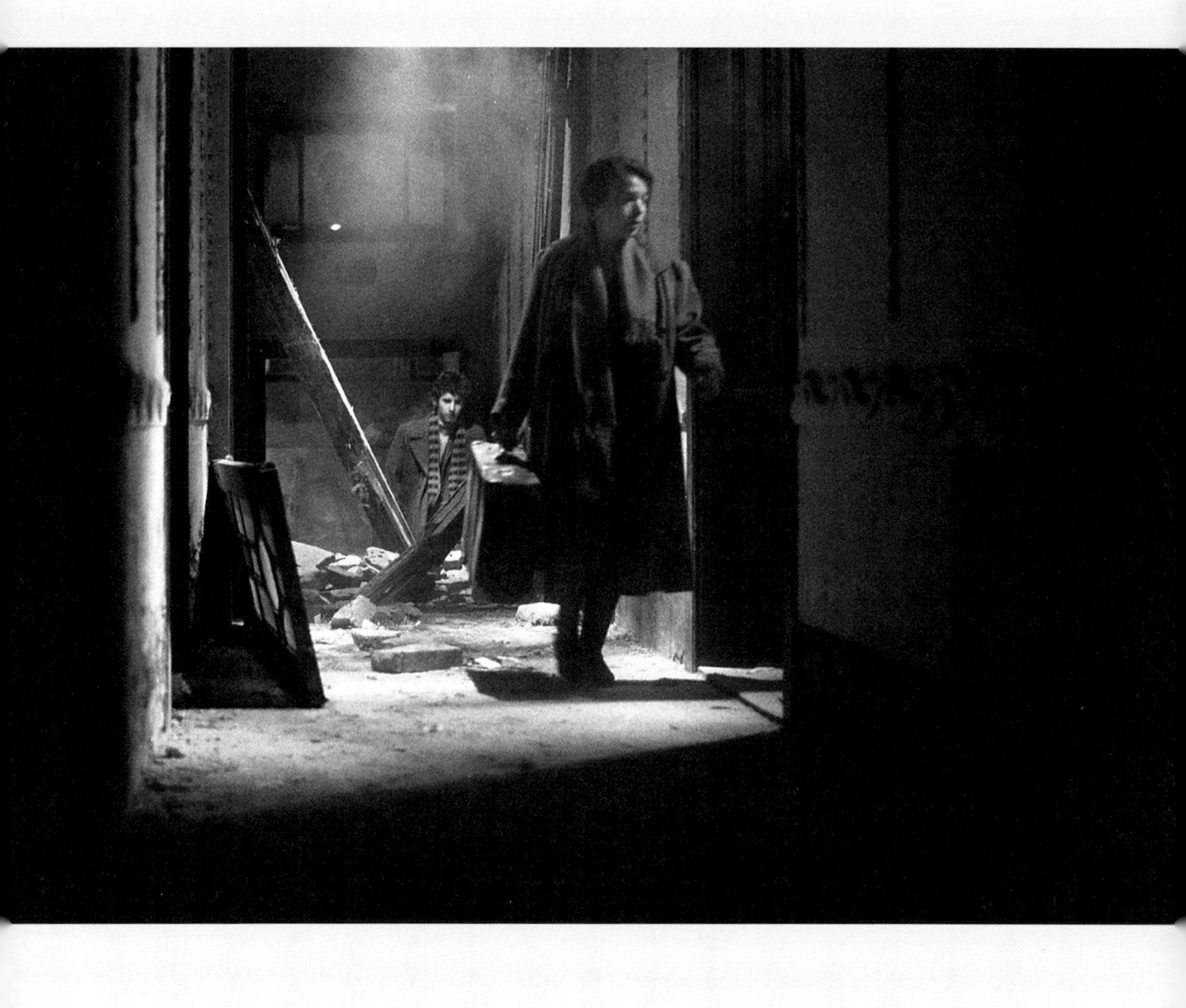

HANS, EIN JUNGE IN DEUTSCHLAND

BRD 1985

Format: 35mm, Schwarzweiß.

Länge: 149 Min. (Langfassung)

Drehorte: Ostrava und Umgebung, Wiesbaden

Darsteller: Martin Pasko, Imke Barnstedt, Yane Bittlová,
Ulrich von Bock, Jirina Barásová, Hans Zander

Drehbuch: Sohrab Shahid Saless

Kamera: Ramin Reza Molai

Ton: Klaus Dieter Wehling

Ausstattung: Horst Klös

Kostüme: Ute Burgmann

Schnitt: Gabriele Rosenhagen

Redaktion: Dr. Dietmar Schings, Hessischer Rundfunk

Produktion: HR, Taurusfilm, Production Générale de Film (PROGREFI) (Paris)
und Slovenska-Filmova Tvorba

Drehzeit: 7.3.1983 bis 10.11.1983

Inhalt:

Nach dem autobiographischen Roman ›Die blaue Stunde‹ von Hans Frick. Der Frankfurter Autor schildert darin seine Erfahrungen während des Nationalsozialismus und beschreibt seine Angst vor der Entdeckung seiner jüdischen Herkunft und der Verfolgung durch die Nazis.
Der Film beginnt im Jahr 1944. Hans wächst mit seiner Mutter und der Großmutter in einer kleinen Wohnung im Frankfurter Gallusviertel auf. Die Mutter arbeitet in einer nahegelegenen Fabrik. Sie erhält anonyme Drohbriefe aus der Nachbarschaft wegen der Herkunft von Hans. Sein Vater ist Jude, er hat ihn aber nie kennen gelernt.
Der Naziterror hat auch die Stadt erreicht: Hans wird Zeuge, wie in seiner Straße ein flüchtiger Zwangsarbeiter erschossen wird.
Als eines Tages kurz vor Kriegsende die Gestapo vor der Tür steht, gelingt es Hans aus der Stadt zu flüchten und sich zu verstecken. Nachdem die Amerikaner Frankfurt besetzt haben, kehrt er zurück.
Er beginnt eine Lehre. Aufgrund eines Scherzes am Telefon wird er von den Amerikanern verhaftet und bekommt eine Jugendstrafe. Nach Verbüßen der Strafe kehrt er schließlich nach Hause zurück.
Er erfährt, dass seine Mutter immer noch anonyme Drohbriefe erhält.

Die Dreharbeiten sollten ursprünglich in Frankfurt am Main stattfinden, zum Teil an Originalschauplätzen des Romans, wie dem ›Gallusviertel‹, einem traditionellen Arbeiterbezirk.
Doch die Anwohner waren gegen die Dreharbeiten, die sie als Belästigung empfanden. Über viele Wochen hinweg hätten beispielsweise die Autos anderenorts geparkt werden müssen, und es wären ganze Straßenzüge abgesperrt worden. Auch war das Stadtviertel schon zu modern, für die Ausstatter eine kaum lösbare Aufgabe – immerhin spielt die Geschichte am Ende des 2. Weltkriegs.
Eine Lösung fand sich in der Stadt Ostrava in der damaligen Tschechoslowakei, nahe der polnischen Grenze. Sie liegt in einem hochindustrialisierten Gebiet, mit Kohlebergwerken und Stahlwerken. In der weiteren Umgebung gab es auch schöne, unverbaute Mittelgebirgslandschaften, in denen viele Szenen des Films spielen sollten.
In der Innenstadt von Ostrava gab es ein Quartier, das sehr heruntergekommen und kaum noch bewohnt war. Die Architektur des späten 19. Jahrhunderts ähnelte sogar der von Frankfurt. Im ehemaligen Sudetengebiet gelegen, war

---

Saless sprach gelegentlich über die Doktorentitel der beiden Fernsehspielredakteure des Senders. Er nannte sie scherzhaft »die Zahnärzte«, die den Zuschauern die Zähne ›ziehen‹ würden, damit sie nicht kauen (=denken) müssen.

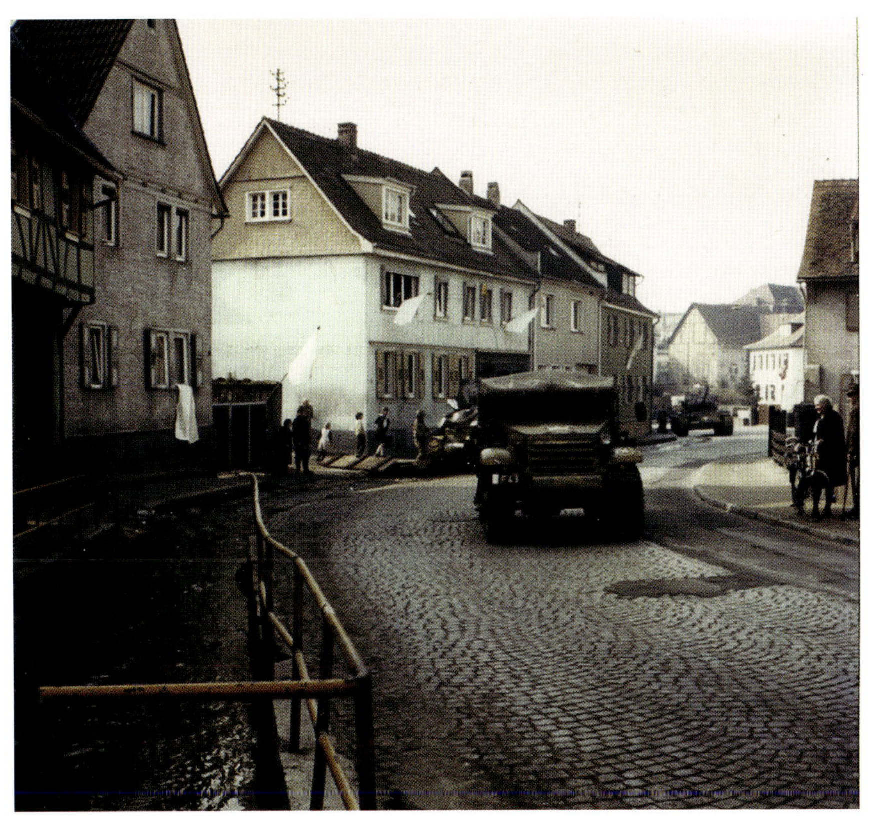

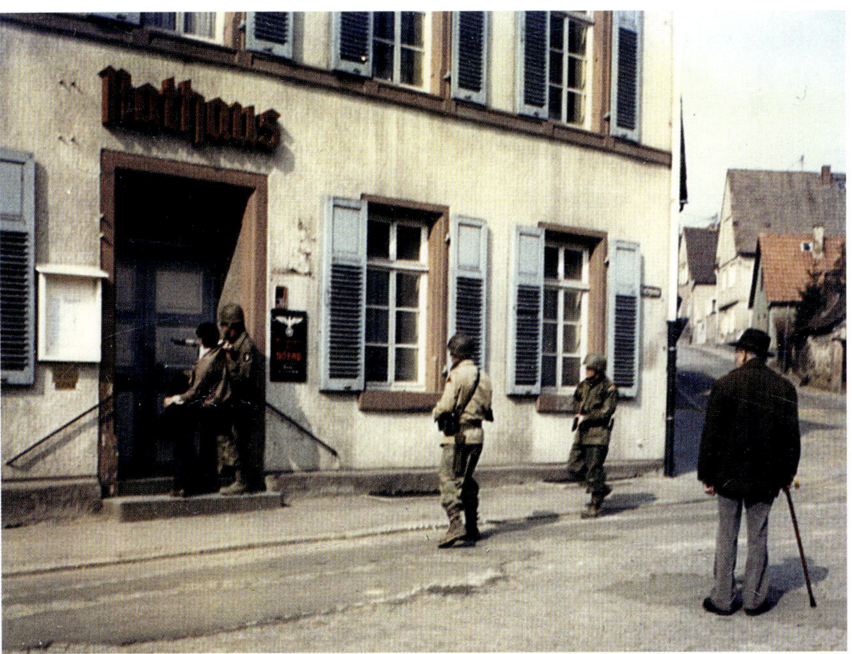

Einmarsch der Amerikaner in Bensheim. Hans wird als menschliches Schutzschild missbraucht.

manches dort deutsch geprägt. Die Hausfassaden waren meist in erbärmlichem Zustand – eben wie im Krieg. Ein idealer Drehort für unsere Zwecke. Mehrere Straßenzüge bildeten ein Ensemble wie in einem Freilichtstudio, mit der Möglichkeit in alle Richtungen, also 360°, zu drehen. Man brauchte kaum Änderungen vorzunehmen oder etwas zu kaschieren. Lediglich einige Schilder an Einkaufsläden oder Propagandaplakate auf Litfaßsäulen wurden angebracht, und schon befand man sich im Frankfurt des Jahres 1944.
Das staatliche Studio ›Slovenská Filmová Tvorba Koliba‹ (Slovenský film) in Bratislava wurde mit der Ausführung betraut.
Im Spätherbst 1982 flogen Saless, der Redakteur und ich nach Ostrava zur Vorbesichtigung und vor allem zum Casting, um Nebenrollen und Komparsen zu besetzen.
Am Flugplatz holte uns der slowakische Produktionsleiter Petre Drobka ab. Im Wagen zeigte er uns sogleich sein ›Red Book‹, sein Parteibuch, um keine Missverständnisse aufkommen zu lassen. Wir befanden uns mitten im realen Sozialismus und im Kalten Krieg, dessen Ende damals noch nicht absehbar war, jedenfalls nicht für uns. Erst recht nicht für Saless, der erklärter Sozialist war. Gewohnt instinktsicher stellte Saless mit den vorgeschlagenen Schauspielern die Besetzung der Nebenrollen zusammen. Wenn sie nicht seinen Vorstellungen entsprachen, wollte er sie nie durch eine unmittelbare Absage kränken. Zum Aufnahmeleiter gewandt, der die Auswahl protokollierte, benutzte er lieber den alten Ausdruck aus längst vergangenen UFA-Zeiten ›Kassette 7‹.[26]
Ähnlich gingen wir bei der Auswahl der Komparsen vor. Diejenigen, die geeignet waren, wurden fotografiert. Die anderen nicht. Jeder Komparse erhielt eine Nummer, wurde mit dieser abgelichtet und namentlich erfasst. Mir war etwas mulmig dabei – dieses Verfahren erinnerte doch sehr stark an erkennungsdienstliche Polizeimethoden.
Die Drehzeit des Films betrug insgesamt 46 Tage. Vorgesehen waren ursprünglich erheblich weniger: vom 7.3. bis 29.4.1983. Die ersten zwei Drehtage fanden in Bensheim südlich von Frankfurt statt. Dann zog das Team nach Ostrava, in der damaligen ČSSR, um.

Die Herstellung des Films war von Anfang an überschattet von Missverständnissen, Streitigkeiten, Missgeschicken, Unfällen. Trotzdem entstand ein ganz besonderer Film über die Zeit am Ende des 2. Weltkriegs und die Nachkriegszeit mit einer ganz eigenen Sicht auf die Menschen, wie sie nicht in den Geschichtsbüchern steht. Hierfür ist zunächst die Romanvorlage verantwortlich,

26 Damals gab es bei den Filmaufnahmen in der Regel sechs Wechselkassetten, die mit Filmmaterial bestückt waren. In der siebten war kein Material enthalten, denn es gab sie gar nicht. Wenn der Regisseur rief ›bitte Kassette 7‹, bedeutete dies ›Leerkassette‹, also: ›nicht aufnehmen!‹

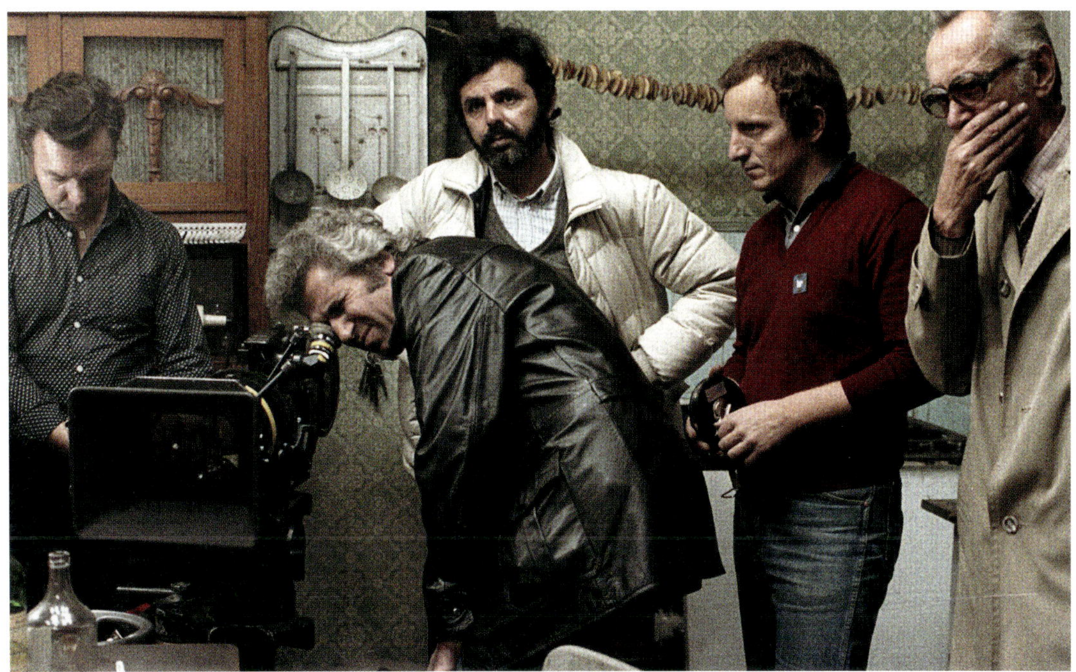

Saless mit Technikern am Set

in der Hans Frick Autobiographisches verarbeitet hat. Saless und Hans Frick verstanden sich in der Anfangsphase blendend. Zwei Verlorene in der Welt mit einem Gefühl des Entwurzelt-Seins. Saless war im Grunde der ideale Regisseur für diese Geschichte, die viel mit seinem eigenen Lebensgefühl zu tun hatte: Erneut ist ein Heranwachsender einer teilnahmslosen, feindlichen Umgebung ausgesetzt. Hans wächst ohne Vater auf. Zugleich ist hier wieder eine Mutter, die so in ihr persönliches Leiden verstrickt ist, dass sie sich kaum ihres Jungen annehmen kann. Im Gegenteil, der Junge muss sich um sie kümmern.
Doch die Übereinstimmung der beiden ging recht bald verloren, als es an die Bearbeitung von Fricks Drehbuchentwurf ging. Zwei starke Egos prallten aufeinander. Saless wollte sich auf keinen Fall in seinen Film hineinreden lassen.

Das Team für die Dreharbeiten sollte in der Hauptsache von Slovenský film kommen (Beleuchter, Bühnenarbeiter usw.). Die Entscheidungsträger kamen vom Sender: Ausstattung, Requisite, Oberbeleuchter, Ton usw.
Mein Kollege Milan Zavřel war hauptsächlich für die Übersetzung der Regieanweisungen an die Schauspieler zuständig. Er nannte sich ›Hilfsregisseur‹ und sprach sehr gut deutsch, da er in der DDR studiert hatte.
Dann gab es die freischaffenden Mitarbeiter: Regie, Regieassistenz, Kostüme, Kamera.

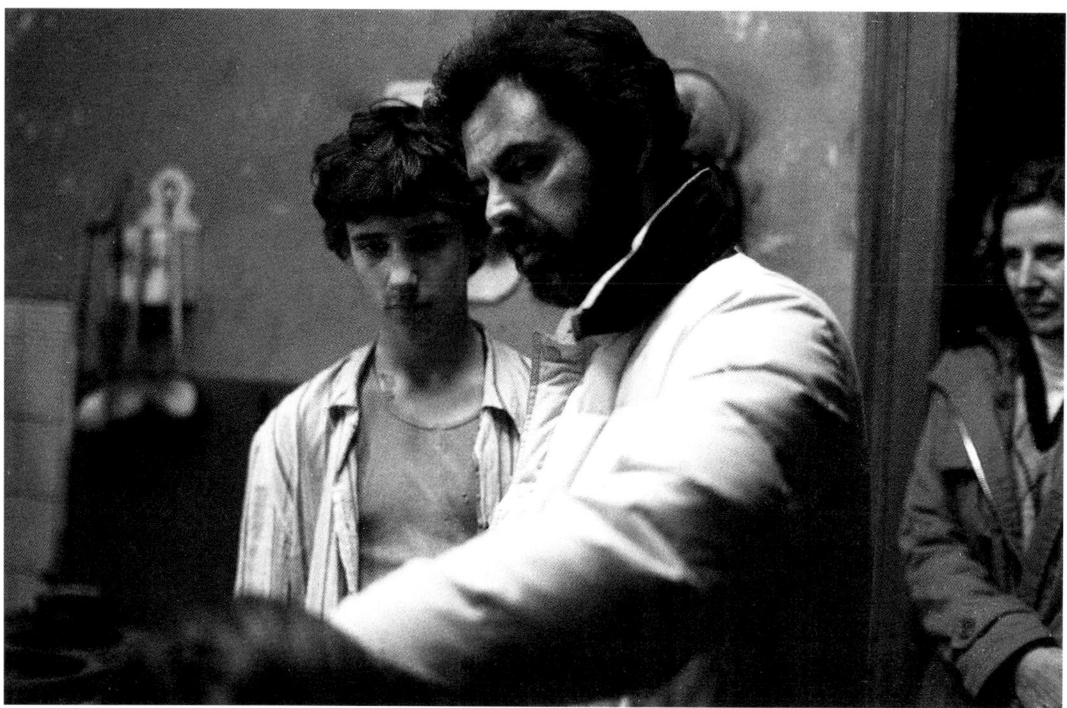

Saless mit Martin Paško am Set

Die Hauptrolle des ›Hans‹ konnte lange nicht besetzt werden, bis Slovenský film in Bratislava nach intensiver Suche einen Jungen fand und nach Frankfurt brachte. Schon die Fotos waren für Saless vielversprechend gewesen. Er konnte sich auf Anhieb entscheiden, wenn er passende Darsteller gefunden hatte. Er sah sofort, wenn jemand die für ihn richtige Art hatte zu schauen, sich zu bewegen. Ich war bei einigen Castings dabei. Am stärksten ist mir in Erinnerung geblieben, wie er die Rolle des ›Hans‹ mit Martin Paško besetzte und später Katharina Baccarelli als ›Gabi‹ bei WECHSELBALG (siehe unten S. 166).

Er testete die Schauspieler mit banalen Anweisungen wie ›Schau' zur Tür ... zum Fenster ... zum Boden‹ oder einfach nur ›Tür!‹, ›Boden!‹ usw. Dabei beobachtete er sie scharf und registrierte kleinste Details: Wie bewegten sich die Augen? Wie hatten die Bewerber ihre Bewegungen unter Kontrolle? Ganz wichtig war für ihn die gesamte Körperhaltung. Die Sprache kam erst an zweiter Stelle. HANS, EIN JUNGE AUS DEUTSCHLAND musste ohnehin wegen der slowakischen Darsteller nachsynchronisiert werden. Martin Paško erwies sich als Idealbesetzung. Er spielte ›1:1‹ wie Saless zu sagen pflegte, ein Take und die Szene war ›im Kasten‹. Manch professioneller erwachsener Schauspieler hatte erheblich größere Mühe.

Die Vorbereitungen verliefen zunächst reibungslos. Die erste Missstimmung kam auf, als Saless Ramin Molai als Kameramann durchsetzte. Für die fest angestellten Kameraleute sind die wenigen Filme, die von ihrer Routine, wie aktuelle Berichterstattung und Ähnliches abweichen, von hohem Prestige. Entsprechend groß war der Unmut, wenn jemand von außerhalb des Senders beauftragt wurde. Umso genauer wurde die Tätigkeit von Molai beobachtet.
Es gab gleich zu Beginn für uns keine Diskussion darüber, den Film in Schwarzweiß zu drehen. Das Kalkül der Nazi-Ästhetik war ja, über die Farben eine Faszination herzustellen. Das Rot der Fahne, mit dem schwarzen Hakenkreuz auf weißem Grund, stach besonders hervor. Dem wollten wir entgegenwirken. Ramin Molai traf dann einige Entscheidungen, die unter den Kollegen für großen Wirbel sorgten. Er wollte den ganzen Film unter Einsatz eines Grünfilters fotografieren. Diese Technik war zu Zeiten, als Filme noch mehrheitlich in Schwarzweiß gedreht wurden, nicht unbekannt. Man gestaltete die Hintergründe von Sets in Spielfilmen in hellem Grün: Tapeten, Wandfarben, Bettwäsche mussten diesen Farbton bekommen. Der Effekt war dann folgender: Gesichter (weiße) haben fast immer eine leichte rötliche Färbung, das Komplementär zum Grün. Wenn ein Gesicht vor den grünen Hintergründen fotografiert wird, werden die Rotanteile des Gesichts dunkler dargestellt, der grüne Hintergrund wirkt heller. Das Gesicht erscheint so kontrastreicher, plastischer, fast wie 3D, wie Molai meinte.

Er machte im HR-Studio Tests mit mehreren grünen Kartons, um den passenden Farbton zu ermitteln. Anschließend forderte er vom Ausstatter, dass alle Räume in wichtigen Szenen mit dieser Farbe gestrichen oder tapeziert würden – auch die Bettwäsche sollte entsprechend gefärbt werden. Das bedeutete, dass die gesamte Wohnung von Hans und seiner Familie in diesem Grün gestaltet werden musste.
Diese Forderung stieß auf Unverständnis und Abwehr. Man kannte diese Technik nicht mehr, schon gar nicht im Fernsehen, wo längst alles ›in Farbe‹ gedreht wurde. Schließlich erforderte es einen beträchtlichen Aufwand, alles umzufärben. Der Filmarchitekt gab zu bedenken, dass unter historischen Gesichtspunkten nur reinweiße Bettwäsche in Frage kam! Bis vor wenigen Jahrzehnten hatte man hierzulande in der Regel eben fast nur weiße Wäsche. Aber Molai setzte sich durch. Ein anderer Wunsch von ihm war ebenfalls mit Stirnrunzeln registriert worden. Wie schon bei UTOPIA wollte er das Hauptmotiv, die Wohnung ›Hans‹, so ausleuchten, dass man jederzeit mit wenig Aufwand von Tagstimmung auf Nachtstimmung und umgekehrt umschalten konnte.

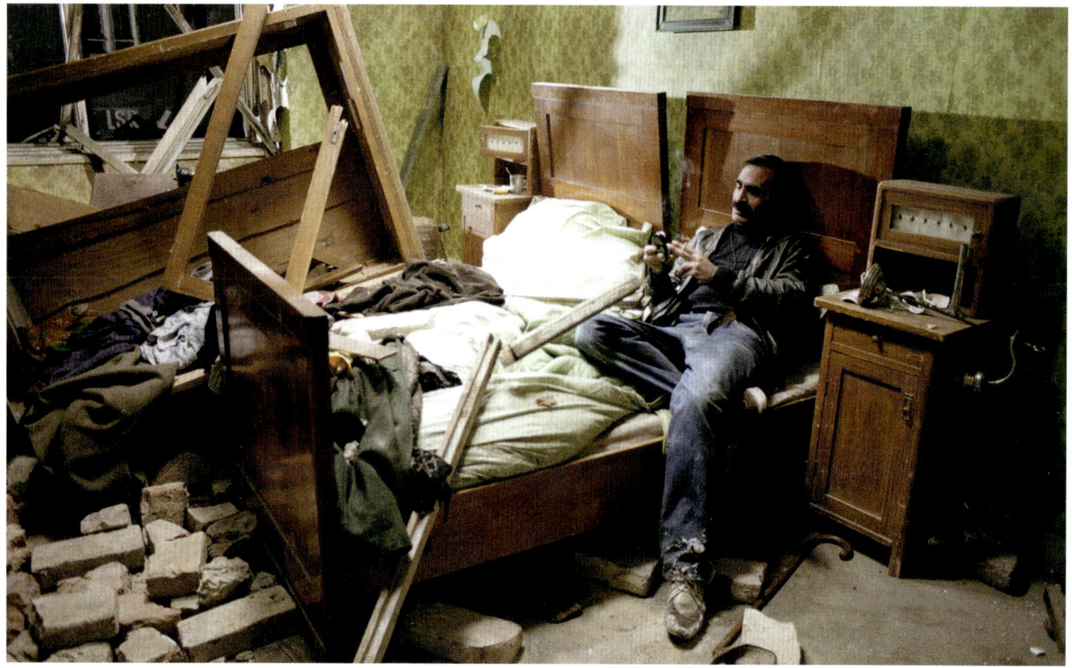

Ramin Molai misst das Licht für die Szene ›Nach dem Bombenangriff‹. Die Tapeten sind grün. Die Bettwäsche – ein Kompromiss – hellgrün.

Der weitaus grösste Teil der Lampen sollte dauerhaft an der Decke hängen und bei Bedarf nur einige wenige Aufhellungen am Boden aufgestellt sein. Eine eher im Studio übliche Arbeitsweise, wo Scheinwerfer fest an der Decke installiert sind. Molai versprach sich eine erhebliche Zeitersparnis durch kürzere Umbaupausen, und die Lichtgestaltung kam den Wünschen von Saless entgegen, der ein weiches kontrastarmes Licht wollte.[27]

Der Nachteil war, dass entsprechend mehr Lampen nach Ostrava transportiert werden mussten. Man wollte nicht auf die veraltete Technik von Slovenský film zurückgreifen. Die Vorräte an Lampen des HR in den Studios wurden dadurch stark reduziert. All das stiftete eine gewisse Irritation.

Über die Frisur der Hauptfigur ›Hans‹ entbrannte der erste handfeste Streit. Im Film durchläuft seine Haartracht mehrere Stadien. Am Anfang der Handlung hat er eine normale Kurzhaarfrisur. Später flüchtet er und kehrt mit längeren Haaren verwahrlost zurück, die später im Gefängnis wieder kürzer werden sollten.

---

27 Dieses Konzept hatte sich bei UTOPIA zu 100 % bewährt. Siehe oben die Ausführungen von Wolf-Dietrich Peters-Vallerius, S. 81

Da man die Geschichte unmöglich chronologisch drehen konnte, wollte Saless, dass man eine Perücke für ›Hans‹ anfertigte, um jederzeit zwischen den verschiedenen Stadien hin- und herwechseln zu können.
Der erste Drehtag fand in der Nähe von Frankfurt statt, und ausgerechnet dort wurde eine Szene von der Flucht von Hans gedreht: Einmarsch der Amerikaner in einer Kleinstadt. Hans wird als menschlicher Schutzschild missbraucht.[28] Er sollte also verwahrlost aussehen und längere Haare haben. Aber dann mussten die Haare gekürzt werden für die nächsten Szenen. Der Maskenbildner des Senders weigerte sich jedoch, eine Perücke zu knüpfen. Sohrab Saless rief aus: ›Ich will den Maskenbildner von Fellini‹. Der Maskenbildner des Senders wurde entlassen. Ein slowakischer Kollege trat an seine Stelle und fertigte schließlich eine Perücke für Hans an (sie war leider auch nicht ›Fellini-reif‹).

Das Hauptmotiv wurde für Tag- und Nachtszenen eingeleuchtet, so dass schließlich mehr als 20 Scheinwerfer an der Decke hingen. Zum Abschluss drehte die Kameracrew einen Belichtungstest für beide Lichtstimmungen und schickte ihn zur Entwicklung. Die Negative mussten zur Bearbeitung ins Kopierwerk nach Bratislava gebracht werden. Es dauerte dann ein paar Tage, bis die Muster nach Ostrava zurückkamen, die wir dann in einem nahegelegenen Kino auf der Leinwand begutachten konnten.
Der Test kam zurück und war in Ordnung. Damit war festgelegt, mit welchem Blendenwert die Tag- und mit welchem die Nachtszenen gedreht werden sollten. Ramin Molai legte die Blendenwerte absichtlich knapp an der Grenze zur Unterbelichtung fest. Wenn man nur einen Blendenschritt weiter zudrehte, wäre das Bild zu dunkel geworden. Er wollte dadurch die Hoheit über die Bildgestaltung gegenüber den Kopierwerken behalten. Er nannte das ›Lichtbestimmung in der Kamera‹.

Tage später beschwerte sich die Produktionsleitung, dass wir die sündhaft teuren Tanks im Hintergrund ›verbraten‹ hätten, statt sie angemessen zu platzieren. Die Stimmung im Team, die ohnehin schon angespannt war, wurde durch solche Vorwürfe noch schlechter. Es bildeten sich bald zwei Lager: die Leute vom Sender und die ›Freien‹, Regie und Kamera. Wir wohnten zudem in unterschiedlichen Hotels. Die slowakischen Kollegen versuchten weitgehend neutral zu bleiben, tendierten im Lauf der Wochen dezent mehr und mehr zum Lager der Regie.

28 In dieser Szene gab es mit der Produktionsleitung noch einen weiteren Konflikt. Zwei US-Panzer (Sherman Tanks) sollten fahrbereit sein und gegebenenfalls durchs Bild fahren. Am Morgen des Drehs waren aber beide Panzer defekt. Wir setzten sie nun anders ein: einer stand eher im Mittelgrund. Der zweite musste im Hintergrund einen nicht geräumten Parkplatz kaschieren, auf dem Autos standen. Die Szene wurde dann ohne Komplikationen abgedreht und gelang.
Siehe Foto Seite 105 oben

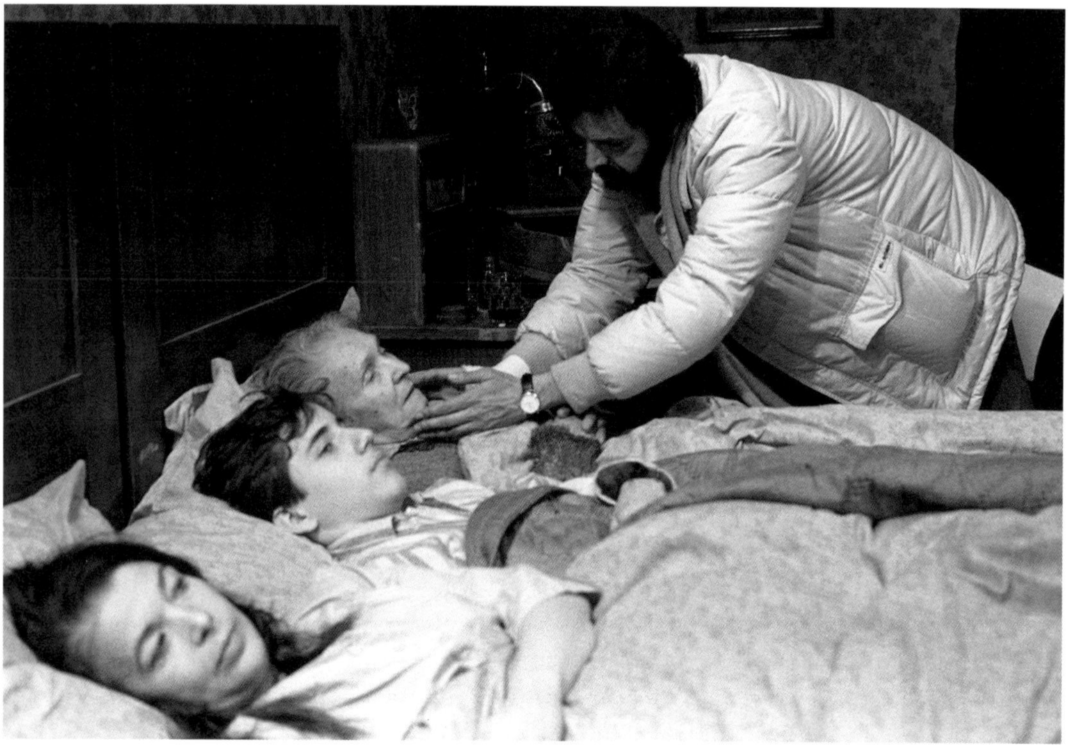

Die Familie muss sich zu dritt ein Bett teilen.

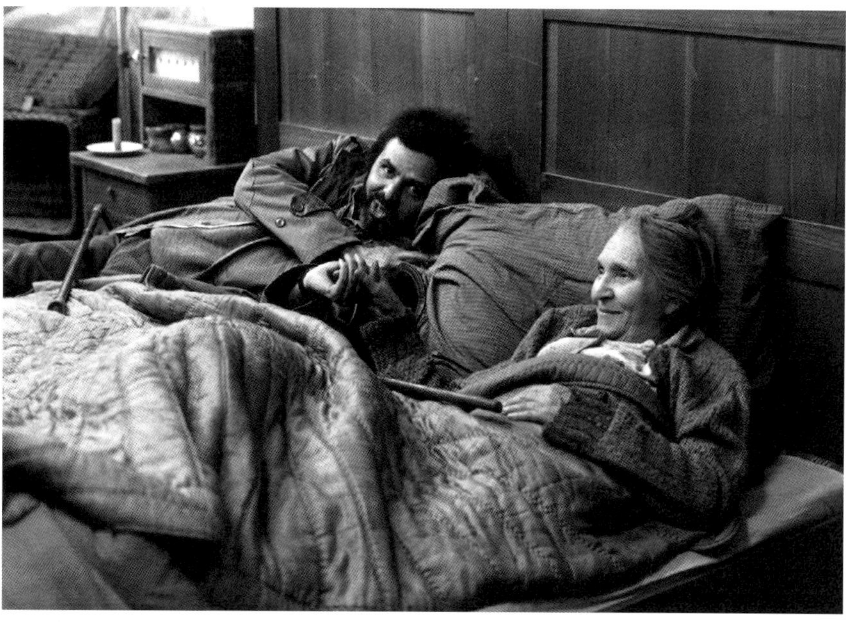

Im Bett mit Yane Bittlovà (Großmutter)

Saless drehte keine Mastershots. Jede Szene wurde unterteilt in eine ›découpage‹, ein technisches Drehbuch, in dem die Einstellungen und ihre Ausschnittgröße genau festgehalten waren. Saless hatte immer genaue Vorstellungen davon, wie die Szenen nachher geschnitten werden sollten. (siehe auch Kap. UTOPIA)

Wir drehten 4 Tage lang in der Wohnung verschiedene Szenen, Tag, Nacht usw., alles lief nach Plan. Die Negative gingen zur Entwicklung. Als die Positive zurückkamen, wurde eine Mustervorführung angesetzt. Sie endete in einem Desaster: alle Nachtszenen waren in Ordnung, alle Tagszenen hingegen waren zu dunkel. Molais Methode, möglichst knapp am gewünschten Wert zu belichten, stellte sich hier als sehr riskant heraus. Die Aufnahmen waren für die Endkopie nicht zu korrigieren. Doch was war passiert? Jemand musste anscheinend beim Test den Blendenwert für die Tagaufnahmen falsch notiert oder falsch eingestellt haben. Letztlich konnte nicht geklärt werden, was beim Kameratest geschehen war. Mehrere Drehtage mussten wiederholt werden. Mit dieser traurigen Botschaft ging es für eine Woche in die Osterpause. Alle fuhren nach Hause, Saless und ich wollten uns Prag anschauen.
Wir wohnten eine Weile im Hotel ›International‹, einem markanten Hochhaus im ›Stalinbarock‹ (Sozialistischer Klassizismus). Dort stiegen immer viele ausländische Geschäftsleute und Touristen ab. Das gesamte Hotel war mit Überwachungskameras ausgerüstet (in den Zimmern angeblich nicht).
Bei der Ankunft begleitete mich ein Hotelpage mit meinen Koffern in den Fahrstuhl. Dann geschah etwas Merkwürdiges: der Page stoppte den Aufzug ohne Vorwarnung zwischen zwei Etagen. Meinen fragenden Blick beantwortete er mit eindeutigen Gesten. Er wollte ›schwarz‹ Devisen tauschen und wähnte sich zwischen den beiden Stationen sicher – keine Kameras! Das Geschäft kam nicht zustande.

Die falsch belichteten Szenen wurden nach der Osterpause wiederholt, aber die Verzögerungen waren nicht mehr aufzuholen. Alles sah nach einer Verlängerung der Drehzeit aus. Das Drehbuch war außerdem sehr umfangreich, mit einer Vielzahl von langen Szenen, und wer die Arbeit von Saless kannte, konnte ahnen, wohin das Ganze führte (siehe oben Kapitel UTOPIA).

Das tägliche Pensum war oft nicht zu bewältigen. Der Rest musste am nächsten Tag nachgeholt werden. Die Produktionsleitung versuchte, das Tempo zu beschleunigen, indem sie die Drehtage mit möglichst vielen Szenen vollpackte, die aber auch nicht zu schaffen waren. Der nächste Konflikt zeichnete sich ab.

Die Produktionsleitung wollte dann Kürzungen im Drehbuch durchsetzen, damit der Drehplan halbwegs eingehalten werden könnte. Doch Saless blieb hart. Er pochte auf seinen Vertrag, in dem stand: ›Die gesamtkünstlerische Leitung des Films obliegt dem Regisseur‹.[29]

Die Produktionsleitung sah das anders und versuchte weiterhin das Pensum zu kappen. Hinzu kam ein neues Problem: Das Kodak-Filmmaterial war ausgegangen, und eine Fortsetzung der Dreharbeiten zu diesem Zeitpunkt nur mit ORWO-Filmmaterial möglich. (ein Material aus der DDR. ORWO = ORiginal WOlfen)
Saless wollte jedoch nicht auf ORWO drehen. Für ihn reichte ORWO (sw) von der Bildwirkung her nicht an das von uns verwendete Kodak heran. Bei ORWO wurde wohl weniger Silber für die Emulsion verwendet und dadurch waren die Schwärzungen nicht so tief wie bei Kodak.
Es kam zu mehreren Krisensitzungen. Der Chef der Abteilung Produktion flog eigens aus Frankfurt ein und versuchte auf Saless einzuwirken.
Diese Zusammenkunft endete spät abends bei reichlich Alkohol in einem Fiasko. Saless, dem der Alkohol nichts anzuhaben schien, trat energisch auf. Er ähnelte einem Anwalt, der sein Plädoyer hielt.

Seiner kompromisslosen Haltung waren die Kontrahenten nicht gewachsen. Alle wankten mehr oder weniger alkoholisiert auf ihre Zimmer.
Saless rief seinen Anwalt Dr. Claus Mayershofer in München an, er solle zum Drehort kommen, um die Rechte des Regisseurs zu vertreten. Und er kam!

Rechtsanwalt Claus Mayershofer:
»Meine Aufgabe war es, mit den Funkhäusern, den Redakteuren, die ja die Produzenten waren, Unstimmigkeiten in der Produktion juristisch zu glätten und zu versuchen, Lösungen herbeizuführen. Filmisch verstehe ich ja nichts. Ich habe damals viel von Saless gelernt, aber das bewegt sich in einem kleinen Rahmen. Ich bin immer erst spät hinzugezogen worden.
Es gab dann irgendwann den Versuch des Ausgleichs mit den Redakteuren vor Ort, einen Modus Vivendi zu finden, doch auf ORWO zu drehen, weil beide auf ihrer Position bestanden. Die Produktion hing am seidenen Faden und drohte im schon weit fortgeschrittenen Stadium zu scheitern. Es gab dann Gespräche bis tief in die Nacht, wie bei Verhandlungen zwischen Gewerkschaften und

29 Diesen Satz wiederholte er des öfteren auch in anderen Zusammenhängen. Er klingt phantastisch, weil er Freiheit bedeutete, künstlerische Freiheit! Ein Filmkünstler kann hier tatsächlich selbst bestimmen und darüber verfügen, was auf die Leinwand kommt – wie ein Maler. In Hollywood ist dies nahezu unmöglich (siehe oben Orson Welles). Hier im alten Europa gab es tatsächlich diesen Respekt vor der Individualität des Filmemachers. Unerhört.

Arbeitgebern: Treffen mit einzelnen Beteiligten und dann wieder zusammenfinden zu einem Zwangsvergleich.
Ich war nur zweimal am Drehort, ansonsten im Hotel und habe mit dem Redakteur verhandelt. Saless sagte: ›Ich breche ab, wenn auf ORWO gedreht wird!‹ Die Redaktion sagte: ›Wir haben kein KODAK mehr, es ist beendet‹, und Saless sagte: ›Ich will, dass Sie jetzt einen Mann nach Wien schicken!‹, und jemand von der slowakischen Produktion sagte: ›Wir versuchen das.‹ Sie haben einen Mitarbeiter bei KODAK in Wien gefragt, ob Material vorhanden ist, Resultat: ›Es gibt kein Material‹. Die Produktion sagte: ›Wir können nur auf ORWO drehen‹. Saless: ›Dann breche ich ab!‹.
Meine Aufgabe war es, einen Kompromiss zu finden – nicht nur im Kontext der Fortführung dieser Filmproduktion, sondern auch, damit Saless weiter im Filmgeschäft bleibt, denn das Ganze hätte wahrscheinlich die Folge gehabt, dass er von Produktionen in anderen Funkhäusern ausgeschlossen worden wäre. Das ist so gesagt worden, und ich habe dann mit Saless nach langen Gesprächen den Kompromiss gefunden, doch auf ORWO zu drehen.«

Die Filmgeschichte erlebte ein Novum. Mehrere Tage lang standen am Set hinter der Kamera: der Kameramann, der Kameraassistent, der Regisseur, der Regieassistent und – der Anwalt des Regisseurs.

Rechtsanwalt Claus Mayershofer:
»Wenn ich am Set war, war ich Tourist. Ich weiß, er hat immer gesagt: ›Mein Anwalt, mein Anwalt‹. Ich habe mich aber immer etwas zurückgezogen. Ich habe gesagt: ›ich will jetzt nicht Anwalt sein, ich schau jetzt nur zu, ich hab damit nichts zu tun‹.«

Die Wirkung seiner Präsenz am Drehort und sogar am Set sollte man jedoch nicht unterschätzen. Sie war für die Produktion eine stille Bedrohung, ein Schatten, der anzeigte, dass Saless sich nicht beugen würde. Nicht nur einmal brauchte er die Hilfe des Anwalts.

Rechtsanwalt Claus Mayershofer:
»Saless: ›Kommen Sie morgen!‹ – Ich: ›ich habe Termine!‹ – Er: ›Kommen Sie morgen! Ich brauche Sie. Wenn Sie morgen nicht kommen, dann ... dann geht's nicht. Dann schaffe ich das nicht. Sie müssen kommen!‹ – Ich: ›Ich kann nicht! Ich habe Termine‹ – Er: ›Sie müssen kommen!‹
Dann bin ich immer von einem Tag auf den andern losgefahren, Leihwagen genommen, in der Nacht vier, halb fünf aufgestanden, nach Wien gefahren, um mir ein Visum zu holen. Das Generalkonsulat in Wien hat um 7 aufgemacht und hat die Visa verteilt in einem komplizierten Verfahren, und ich habe mir

dann immer schon Visaanträge mitgenommen. Ich habe drei, vier Stunden angestanden, weil die Schlange unendlich war. Das schnellste war eine dreiviertel Stunde. Einige Male bin ich abgewiesen worden, weil man mich gefragt hat ›Was machen Sie?‹ Dann habe ich gesagt: ›Ich fahre zu einer Filmproduktion‹, und Filmproduktion war damals tödlich, und dann habe ich gesagt: ›Das ist nur zum Anschauen‹. Dann musste ich mit dem Chef der Abteilung reden, der dann plötzlich gut deutsch konnte, vorher konnte er nicht. Dann hat er mich angeschaut und gesagt: ›Fahren Sie!‹«

Irgendwann während einer Mittagspause im Hotel ›Imperial‹ wurde Saless zum Telefon gerufen. Nach langer Zeit kam er zurück und erzählte, er habe einen Anruf aus Teheran erhalten. Man hatte ihn offiziell eingeladen, in den Iran zu kommen. Er solle den Auftrag für einen Film bekommen, ein monumentales nationales Epos.
Ich fragte: »Und? Gehst du hin?« Er tippte sich an die Stirn und antwortete ohne zu zögern, er sei nicht lebensmüde, »Nein, niemals!« Ich sagte: »Endlich einmal einen Film machen mit großem Budget! Ohne finanzielle Einschränkungen!«.
Er wies alle Argumente zurück und betonte, dass er dort nicht sicher sei. Es sei jederzeit möglich, auf offener Straße erschossen zu werden. Solche Dinge kämen oft vor.

Außerdem hätte er ein Projekt im Kopf über ein Land in der Vergangenheit, vielleicht Mittelalter, regiert von Despoten. Dort sei Musik verboten. Er wolle versuchen, diesen Film in der Sowjetunion zu drehen. Dort könne man ohne Schwierigkeiten ganze Armeen an Komparsen und Ausstattung bekommen. Doch dieses Projekt blieb ein Traum.

Das Ungemach bei den Dreharbeiten setzte sich fort.
Beim Einrichten einer Szene auf einem Trümmerfeld, auf dem befreite Kriegsgefangene das Kriegsende feiern sollten, trat Saless in einen langen, rostigen Nagel, der auf der Oberseite seines Schuhs wieder heraustrat. Die Folge: sofort ins Krankenhaus und Abbruch der Dreharbeiten.
Saless konnte erst zwei Tage später wieder an den Set. Er musste am verletzten Fuß dann einen Hausschuh tragen.

Auch der Oberbeleuchter des HR verunglückte. Beim Aufstellen eines schweren Scheinwerfers im Hof des Hauses Frick, brach eine Decke über der Jauchegrube ein. Er versank bis zur Brust im Morast und verletzte sich dabei. Alle schrien auf, einige mussten sich übergeben.
Auch er musste ärztlich versorgt werden. So reihte sich Malheur an Malheur. Für die Produktion stellte all dies eine enorme organisatorische Herausforde-

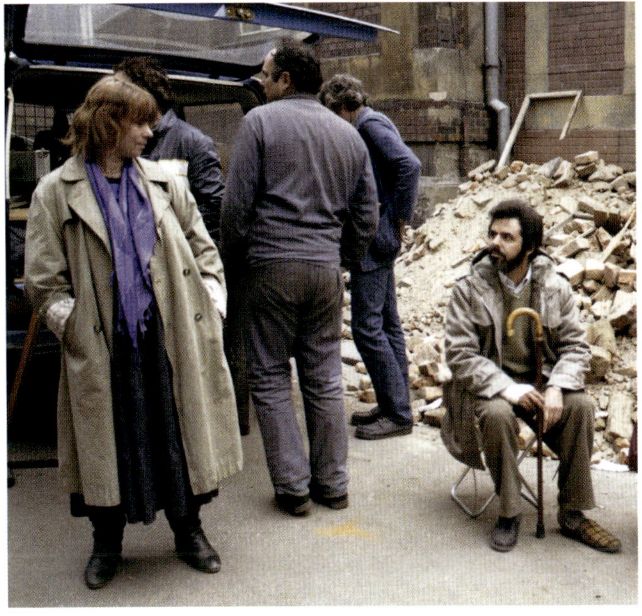
Ute Burgmann, links, hat Sohrab Saless mit Hausschuh und Gehstock versorgt.

rung dar. Ständig musste neu disponiert werden, dies in einem Land, in dem damals die Infrastruktur nicht so entwickelt war, dass man Reisen schnell organisieren konnte. Es gab mehrere Schauspieler, die aus Deutschland eingeflogen werden mussten. Alle brauchten jedes Mal ein neues Visum, wenn sie erneut einreisten. Dieses musste wiederum in Deutschland besorgt werden. Die Darsteller hatten oft Verpflichtungen am Theater oder in anderen Filmen. Die wenigen Flüge waren nicht selten ausgebucht. Einige Male reisten Schauspieler an, kamen aber dann gar nicht zum Einsatz, weil sich der Drehplan verschoben hatte. Sie flogen zurück, und alles fing von vorn an.

Bert Schmidt:
»Bei HANS gab es Riesenprobleme.«

Ute Burgmann:
»Mit der Produktion, ja, da gab es Auseinandersetzungen.«

Bert Schmidt:
»Es gab doch diese Nachtsitzungen ...«

Ute Burgmann:
»Das hat mich nicht gekümmert. Für mich waren andere Dinge wichtiger ... z. B. dass die Schuhe der Darsteller passen, (lacht) ob man den richtigen Hut hat ... das Taschentuch. Diese Konflikte vergesse ich gerne, das ist wirklich nicht

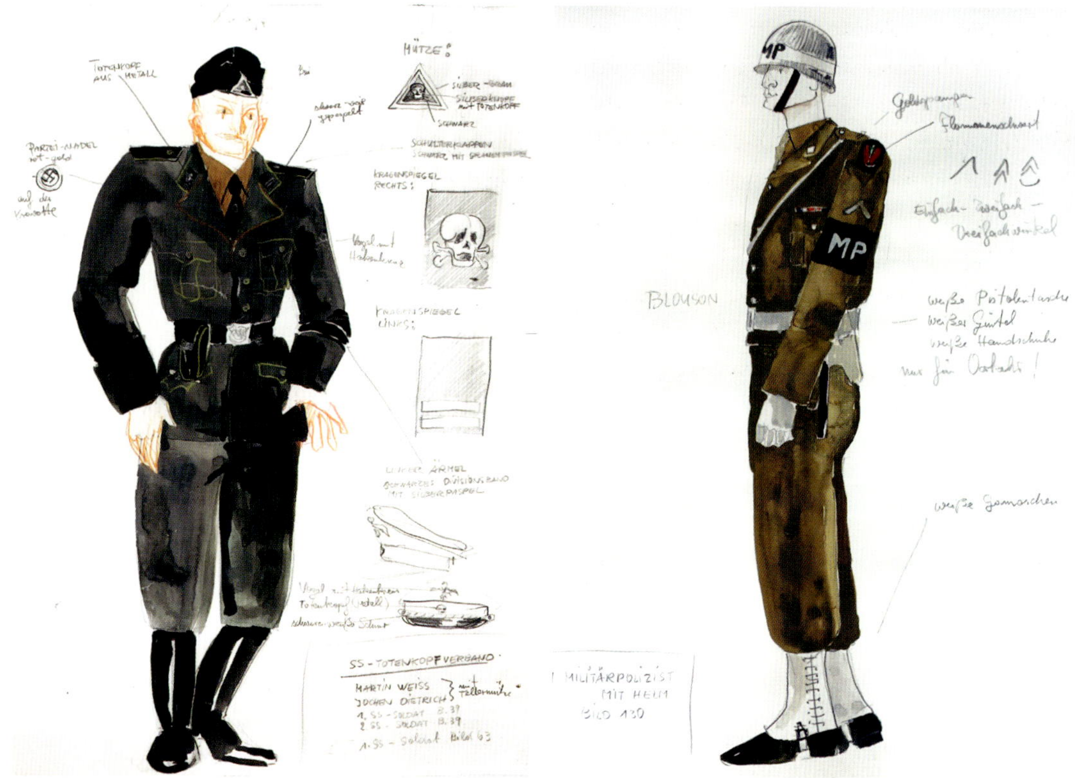

Figurinen der Kostümbildnerin Ute Burgmann:
»Die Uniformen bei ›HANS …‹ das war sehr problematisch. Man muss sich da genau auskennen. Es gibt aber Fachleute, die einen beraten können. Wenn ein Film herauskommt, in dem Uniformen wichtig sind, dann gibt es auch immer ›Freunde von Uniformen‹, die genau hinschauen, ob man einen Fehler gemacht hat.«

das Wichtigste für mich. Ich habe nur sehr gute Erinnerungen an den Film. Die Dreharbeiten waren schön und interessant. Mir hat die Arbeit sehr gut gefallen. Mit Saless kam ich auch sehr gut aus. Er war sehr höflich und vorsichtig und charmant.«

Ein weiteres Desaster waren die Dreharbeiten zu einem Tieffliegerangriff: Auf der Flucht von Hans mit dem Güterzug stoppt der Zug auf freiem Feld aufgrund des Beschusses. Die Eisenbahner und Hans fliehen über das Feld. Hans kann nur knapp entkommen.

Um diesen Angriff realistisch aussehen zu lassen, wurden, wie bei solchen Szenen üblich, kleine Sprengladungen in Reihe vergraben. Wenn sie gezündet werden, soll dies den Anschein erwecken, dass eine MG-Salve im Boden einschlägt. In einer Einstellung sollte das angreifende Flugzeug gedreht werden,

wie es über dem Zug auftaucht. Slovenský film hatte alles Mögliche besorgen können: Wehrmachtskübelwagen, Wehrmachts-LKW, Krankenwagen, Feuerwehr, Straßenbahn, Gestapo-Limousinen, aber keine Original ›P-47 Thunderbolt‹ (ein amerikanisches Jagdflugzeug aus dem 2. Weltkrieg), welches den Angriff fliegen sollte. Ein Exemplar aus dem Ausland herbeizuholen überstieg das Budget. Die Produktion hatte sich eine ›preisgünstige‹ Lösung ausgedacht – Modellflugzeuge. Ein Verein aus Oldenburg, der solche flugfähigen Nachbauten herstellte, kam mit zwei Exemplaren eigens angereist.
Ihr Einsatz war jedoch ein Flop. Obwohl die Flieger nicht einmal sehr klein waren, wirkten sie nicht echt, wenn sie über dem Zug schwebten, auch waren ihre Bewegungen zu fahrig.

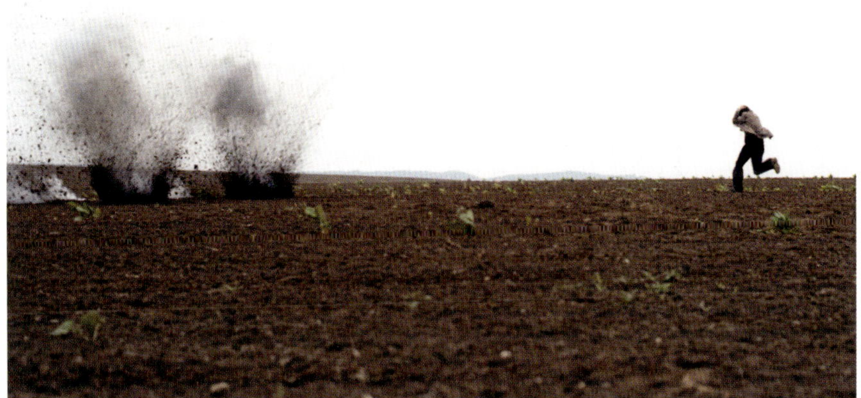

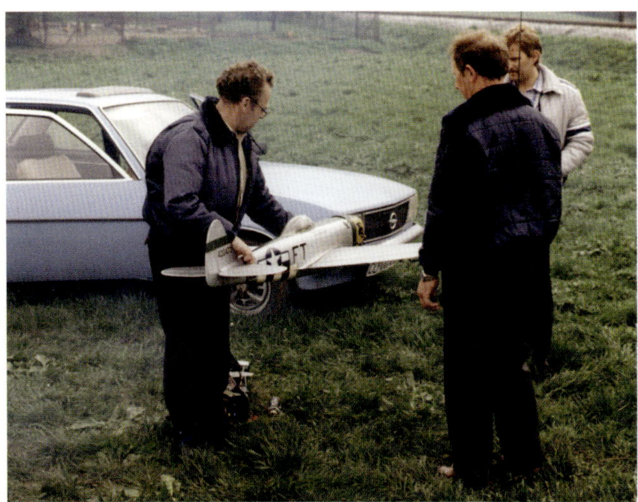

Startvorbereitungen für die ›Thunderbolt‹

Ramin Molai versuchte sein Bestes, um die Szene zu retten. Er drehte in leichter Zeitlupe, um die Bewegungen der Modellflugzeuge zu dämpfen. Er platzierte einen größeren Zweig am Bildrand, um einen Baum zu simulieren und damit der Situation mehr Realismus zu verleihen.
Es half nichts. Saless akzeptierte die Aufnahme nicht, und die beiden Modellflugzeugbauer reisten unverrichteter Dinge ab.
Wir drehten dann den Beschuss des Zuges ohne Flugzeuge. Die Archivaufnahme eines Jagdflugzeugs aus dem 2. Weltkrieg sollte dann im Schnitt verwendet werden, so lautete der Vorschlag der Redaktion.

Geplantes Drehende wäre der 29. April gewesen. Am 3. Mai, dem 35. Drehtag, war der Film noch immer nicht abgedreht. Es folgte jahreszeitlich bedingt eine Drehpause bis Oktober. Viele Szenen, die noch fehlten, spielten im Winter und nun kam der Frühling.
Saless und ich fuhren im Auto zurück nach Deutschland. Wir kamen zur bundesdeutschen Grenze, wo ein kleinerer Übergang nach Bayern führte. Saless reichte dem Grenzbeamten seinen braunen Pass der islamischen Republik. Der Mann geriet auf der Stelle in den Alarmmodus. Eingehend wurde das Dokument von einem zweiten Beamten untersucht. Immerhin standen darin mehrere Angaben auf Deutsch, wie Aufenthaltsgenehmigung, Arbeitserlaubnis etc. »Wos is' er, ... Reschissär ...?«, stammelte der Grenzbeamte nach längerem Studium des Passes. Saless antwortete in seinem perfekten Deutsch: »Das ist richtig, ich bin Filmregisseur.« Der Beamte erwiderte: »Wos? Der kann a deitsch sprecha'?«

Saless begann umgehend im Sender eine vorläufige Fassung zu schneiden. Dabei wurde in den Mustern ein technischer Fehler entdeckt, der leider auch im Negativ zu finden war. Eine Art Haloeffekt, wie eine unbeabsichtigte Doppelbelichtung. Bei bestimmten Szenen war dies deutlich sichtbar, z. B. wenn ein Darsteller helle Kleidung trug. In den meisten Szenen mit geringen Kontrasten war davon nichts zu sehen. Diese fehlerhaften Bilder waren für die Endfassung nicht verwendbar, mussten also nachgedreht werden. So kamen zum ohnehin noch ausstehenden Pensum weitere Szenen mit mehreren Drehtagen hinzu.
Das Hauptproblem hierbei war aber: niemand wusste, wie dieser Fehler in den Bildern zustande gekommen war. Man konnte nicht ohne Klärung des Sachverhalts weiterdrehen. Die Fachleute im Sender rätselten. Man kam zunächst zu einer Diagnose, die sich aber als vorschnell erweisen sollte. Der Grünfilter sei schuld! Bei bestimmten Lichtverhältnissen entstünden durch den Filter Reflexe, die in die Optik hineinstrahlten, so lautete das Urteil.
Eine Vorführung einiger besonders drastischer Beispiele wurde im Studio angesetzt. Der Effekt war auf der Leinwand deutlich zu erkennen. Die Techniker

trugen ihre These von den Lichtreflexen vor. Uns schien diese Erklärung nicht logisch. Dann wäre die Gefahr solcher Reflexe bei allen Filtern gegeben, die häufig Verwendung finden, zum Beispiel auch die üblichen Graufilter.
Ich lief zur Leinwand, um mir den Effekt aus der Nähe anzusehen. Deutlich sichtbar war eine leichte Vibration in diesen Doppelbildern, was auf ein mechanisches Problem hindeutete. Bei einem optischen Reflex wäre dieser statisch. Ich bat die Herren von der Technik, sich selber davon zu überzeugen, aber keiner kam nach vorn.
Immerhin wurde dann doch die These von den Lichtreflexen verworfen und weitere Tests vorgenommen. Schließlich erwies sich ausgerechnet das Schwarzweiß-Material von ORWO als verwendbar. Man einigte sich darauf, bei der Fortsetzung der Dreharbeiten vorsichtshalber beide Materialien, Kodak (das inzwischen wieder lieferbar war) und ORWO, einzusetzen.[30]

Als wir die Dreharbeiten im Oktober wieder aufnahmen, mussten also viele Szenen zweimal gedreht werden. Zunächst auf Kodak. Beim Klappeschlagen kam jedes Mal die Ansage »Nr. XX, Kodak!« Wenn der Take gelungen war, wurde die Kassette gewechselt und die gleiche Einstellung nochmals gedreht. Auf der Klappe stand dann neben der Einstellungsnummer ›ORWO‹, und beim Klappeschlagen kam die Ansage »Nr. XX, ORWO!« – Eine Art zu drehen, die uns allen noch nicht begegnet war und danach auch nie wieder begegnete.
Für die Schauspieler war das Verfahren extrem frustrierend. Sie hatten eine Szene zu aller Zufriedenheit gespielt und mussten trotzdem von vorn beginnen. Es wurden manchmal auch nur einzelne Einstellungen aus einer längeren Szene nachgedreht, wenn der Rest in Ordnung war. Beispielsweise musste unter großem Aufwand ein Zug mit russischen Gefangenen nochmals auf dem kleinen Bahnhof vorfahren. Die Cutterin hatte Einzelbilder aus der Schnittkopie ausbelichten lassen, damit wir die genaue Position des Zugs an dem Bahnhof wieder finden konnten. Auch der erschossen am Boden liegende Zwangsarbeiter in Hans' Straße musste nachgedreht werden. Dazu wurde wieder eine kleine Fläche Schnee angebracht und vieles mehr.

30 Die angeblich wirkliche Ursache des Kameraproblems hat mir später ein Kameramann in München inoffiziell mitgeteilt, der im Anschluss nach HANS ... mit der 35mm Kamera des HR gearbeitet hatte. Er behauptete, dass das Bildfenster nicht korrekt eingestellt gewesen sei. Es sei für Farbmaterial justiert gewesen, welches dicker ist als SW-Kodak. Das Schwarzweiß-Material von Kodak hatte demnach zu viel ›Spiel‹ im Bildfenster und ›vibrierte‹ folglich bei den Aufnahmen. ORWO SW war ähnlich dick wie Farbmaterial von Kodak.

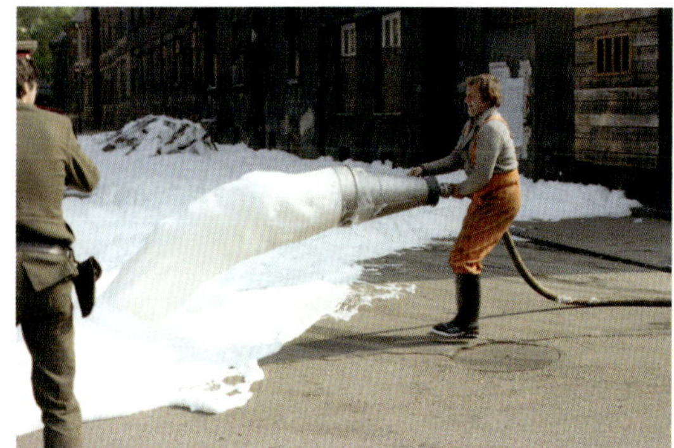

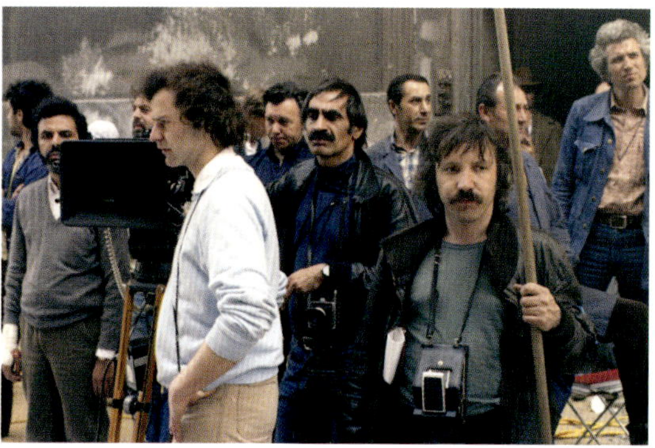

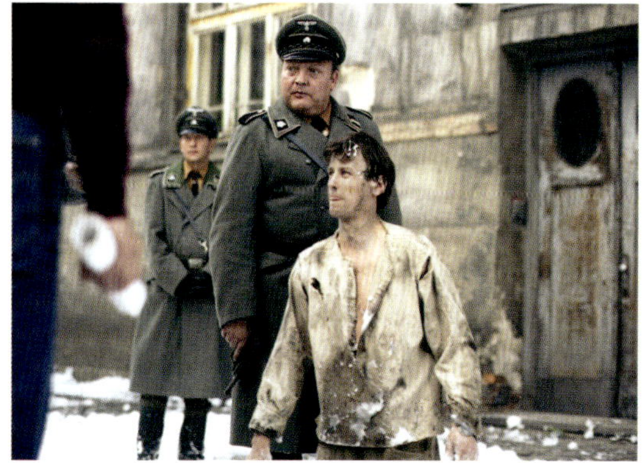

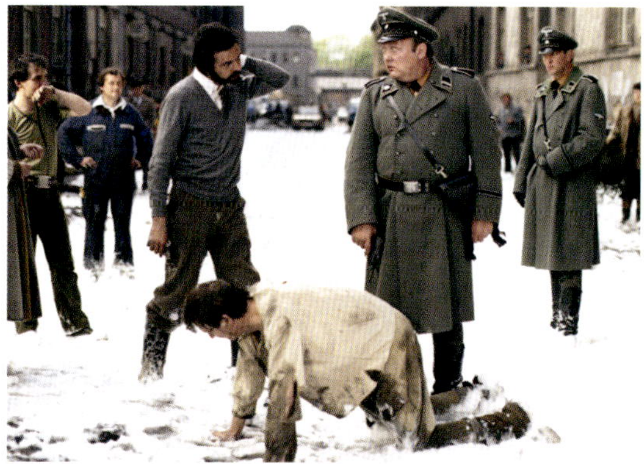

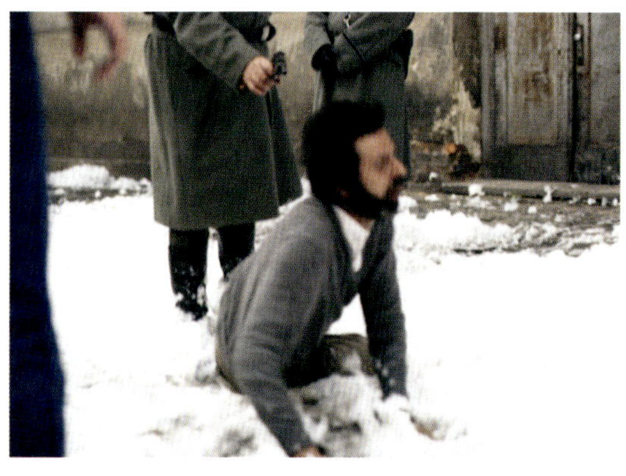

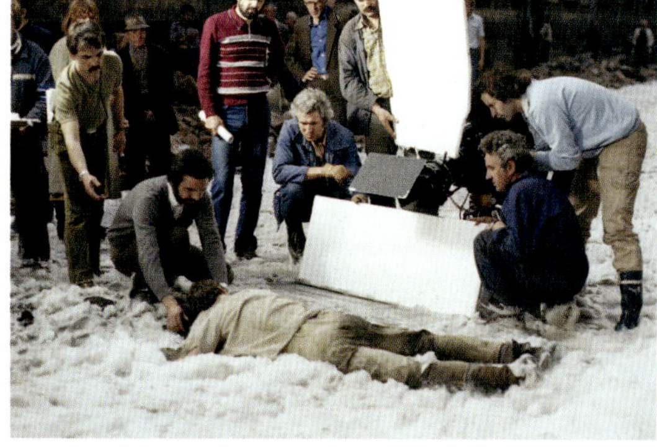

Erschießungsszene.
Hans wird in seiner Straße Zeuge wie SS-Mann Martin Weiß einen flüchtigen russischen Zwangsarbeiter erschießt.

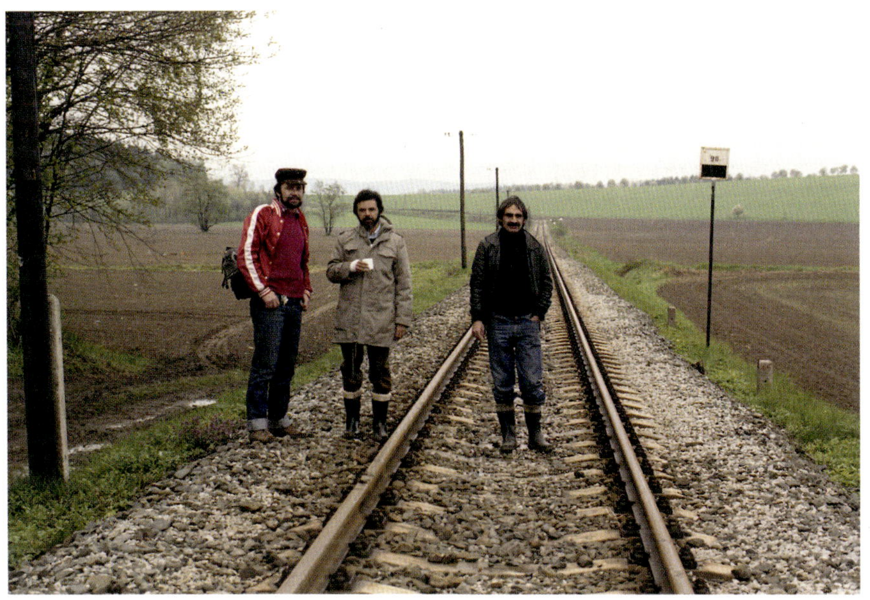

Auf freier Strecke: Der Produktionsfahrer Lubo Velickij, Sohrab Shahid Saless, Ramin Molai.

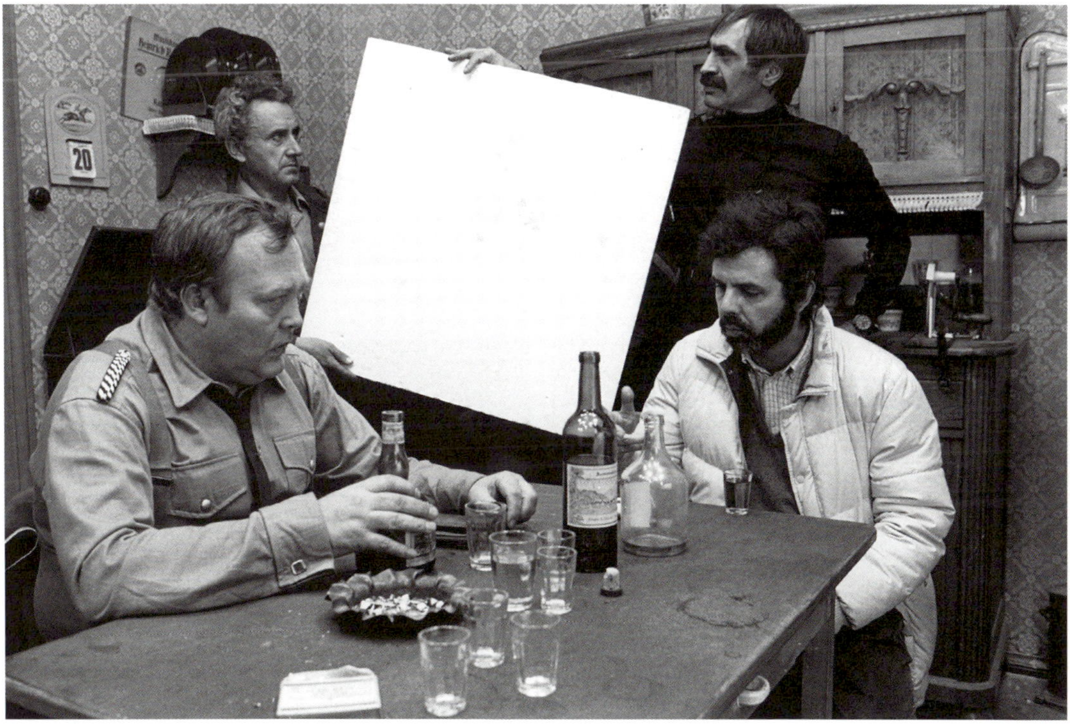

Regieanweisungen für Hans Zander (SS-Mann Martin Weiß)

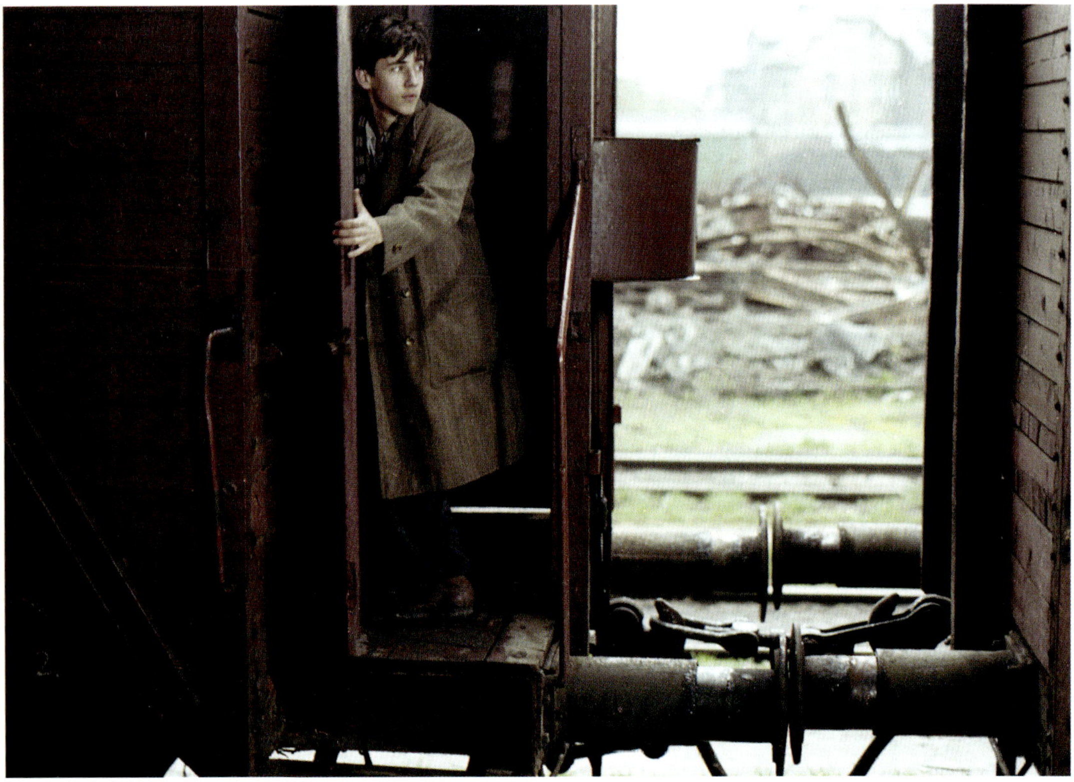

Hans’ Flucht aus Frankfurt im Güterwagon.

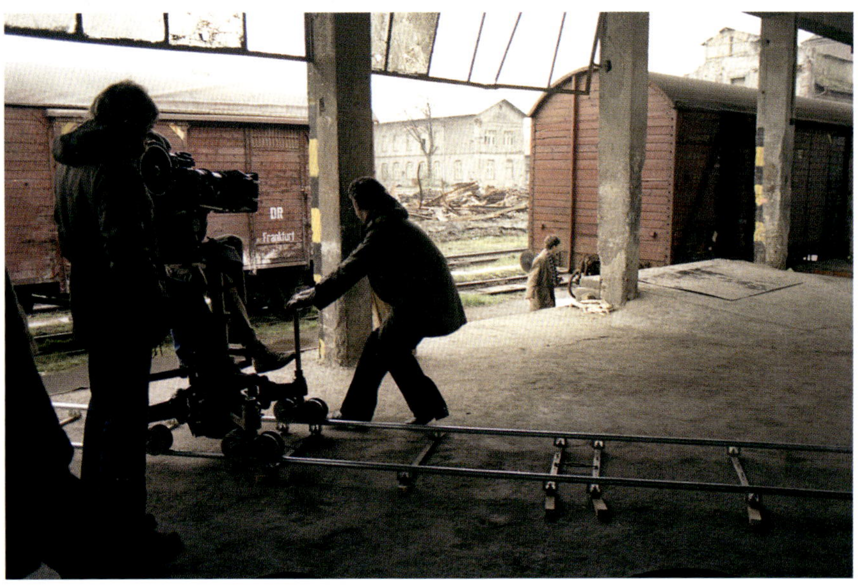

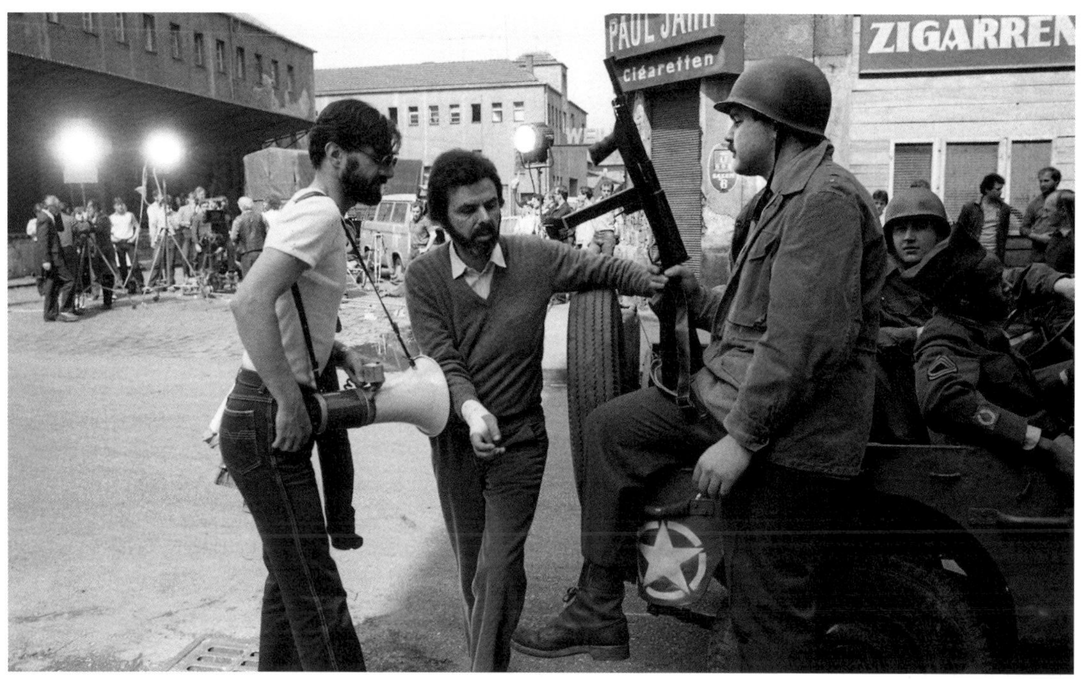

Der Krieg ist vorbei. Die Amerikaner in Frankfurt.

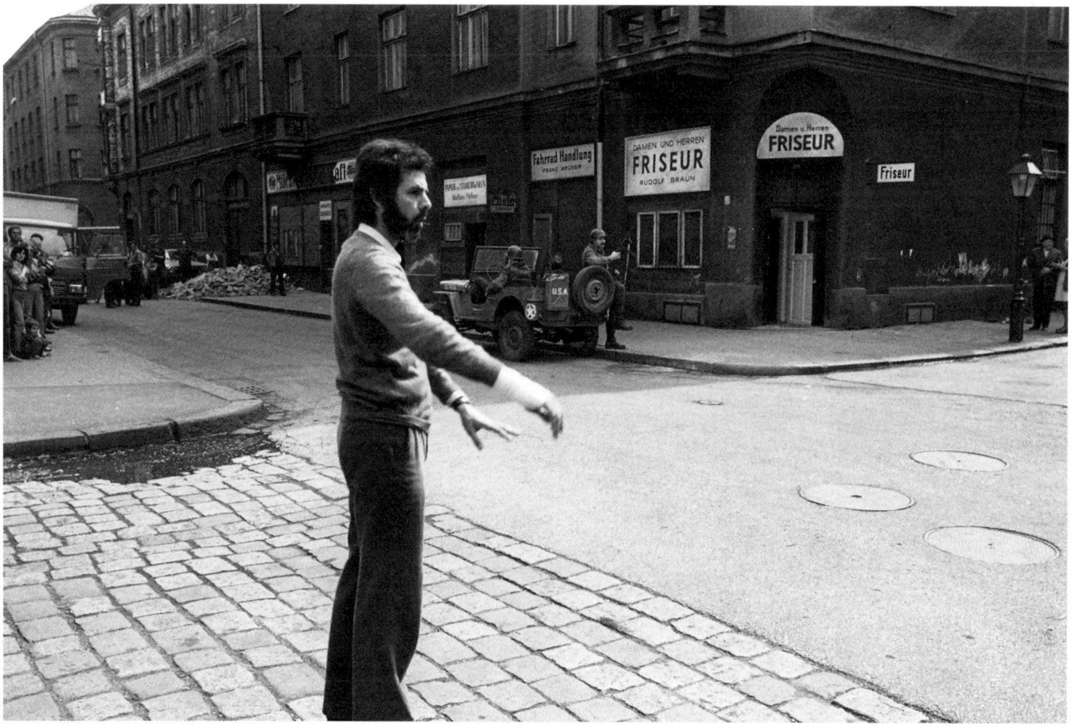

Sohrab Shahid Saless. Der ›Maestro‹ dirigiert.

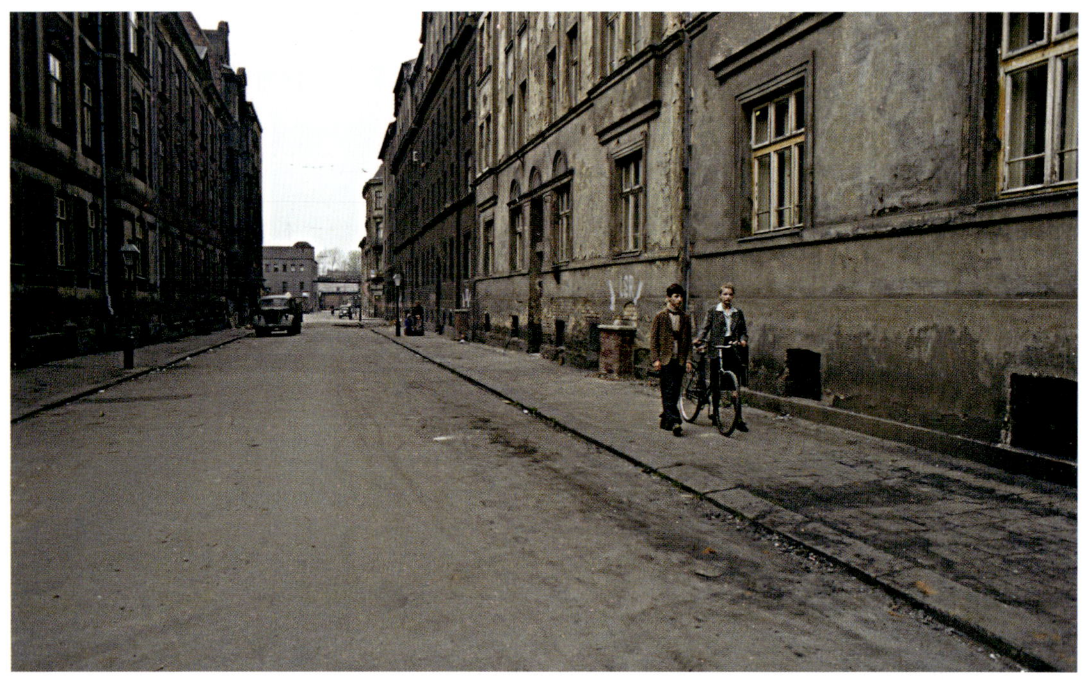

Hans mit seiner Freundin Nora. Später wird sie mit Amerikanern ausgehen.

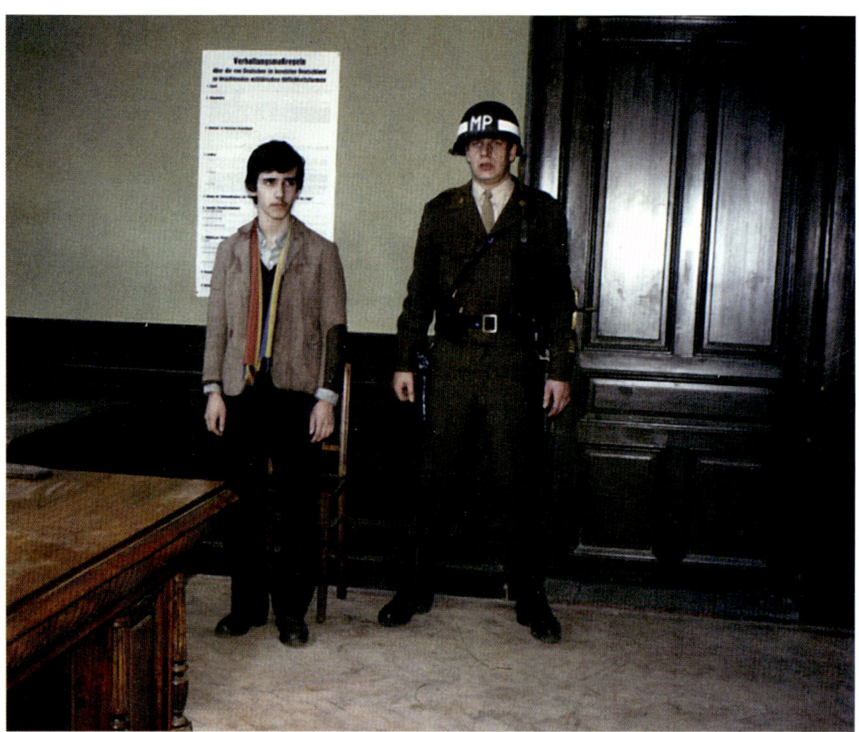

Hans vor Gericht

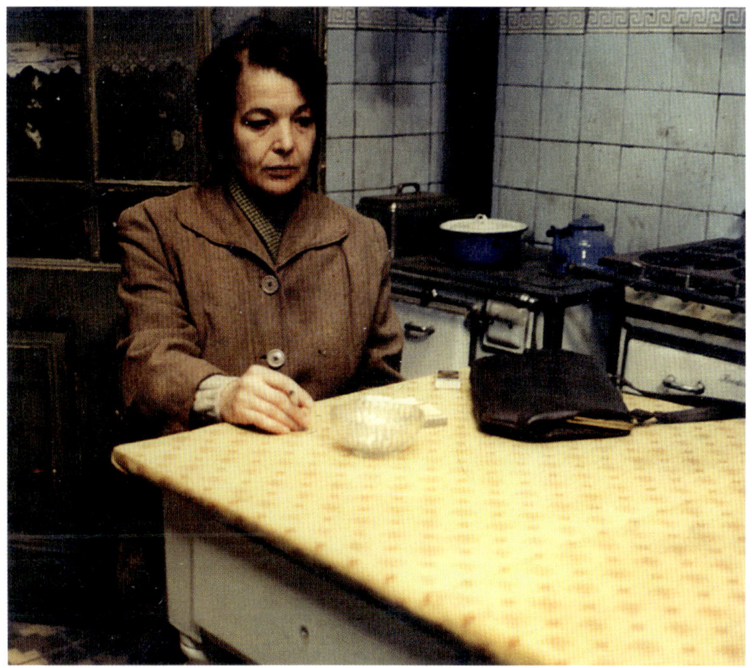

Imke Barnstedt in der Rolle der Eva, Hans' depressiver Mutter.

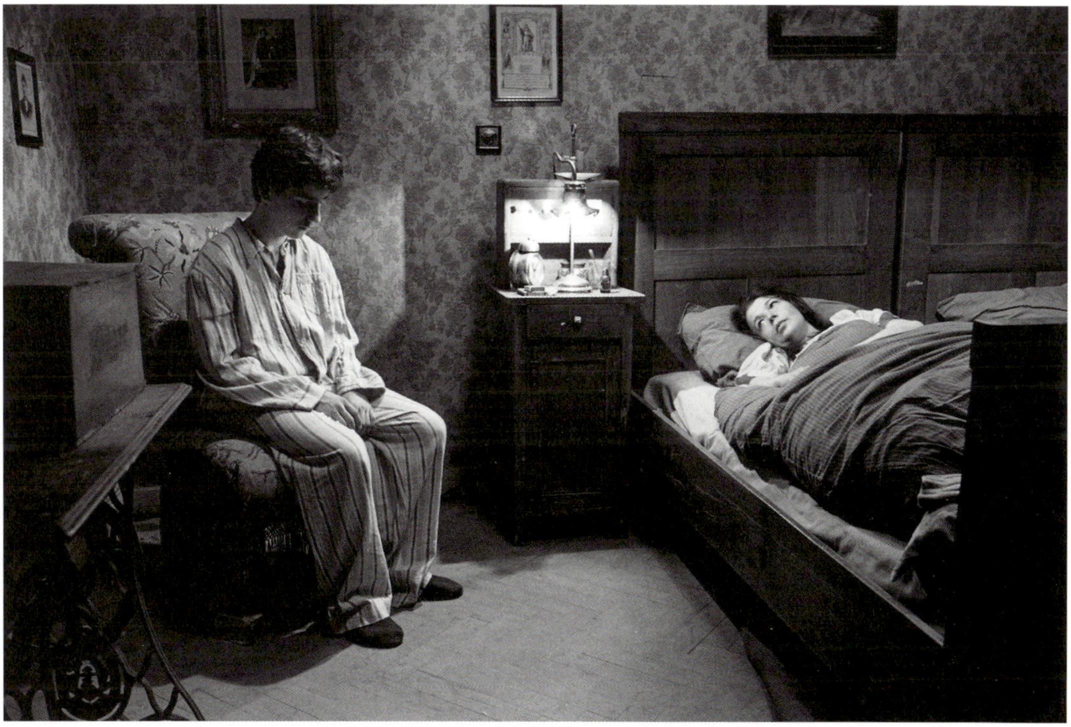

Während Hans' Flucht aus Frankfurt ist die Großmutter verstorben. Ihr Platz im Bett verwaist.

›WARTEN‹

Die meiste Zeit verbringen Filmteams während Dreharbeiten mit Warten. Warten auf die Ausstattung, warten auf den Lichtaufbau, usw. Hier: Warten auf den Regisseur, der nebenan zusammen mit seinem Anwalt mit der Produktionsleitung kämpft.

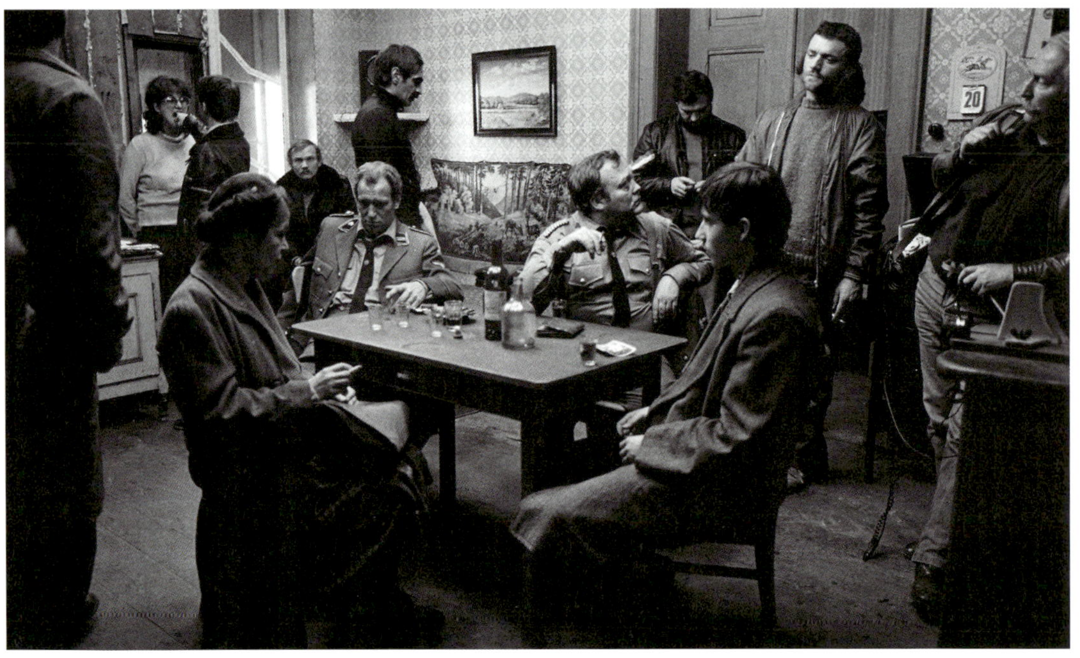

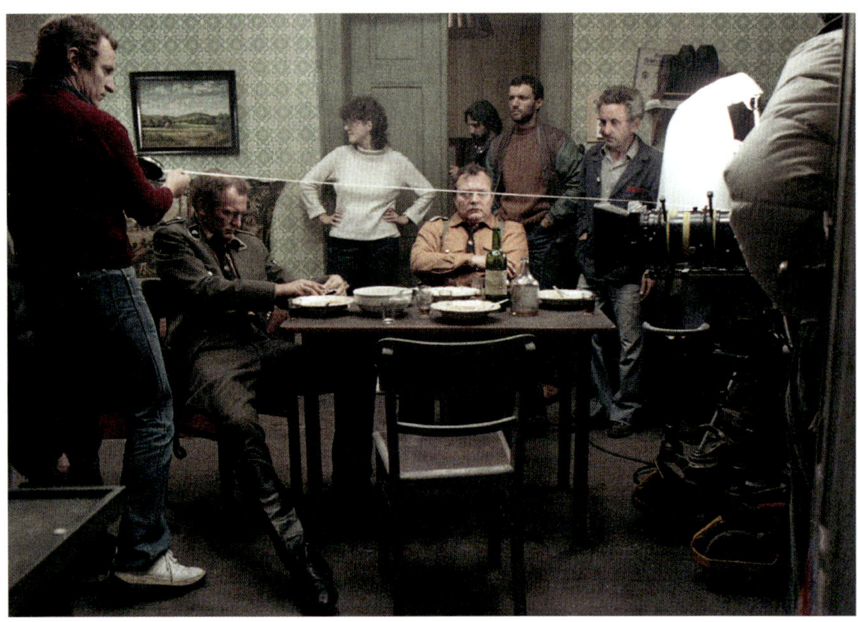

Die zweite Drehphase dauerte vom 26.10. – 10.11.1983 (am 10.11. war der 44. Drehtag). Im Dezember kamen nochmals zwei ausstehende Drehtage im Gefängnis Wiesbaden hinzu.
Der Film wurde zügig geschnitten. Saless hatte den filmischen Ablauf wie immer im Kopf. Die Cutterin des Senders, Gabriele Rosenhagen, eine Grande Dame des Filmschnitts, die ihre Anfänge schon in der UFA-Zeit hatte, war voller Begeisterung. »Endlich jemand, der weiß, was er will und wie man filmisch erzählt!« Sie stand die ganze Zeit bei allen Anfeindungen von außen loyal zu Saless.
Der Romanautor Hans Frick kam zur Rohschnittabnahme. Saless schilderte mir später seine Reaktion. Gleich am Anfang habe er getobt: nie im Leben habe er Kniestrümpfe getragen wie Hans im Film. Er habe sich aber dann beruhigt und sogar geweint während der Vorführung. Von Autorenseite her war der Film also abgenommen.
Der Film hatte aber Überlänge und sollte für künftige Auswertungen kürzer werden. Saless beharrte jedoch auf seiner Version. So setzten sich die Konflikte immer weiter fort. Eine Archivaufnahme aus dem 2. Weltkrieg für die Szene mit dem Tieffliegerangriff auf den Güterzug, in dem Hans flüchtete, fand Saless nicht passend. Der Sender blieb aber bei dieser Version. In dieser Endphase platzte Saless der Kragen.

Rechtsanwalt Claus Mayershofer:
»Saless hat dann bei der Vorführung der Masterfassung im Sender in Frankfurt verkündet: ›Ich ziehe meinen Namen zurück‹.«

Bert Schmidt:
»Warum?«

Rechtsanwalt Claus Mayershofer:
»Er hat sich mit der Filmqualität, mit der Optik von ORWO, nicht einverstanden erklärt. Das war sein äußerer Erklärungsinhalt, aber seinen inneren, tatsächlichen ... kenne ich nicht. Jedenfalls seine offizielle Erklärung war: ›Ich kann mich nicht mit diesem Film identifizieren‹, wie bei UTOPIA. ›Der Film hat nicht meine Qualität!‹«

Den letzten Ausschlag gab wohl die für Saless unpassende Archivaufnahme. Und so wurde der Film im Jahr 1985 in einer Länge von 149 Min. ausgestrahlt, ohne dass der Name eines Regisseurs auf dem Abspann stand.

Rechtsanwalt Claus Mayershofer:
»Was der konkrete Grund war, weiß nur Saless. Es gibt den objektiven Erklärungswert, den subjektiven, den vermeintlichen und den politischen, und es

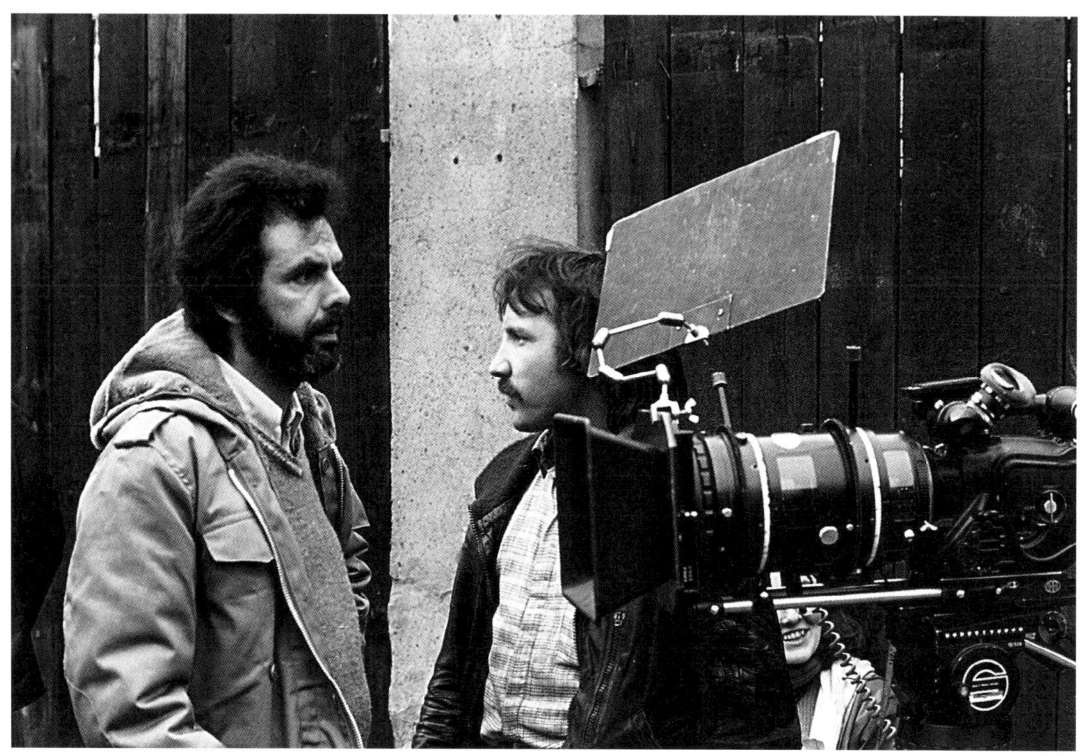

gibt auch einen vorgeschobenen, der Bösartigkeit, aber das war er sicher nicht. Ich denke, er hat seine Auffassung immer sachlich begründet. Ich war in der Vorführung, als er den Namen zurückgezogen hat und die Herren vom Sender zusammengebrochen sind. Es wurden viele freundliche Versuche unternommen, ihn zu überreden, aber wohl nur scherzhaft erwähnt, man könnte sich auch vorstellen einen TATORT mit ihm zu produzieren, was jedoch auch gleich wieder in konkreter Form fallen gelassen wurde. Saless sagte mir später, er wäre über den Spruch verwundert gewesen, hätte jedoch aus mehreren Gründen abgelehnt. Ich hätte das persönlich als eine interessante Variante gefunden. Gegenüber dem TATORT-Einerlei wäre das einmal etwas Besonderes gewesen. Damit die Leute merken, dass Saless präsent ist.«

Jahre später, nachdem sich die Wogen geglättet hatten, trat der Redakteur an Saless heran mit der Bitte, eine gekürzte Version herstellen zu dürfen, die international leichter zu vermarkten ist. Die Gemüter hatten sich inzwischen beruhigt, und es kam zu einer Art Aussöhnung.
Saless autorisierte die neue gekürzte Version, die nur noch ca. 100 Minuten lang war und gab seinen Namen für diese Fassung her. Sie war jedoch um wichtige Episoden beraubt. Sie endet mit Hans' Heimkehr von der Flucht. Das

ganze Kapitel, das in der langen Fassung folgte: Hans geht in eine Lehre, wird verhaftet und kommt in den Jugendknast, bis er zum zweiten Male nach Hause zurückkehrt, wurde herausgeschnitten. Dramaturgisch funktioniert der Eingriff zwar, es fehlt kein Element, das für die Erzähllogik wichtig wäre, es gibt keine losen Enden. Aber inhaltlich ist die Romanadaption um einen wichtigen Teil der Erzählung verstümmelt worden. Denn mit dem Ende der Nazizeit ist keineswegs alles ins Reine gekommen, der Junge und seine Mutter sind weiterhin Opfer von Drangsalierungen.

Der Film war wenig erfolgreich, wohl zum Teil auch weil Saless seinen Namen zurückgezogen hatte. Immerhin gab es bei den ›Baden-Badener Tagen des Fernsehspiels‹ 1985 eine ›Besondere Anerkennung für Sohrab Shahid Saless‹.

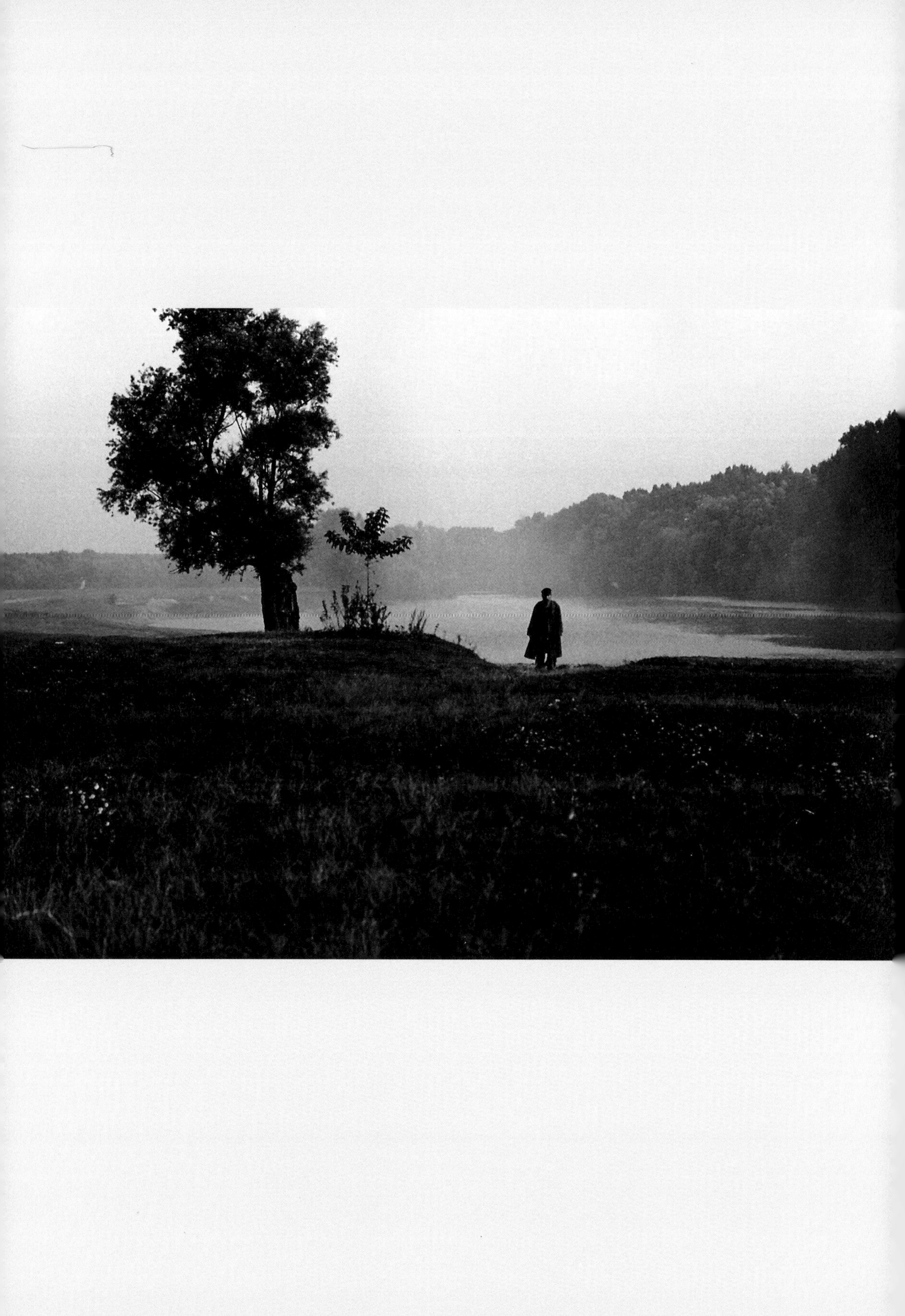

DER WEIDENBAUM

BRD 1984

Format: 16mm Negativ Farbe

Länge: 97 Min.

Drehorte: Bratislava, Poprad-Spišská Sobota, Gabčikovo

Drehbuch: Sohrab Shahid Saless

Kamera: Ramin Reza Molai / Stanislav Doršic

Ton: Elmar Schmidt

Ausstattung: Olga Maiová

Kostüme: Miloš Pietor

Redaktion: Jürgen Breest, Dr. Jutta Boehe-Selle, Radio Bremen

Produktion: Hausproduktion RB mit Slovenský film Bratislava

Darsteller: Josef Stehlik, Peter Stanik, Milan Drotar, Marian Sotnik

Geplante Drehzeit: 17 Drehtage, 22.5.1984 bis 14.6.1984

Tatsächliche Drehzeit: 25 Drehtage, bis Ende Juli 1984

Die erste und einzige Verfilmung nach einer Vorlage von Anton Čechov durch Sohrab Saless.

Inhalt:

Archip, ein alter Mann, wohnt alleine in einer stillgelegten Mühle am Fluss, neben der eine mächtige Weide steht. Seine Tage verlaufen gleichförmig: Er sitzt täglich am Ufer und angelt. Täglich fährt die Postkutsche vorbei. Täglich kocht Archip sich drinnen eine Fischsuppe. Dann legt er sich schlafen.

Eines Tages wird Archip Zeuge eines Verbrechens: Die Kutsche hält an. Der Kutscher tötet den schlafenden Postboten und versteckt die Geldtasche in einem Loch im Stamm der Weide. Er verletzt sich absichtlich, um einen Überfall vorzutäuschen und fährt mit der Kutsche davon.

Archips Leben gerät in Unordnung. Von Unruhe geplagt bringt er die Tasche in die Stadt, um den Mord anzuzeigen. Doch die Beamten interessieren sich nur für das Geld in der Tasche.

Der Kutscher kehrt zurück zur Mühle und sucht vergeblich nach der Geldtasche. Er verprügelt Archip, bleibt aber bei ihm, als er seine Ausweglosigkeit erkennt. Sein schlechtes Gewissen plagt ihn und schließlich geht er mit Archip in die Stadt, um sich zu stellen. Doch niemand nimmt von der Angelegenheit Notiz. Zurück in der Mühle begeht der Kutscher Selbstmord.

Saless notierte damals zu dem Stoff, Čechovs Erzählung sei so kurz, dass man sie auf der kurzen Fahrt vom Frankfurter Hauptbahnhof bis zum Hessischen Rundfunk vollständig lesen könne. In der Tat ist die Vorlage nur ganze dreieinhalb Buchseiten lang. Saless sollte daraus einen 97-minütigen Film machen.

»Ich verfilme jetzt eine Erzählung des Maestro, in der weder von Sex noch von Abenteuer die Rede ist. Für die Produzentenwelt heißt dies: ein Essen ohne Salz und Pfeffer. Also leben wir ein letztes Mal Diät!«

DER WEIDENBAUM ist auch ein ›Krimi‹, in dem der Mörder sich am Ende selbst richtet. Doch Saless machte daraus ein existentialistisches Drama, in dem es keine Rettung, keinen Ausweg, keine Hoffnung gibt. Die zwei Hauptfiguren erleben eine Welt, die gänzlich teilnahmslos ist. Noch nicht einmal das Schuldbekenntnis des Kutschers kümmert am Ende jemand.

DER WEIDENBAUM ist ein Film wie ein ferner Gruß aus dem letzten Jahrhundert, als in den frühen 1980er Jahren die öffentlich-rechtlichen Fernsehanstalten noch in der Lage waren und auch willens, Stoffe zu produzieren, die so radikal erzählt werden wie die Filme von Sohrab Saless.

Radio Bremen, dieser kleine Sender, konnte tatsächlich solche ambitionierten Filme wie DER WEIDENBAUM – immerhin ein Kostümfilm mit großer Ausstattung – produzieren und zwar gänzlich ohne Filmförderung. Heute dreht man dort als Fernsehspiel nur noch den TATORT.

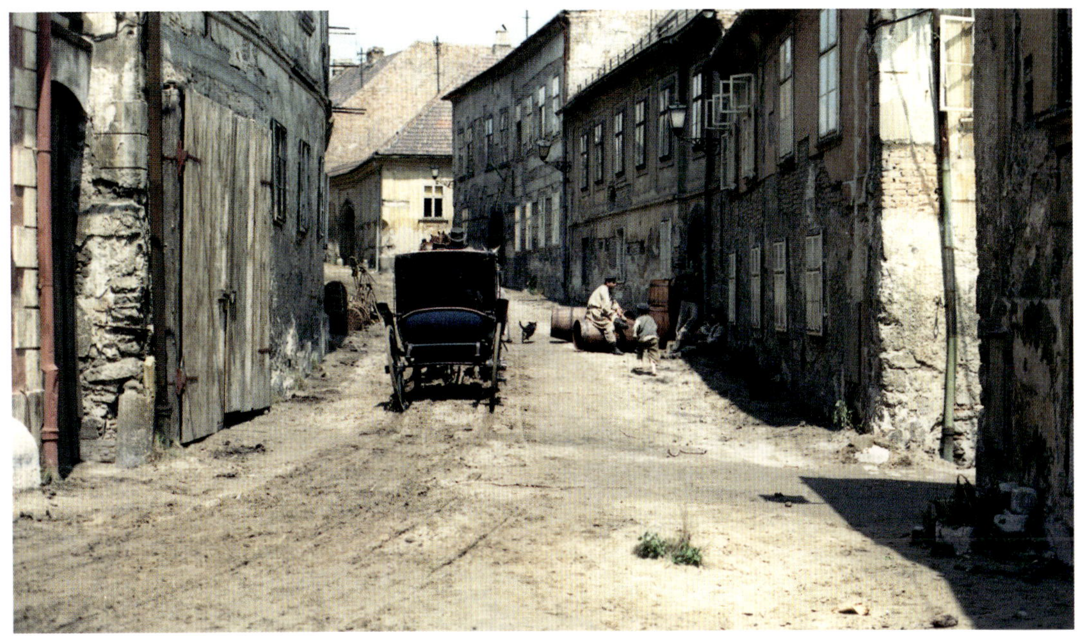

Die Altstadt nach dem Auftragen der Erd- und Sandschicht

Anfang Januar 1984 gab es ein Treffen mit Vertretern von Slovenský film in Bratislava. Jutta Boehe-Selle, die Jürgen Breest vertrat, Saless und ich wohnten im Hotel DEVIN am Donauufer. Geplant waren Motivbesichtigungen und Vertragssondierungen.
Mit dem slowakischen Filmarchitekten fuhren wir aufs Land in die Niedere Tatra, wo er das Hauptmotiv gefunden hatte: eine alte Mühle am Fluss mit einer großen Weide.
Die Landschaft war schön, das Gebäude wirkte authentisch, hatte aber kein Mühlrad. Der Fluss war eher ein Bächlein und vor allem stand dort auch keine Weide. Man versprach, das Mühlrad zu beschaffen. Als ›Weide‹ wollte man einen großen Baumstamm herbeitransportieren und beim Drehen stets frische Äste und Zweige anbringen. Hier tauchten bei uns erste Fragezeichen auf: wie sollte die Logistik mit den frischen Zweigen funktionieren? Wie schaffte man es, einen großen Baum täglich zu begrünen? Doch dieses Thema wurde zunächst vertagt.

Wir besichtigten die Altstadt von Bratislava. Ihre alten Gassen sollten für den Weg der Hauptfigur Archip zu den verschiedenen Ämtern als Kulisse dienen. Die Häuser passten kongenial zu der Erzählung von Čechov. Ein Problem war aber der Straßenbelag. Im Zuge einer Sanierung hatte man Teile des Kopfsteinpflasters der Gassen zubetoniert.

Im alten Russland gab es keine asphaltierten Straßen und auf dem Land auch keine Pflasterung. Slovenský film plante für die Dreharbeiten eine Erdschicht auf mehreren Straßenzügen aufzutragen.

Abends sagte Saless, wir sollten nicht innerhalb des Hotels über das Projekt sprechen. Er glaube, dass das gesamte Hotel verwanzt sei, denn dort verkehrten viele Geschäftsleute aus dem Westen, und man wolle sie dort sicherlich nachrichtendienstlich abschöpfen. Das klang für mich etwas paranoid, aber seine Skepsis speiste sich aus seinen Erfahrungen mit dem iranischen Geheimdienst Savak, der ihn zehn Jahre zuvor überwacht und ins Exil getrieben hatte.[31]
Wir führten also unsere Produktionsgespräche im Freien beim Spaziergang entlang der Donau.
Eines Abends lud man uns auf ein Weingut außerhalb von Bratislava zu einem Braten und zur Weinprobe ein. Saless war erneut alarmiert. Wir sollten Vorkehrungen treffen, damit man uns nicht im alkoholisierten Zustand Interna entlocken könne.
»Il faut manger du beurre«[32] sagte er auf Französisch zu mir. Er ergänzte, dies sei ein alter Trick in Russland, wo man, den Gesetzen der Gastfreundschaft folgend, bei Verhandlungen immer gezwungen sei, viel Wodka zu trinken – wer am Schluss noch am klarsten denken könne, habe gewonnen. Halb zum Spaß nahmen wir einen ordentlichen Löffel reiner Butter zu uns. Diese lege sich wie ein Film auf die Magenwände und würde die Resorption des Alkohols mindern, meinte Saless. Auf der Rückfahrt war ich in einem Zustand wie unter Drogen, es war kein Alkoholrausch wie ich ihn kannte. Die Straße wackelte wie eine miserable Rückprojektion im Studio. Saless, der nichts getrunken hatte, war der Meinung, man hätte wohl noch eine chemische Substanz in den Wein gemischt, die die Sinne trübe. Warum hatte er diese großen Bedenken? Er war Sozialist und sollte doch eigentlich Vertrauen zu den sozialistischen ›Brüdern und Schwestern‹ haben. Saless sagte, es ginge ums Geld, um westliche Devisen. Der Vertrag zwischen Radio Bremen und Slovenský film war noch nicht unter Dach und Fach, und sie würden uns für ihre Verhandlungsstrategie aushorchen. Etwa, wer zahle bei Ausfallzeiten, bei Unfällen u.ä. Über alle Weltanschauung hinweg stand für Saless vor allem das Gelingen des Films.

Redakteur Jürgen Breest hatte, gegen den Widerstand der Kameraleute im Sender, Ramin Molai durchgesetzt, ähnlich wie Dietmar Schings im Hessischen Rundfunk, bei HANS, EIN JUNGE IN DEUTSCHLAND.

31 Wie recht er hatte, zeigte sich durch die Enthüllungen nach der Wende 1989. Diese Hotels waren tatsächlich völlig verwanzt.

32 ›Wir müssen Butter essen ...‹

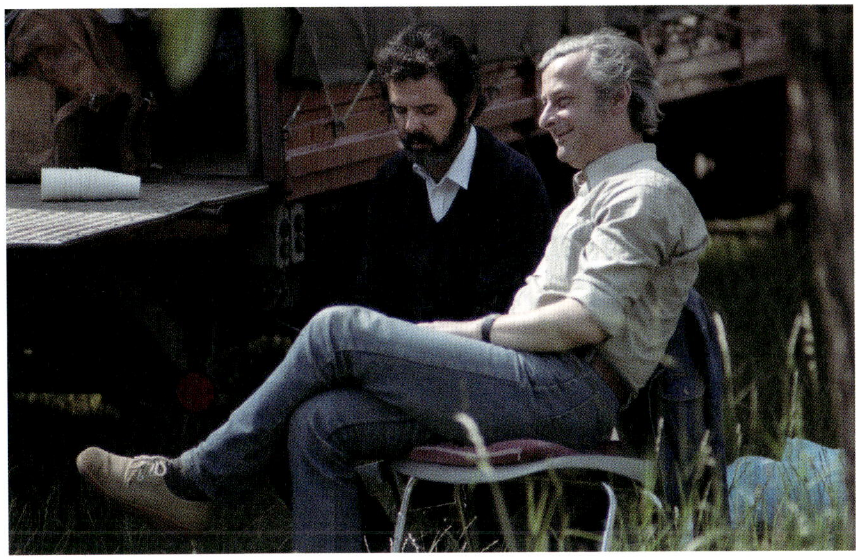

Sohrab Saless und Jürgen Breest während einer Drehpause

Jürgen Breest:

»Das war nicht ganz einfach. Ich habe dann mit viel Überredungskunst die Leute bei Radio Bremen davon überzeugen müssen, dass das nicht anders geht, dass man dieses Team (Saless und Molai) nicht auseinanderreißen kann. Es gab immer dieses Problem, dass ein Hauskameramann drehen sollte und dass die Regisseure sich gefälligst nach Radio Bremen richten müssten und nicht Radio Bremen nach dem Regisseur. Das war ein ständiger Ärger.«

Sohrab Saless und Ramin Molai wollten den Film auf Negativmaterial drehen. Bei GRABBES LETZTER SOMMER hatte man noch Umkehrfilm[33] verwendet, das war damals noch weitgehend üblich in TV-Produktionen (siehe oben Seite 55). Das wollten wir dieses Mal verhindern. Es ging immer darum, dass der Film auch auf der großen Kinoleinwand Bestand haben sollte, z. B. bei Filmfestivals und nicht nur bei der Fernsehausstrahlung.
Die Techniker stellten sich stur. Dies sei ein Fernsehfilm und man drehe so, dass das Bild bei der Ausstrahlung möglichst gut aussehe und die Kosten im Rahmen blieben.
Sie hatten bis dahin nur vom Umkehroriginal abgetastet und waren damit zufrieden gewesen. Nach langem Zureden von Ramin Molai waren sie endlich bereit, einen Test mit Negativ zu fahren.

33 Beim Entwickeln von Umkehrmaterial erhält man gleich ein Positiv statt eines Negativs und spart einen Arbeitsgang ein.

Sie waren höchst erstaunt, dass das abgetastete Bild besser aussah als mit dem alten Material, mehr Schärfe und mehr Detailreichtum besaß. Wir drehten also auf Negativ.[34]
Für Radio Bremen trat weitgehend das gleiche Team an wie bei GRABBES LETZTER SOMMER.
Ähnlich war es beim slowakischen Team, das schon im Vorjahr bei HANS, EIN JUNGE IN DEUTSCHLAND mitgearbeitet hatte.

Dreharbeiten im real existierenden Sozialismus hatten eine unerfreuliche Begleiterscheinung. Wir wurden ständig auf die eine oder andere Weise überwacht. Sohrab Saless war, wie schon erwähnt, ein Spezialist im Erkennen von solchen Praktiken. Er konnte immer sehr genau sagen, wer im Team für Spitzeldienste zuständig war. Zwei slowakische Kollegen, die für die Anwerbung von Komparsen sorgten, bestätigten mir diese verdeckten Praktiken. Sie zeigten mir Fotos von möglichen Statisten für die verschiedenen Außenszenen, und ich wählte sie aus. Für die Szene ›Auf dem Markt‹ brauchten wir eine größere Anzahl von Komparsen. Die Kollegen zeigten mir einen bestimmten Kleindarsteller, den ich schon mehrfach abgelehnt hatte, weil mir sein Gesicht nicht gefiel. Später erzählten sie mir, dass es sich bei ihm um einen Polizeispitzel handelte. Bei Außenaufnahmen mit mehr als 15 Komparsen gab es die Verordnung, dass mindestens ein Spitzel zur Überwachung dabei sein musste. Schließlich gaben sie auf. Der Mann wurde nicht eingestellt, und es gab auch keine regimefeindlichen Äußerungen am Set.

Die Dreharbeiten begannen mit Innenaufnahmen in Bratislava und Umgebung: diverse Amtsstuben, in die Archip sich mit der in der Weide gefundenen Geldtasche begibt.

In der Zwischenzeit rollte ein Lastwagen nach dem anderen durch die Altstadt von Bratislava und brachte Ladungen von Sand und Erde, die in die Gassen gekippt wurden.

---

34 Jahre später, nach Saless' Tod, hat das Filmmuseum München es geschafft, von diesem Negativ tatsächlich eine Kinokopie herzustellen.

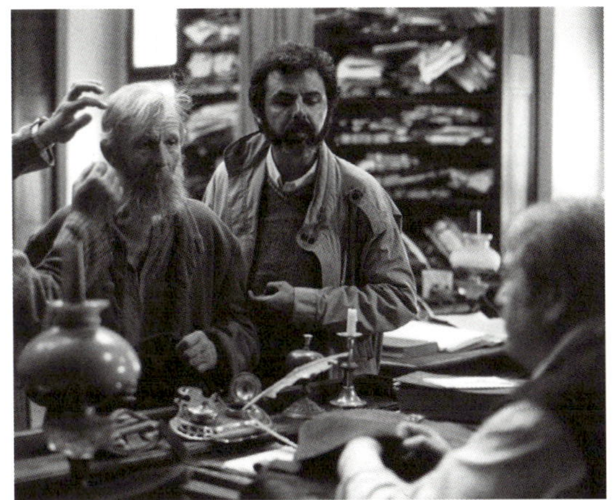

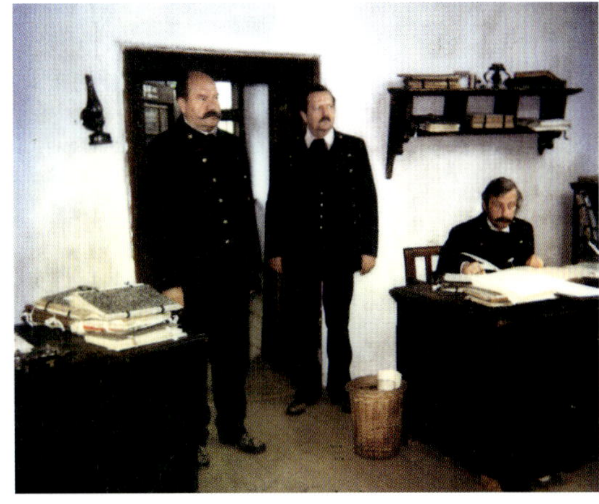

Jürgen Breest als Amtsschreiber, rechts

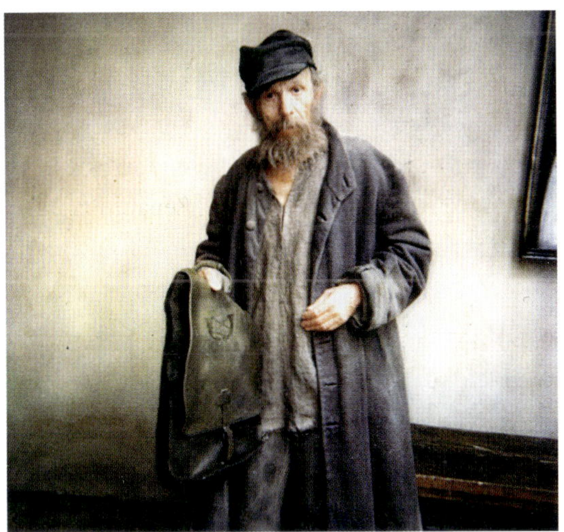

Die Geldtasche wird auf jeder Amtsstube leichter.

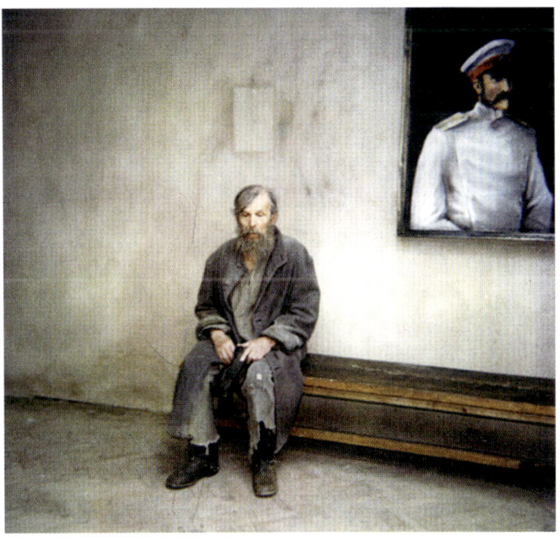

Archip unter dem Portrait des Zaren: ein Stilmittel, das Saless auch in STILLEBEN verwendete. Dort sitzen die Protagonisten unter dem Portrait des Schah. Saless wollte für alle Zeiten klarstellen, in welcher Epoche das Unrecht sich jeweils ereignet hatte.

In einer Drehpause fuhren wir in die Berge, um den Fortgang der Arbeiten am Hauptmotiv ›Mühle/Außen‹ zu begutachten. Das Haus war fertig präpariert, und man hatte jetzt ein Mühlrad angebracht. Aber der kleine Fluss war immer noch ein Rinnsal, und der Stamm der Weide lag neben dem Haus. In acht Tagen sollten hier die Dreharbeiten beginnen, und wir fragten uns, wie Slovenský film das alles schaffen könne. Es gab sofort Streit mit dem Ausstatter, der keine Selbstzweifel hegte und keine Einwände zuließ. Wir machten schließlich eine Liste mit den Mängeln, die behoben werden müssten.

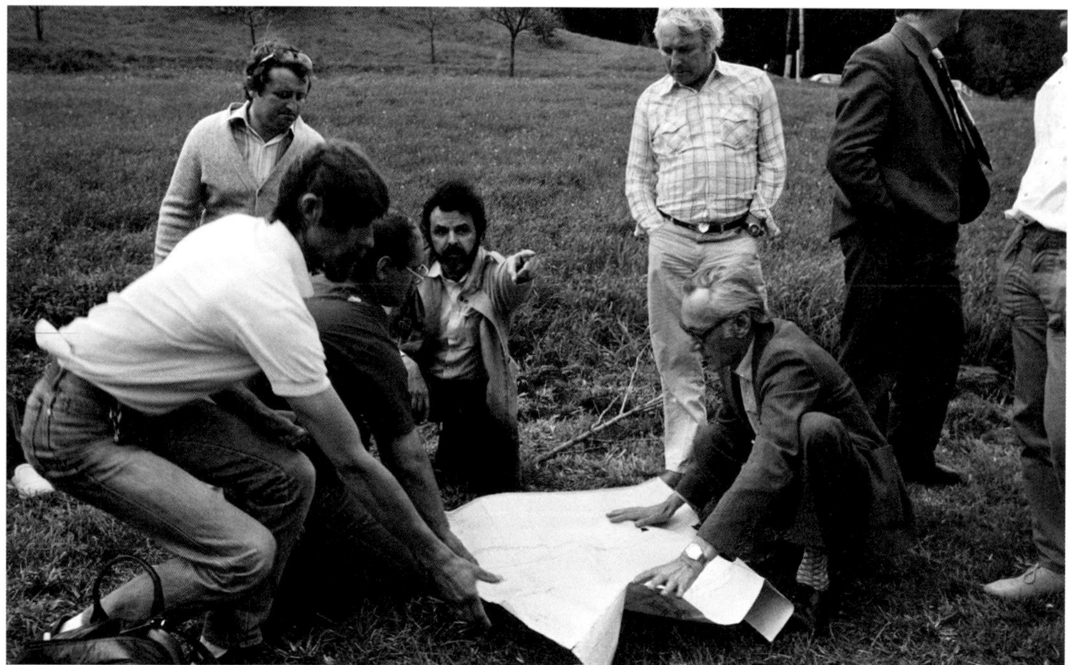

Motivbesichtigung Mühle/Außen 28.5.84

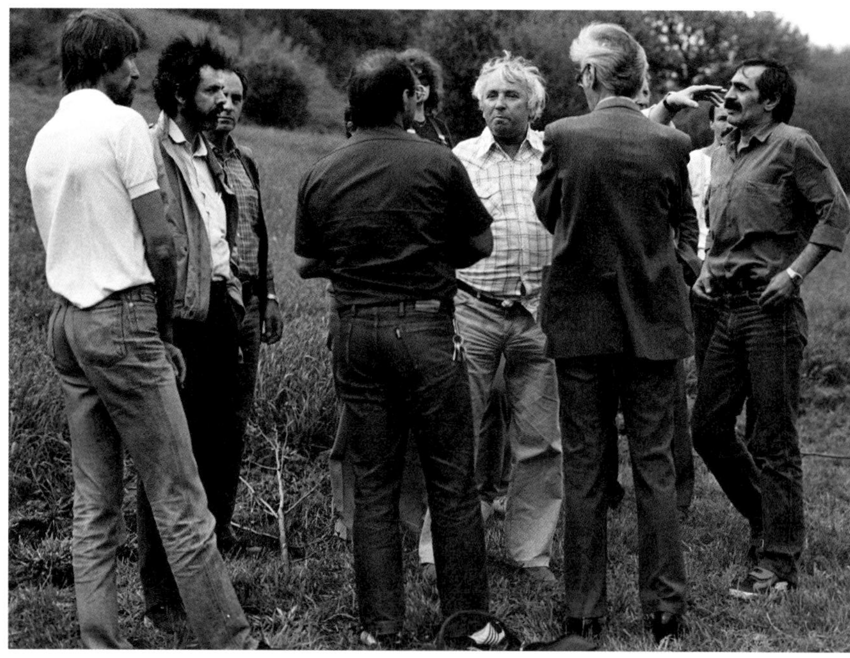

Der Architekt verteidigt sein Konzept.

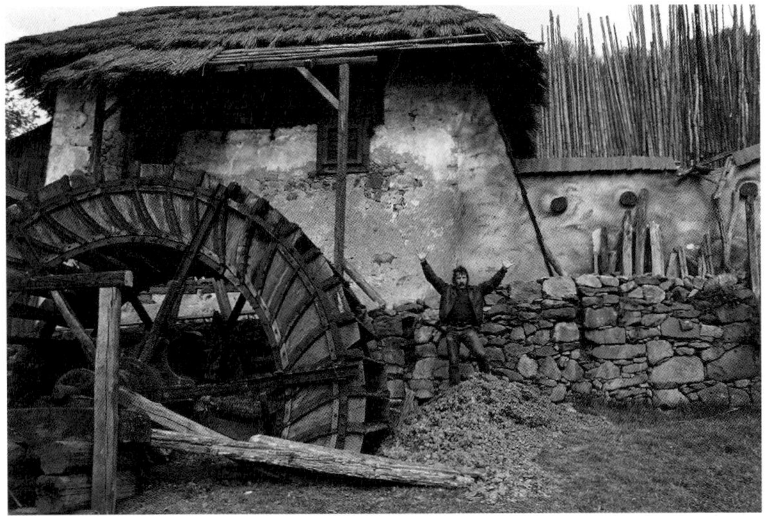

Mühle mit Mühlrad

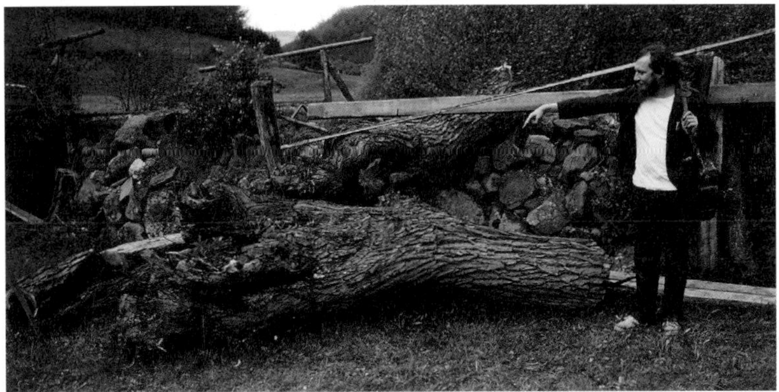

Die Weide bedarf noch einer Sonderbehandlung.

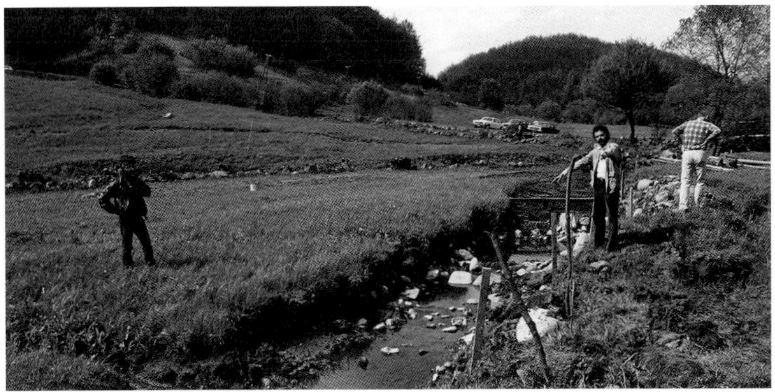

Gleiches gilt für den ›Fluss‹.

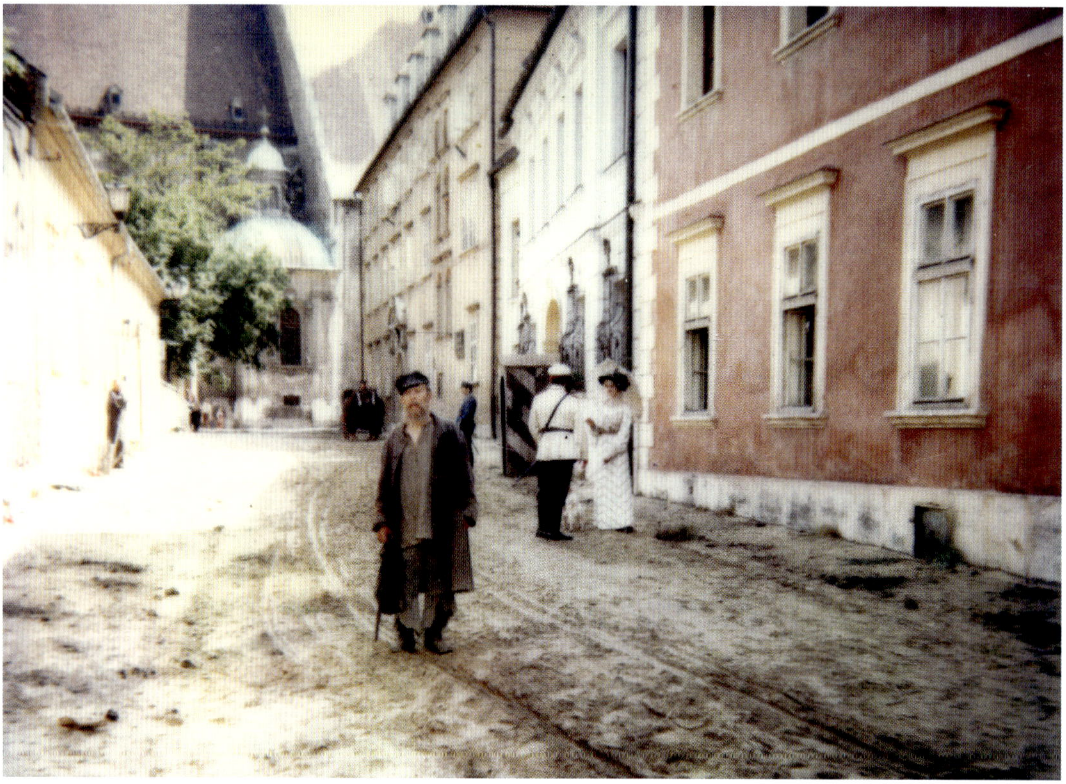

Archips Suche nach dem richtigen Amt

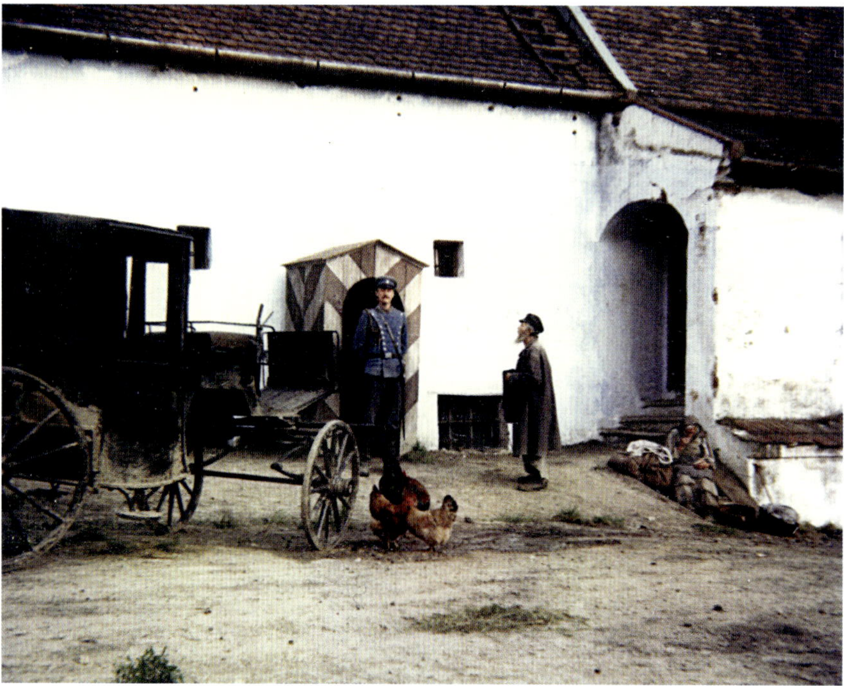

Nach ein paar Drehtagen war die Besichtigung und Abnahme des Motivs ›In der Mühle‹ angesetzt. Hier sollten die Dreharbeiten fortgesetzt werden. Und gleich gab es die nächste größere Auseinandersetzung. Der Ausstatter hatte einen mächtigen, traditionellen Ofen bauen lassen, auf dem man kochen und schlafen konnte. Saless hatte aber nur eine kleine Feuerstelle angefordert, auf der Archip seine Fischsuppe kochen sollte.

Redakteur Jürgen Breest erinnert sich:
»Die Ausstattung in der Mühle war hochgradig asbesthaltig. Die haben alles mit Asbestzement bearbeitet, das war richtig lebensgefährlich – vor allem der Kamin. In den Ostblockstaaten ging man sehr sorglos damit um. Ich erinnere mich, wie Sohrab sagte: ›Schnell wieder raus! Frische Luft schnappen‹. Die ganze Ausstattung der Mühle hat Saless nicht gefallen.«

Der Architekt beharrte darauf, dass dieser Ofen in altrussischen Häusern üblich, und dies eine authentische Ausstattung sei. Saless wiederholte seine Auffassung, dass es hier nicht um ein Museumsprojekt gehe, sondern um eine Einrichtung, die zu dem alten Müller passe – eben eine Feuerstelle. Die Debatte wurde laut. Der Ausstatter verließ schließlich wutschnaubend den Set. Dass jemand wagte, ihm zu widersprechen, kannte er nicht. Die Kollegen von Slovenský film waren peinlich berührt, fast ängstlich. Einer sagte uns hinter vorgehaltener Hand, der Mann sei ein berühmter Filmausstatter, der schon bei mehr als 100 Filmen tätig gewesen war, auch in ausländischen Produktionen. Er habe wichtige Auszeichnungen erhalten, vor allem die Medaille ›Verdienter Künstler des Volkes‹. Das fachte die Wut von Saless erst recht an: Orden zählten bei ihm nicht. Er ließ den Ofen um mehr als die Hälfte abtragen und eine offene Feuerstelle anbringen.
Der Ausstatter war hiermit entlassen.

Jürgen Breest:
»Der Architekt war wahrscheinlich ein verdienter Parteimensch. Es gab wohl ziemlichen Ärger im Studio, wenn solch ein Parteisoldat aus der Produktion geschmissen wurde.«

Wir konnten nun nicht mit den Szenen ›Mühle/Innen‹ beginnen, sondern mussten umdisponieren. Da der Straßenbelag in der Altstadt termingerecht fertiggestellt worden war, konnten wir Gänge und Passagen von Archip bei seiner Suche nach dem richtigen Amt drehen. Alles verlief reibungslos, auch das Wetter spielte mit.

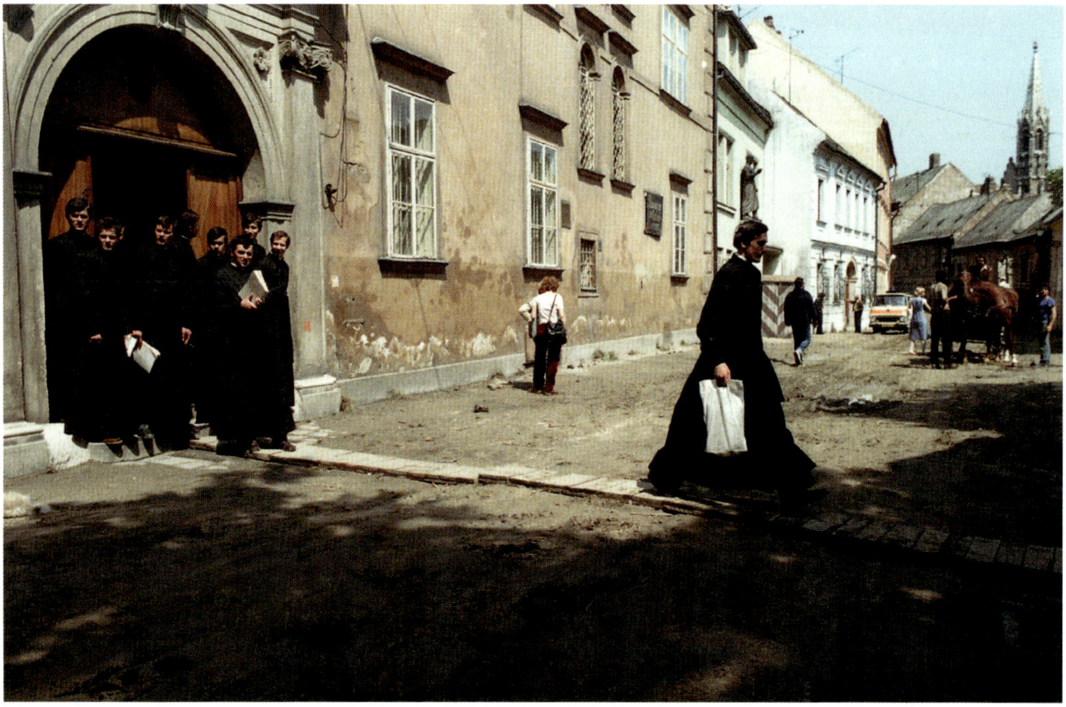

Dreharbeiten am Priesterseminar von Bratislava

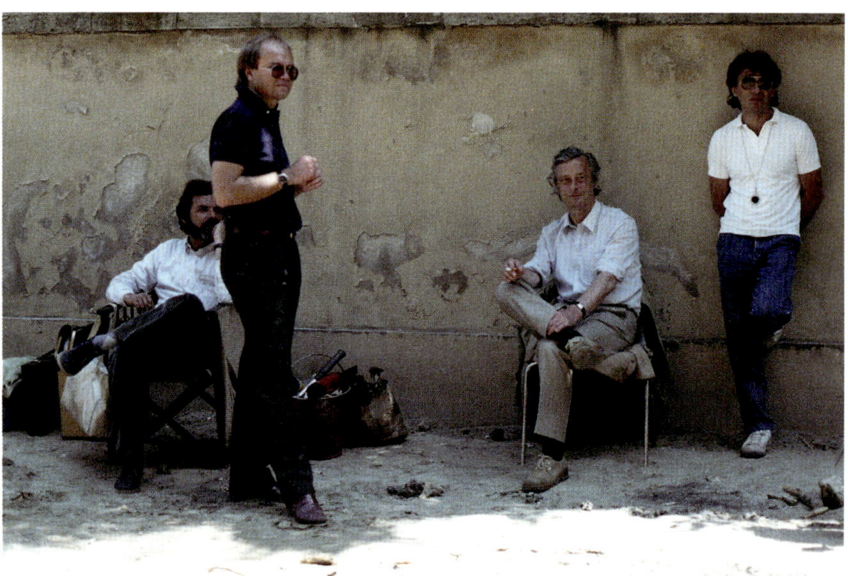

Am Set in der Altstadt von Bratislava. Von links: Sohrab Saless, Rechtsanwalt Claus Mayershofer, Jürgen Breest, Jochen Wahrmann (Oberbeleuchter)

Ernüchterung trat ein, als wir die Muster von den Szenen in der Altstadt im Fernsehstudio von Bratislava sichteten, wo auch das Material entwickelt wurde.[35] Auf der Kopie befanden sich von Anfang bis Ende unübersehbar tiefe Laufstreifen, die schon auf dem Negativ entstanden waren, somit irreparabel. Die Ursache des Schadens wurde offiziell nie geklärt. Es war zum Verzweifeln. All die schönen Bilder, in denen Čechovs Welt erstrahlte, kamen in die Abfalltonne. In einer Krisensitzung kam zu allem Überdruss heraus, dass es unmöglich war, die Aufnahmen an Ort und Stelle zu wiederholen. Die Stadtverwaltung hatte nämlich Slovenský film inzwischen für das Gebiet der Altstadt Drehverbot für die Gegenwart und auch für die Zukunft erteilt. Zu massiv sei der Eingriff in die Stadtlandschaft durch die Sandauflage gewesen.
Nun musste ein Ersatzmotiv her, was sich aber als schwierig herausstellte. Die damalige Tschechoslowakei war in ihrer historischen Bausubstanz durch das Barock von Österreich/Ungarn geprägt. Die Altstadt in Bratislava ist einer der wenigen Orte, der zu großen Teilen in klassizistischem Baustil gehalten ist, dem dominanten Stil im alten Russland.

Erneut kam der Drehplan ins Stocken. Unser Produktionsfahrer Lubo Velickij kannte eine Kleinstadt im Norden, ein Vorort von Poprad in der Hohen Tatra, die vom Stil her geeignet sei. Die neue Ausstattungs-Crew fuhr hin und befand, dass die Örtlichkeiten passend waren. Die Wiederholung der Altstadtszenen würde dort stattfinden können.

Laut Drehplan waren als nächstes die Dreharbeiten am Hauptmotiv ›Mühle/ Außen‹ angesetzt. Wir fuhren mit kleinem Team voraus zur Abnahme des Sets. Bei strömendem Regen kamen wir in den Bergen an und fanden eine mittlere Katastrophe vor. Die Mühle sah gut aus, aber es fehlte die Hauptfigur, die Weide. Ein Stamm ohne Äste lag immer noch neben dem Haus.
Der Bach hatte genug Wasser. Man hatte einen kleinen Staudamm errichtet, wodurch tatsächlich eine Art kleiner See entstanden war, in dem sich der Kutscher am Ende ertränken würde. Es gab aber keine Uferbepflanzung. Alles wirkte wie künstlich angelegt. Durch den Staudamm und den Regen war das Gelände vor der Mühle aufgeweicht und voller Morast. Die Darsteller hätten beim Gang über die Wiese ständig Lehm an den Schuhen gehabt.

Jürgen Breest erinnert sich:
»Ich weiß noch, dass das Motiv nicht begehbar war, alles völlig versumpft und verschlammt. Man hätte keine Schienen für Kamerafahrten aufbauen können.«

---

35 Slovenský film konnte nur 35mm bearbeiten.

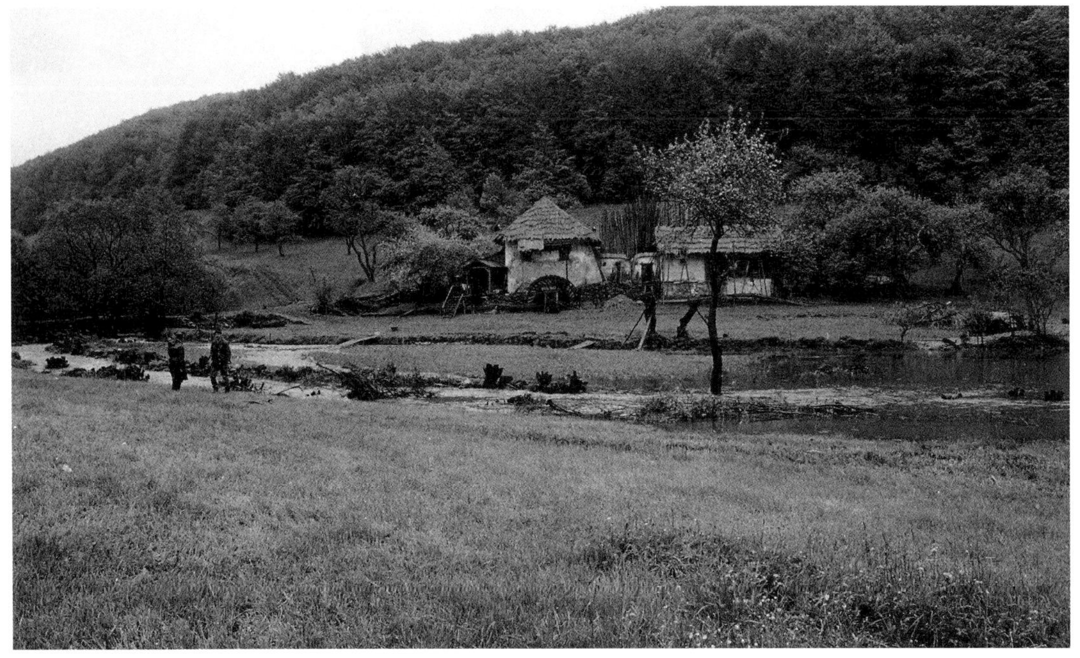

Motivbesichtigung Mühle/außen 7.6.1984

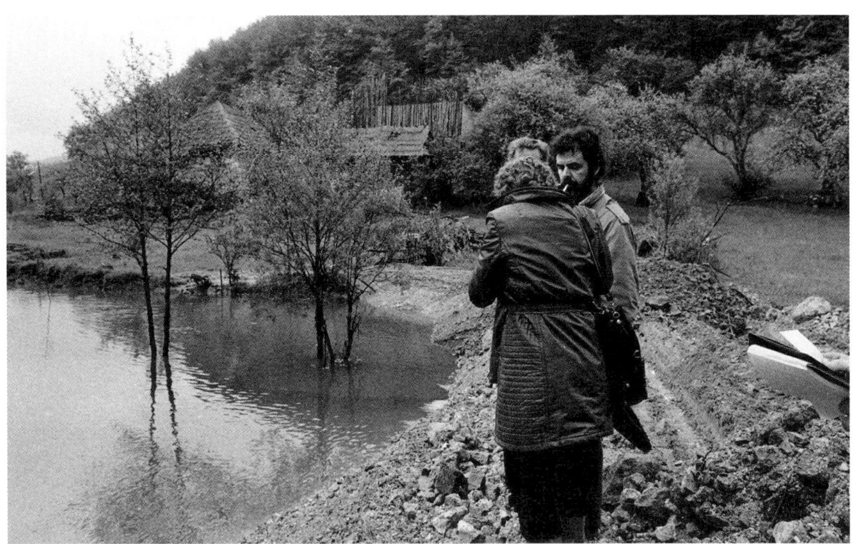

Auf dem Staudamm.
Das Gelände wurde
regelrecht geflutet.

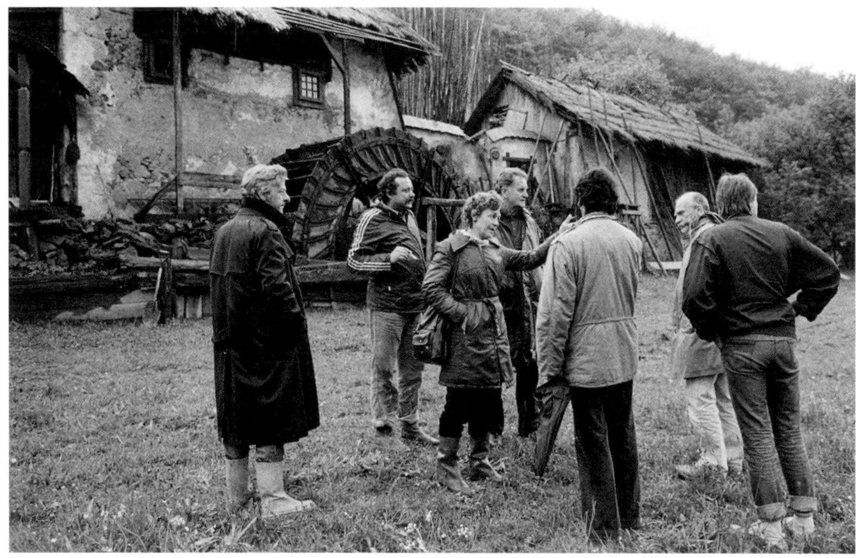

Die neue Ausstatterin erläutert ihren Standpunkt. Links Jürgen Breest.

Sohrab Saless und Jürgen Breest nahmen das Motiv nicht ab. Die Vertreter von Slovenský film versuchten nachzuweisen, dass hier höhere Gewalt im Spiel sei. Sie legten eine Regenstatistik der vergangenen Monate vor. Es habe viel mehr geregnet als normalerweise, und deshalb sei das Gelände aufgeweicht. Diese Taktik war jedoch leicht durchschaubar. Slovenský film musste ein Ersatzmotiv beschaffen.

Bert Schmidt:
»Man hat versucht die Verantwortung abzuwälzen?«

Jürgen Breest:
»Das haben die ja immer. Die haben ständig versucht, alles unter den Teppich zu kehren. Ich war nicht direkt in die Verhandlungen involviert. Das ist immer zwischen der slowakischen Produktion und der Produktion in Bremen verhandelt worden. Ich habe mich absichtlich nicht groß gekümmert. Mir ging es in solchen komplizierten Produktionen nur darum, dem Regisseur alles zugute kommen zu lassen. Aus den Diskussionen darüber, wie teuer etwas werden darf, habe ich mich rausgehalten. Es wurden ständig Nachforderungen in D-Mark gestellt. Die Produktion ist letztendlich viel teurer geworden, als sie ursprünglich kalkuliert war. Aber als Redakteur habe ich vielmehr den Künstlern zugearbeitet und nicht den Finanzverwalter gegeben.«

Nun war schon der zweite wichtige Set ausgefallen. Es gab keine andere Möglichkeit, als die Dreharbeiten zu unterbrechen, um Zeit für die Beschaffung von

Ersatzmotiven zu bekommen. Das Team von Radio Bremen wurde am 11.6.1984 nach dem 13. Drehtag nach Hause geschickt. Wieder war es unser Produktionsfahrer, der eine Lösung wusste. Ungefähr 50 km stromabwärts von Bratislava kannte er an der Donau eine dünnbesiedelte Landschaft mit ausgedehnten Auenwäldern und mit vielen Seitenarmen des Flusses. Er ging dort oft angeln und war bestens vertraut mit den Gegebenheiten. Es gäbe zahlreiche Weiden am Fluss, allerdings keine Mühle. Wir fuhren hin. Die Gegend war ideal: flach und weit und sie ähnelte viel eher einer russischen Landschaft als das Motiv in der Tatra. Eine Mühle konnte man relativ leicht bauen. Man brauchte nur die äußere Hülle aus leichtem, studioüblichem Material. Die Innenaufnahmen waren schließlich schon abgedreht. Slovenský film nahm den Bau in Angriff, und wir machten Pause in Deutschland.

Am 3. Juli, nur 3 Wochen später, konnten wir die Dreharbeiten wieder aufnehmen. In Spišská Sobota in der Hohen Tatra wurden die Stadtszenen wiederholt, die durch den Negativschaden unbrauchbar geworden waren. Parallel dazu wurde die Kulisse der alten Mühle fertiggestellt.

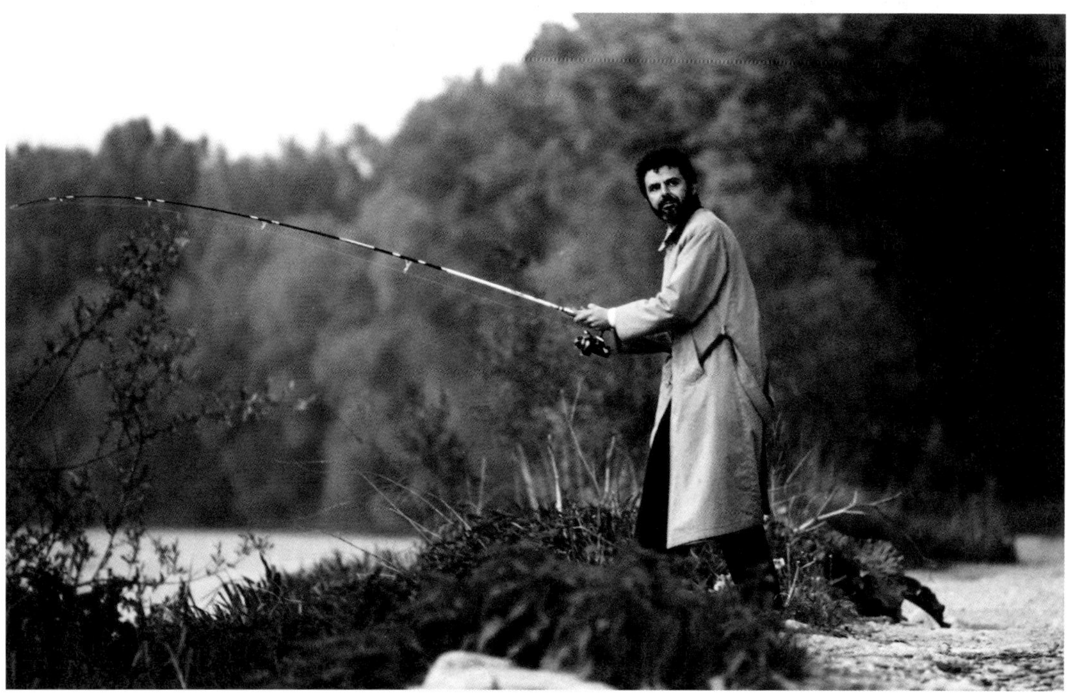

Angeln im Trenchcoat.

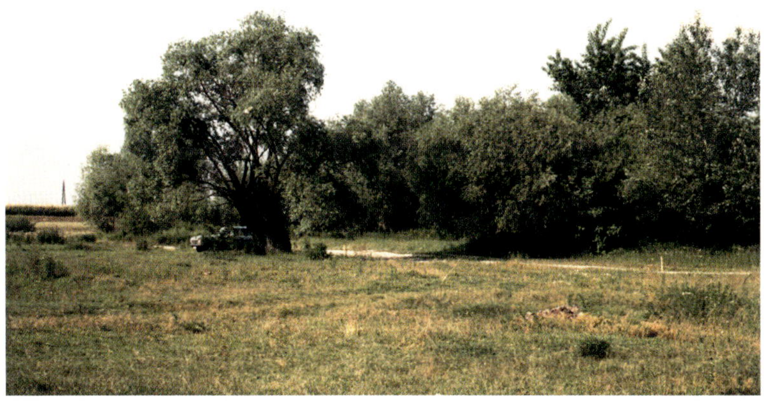

Neben dieser Weide wurde die Mühle gebaut.

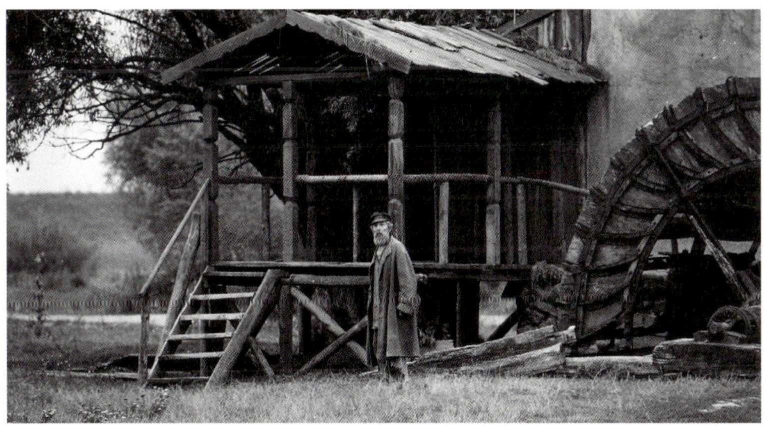

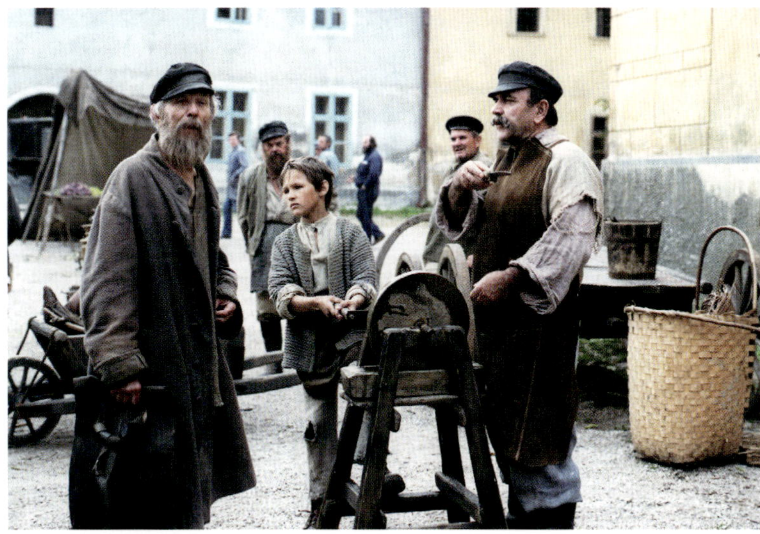

Der neue Marktplatz in Spišská Sobota

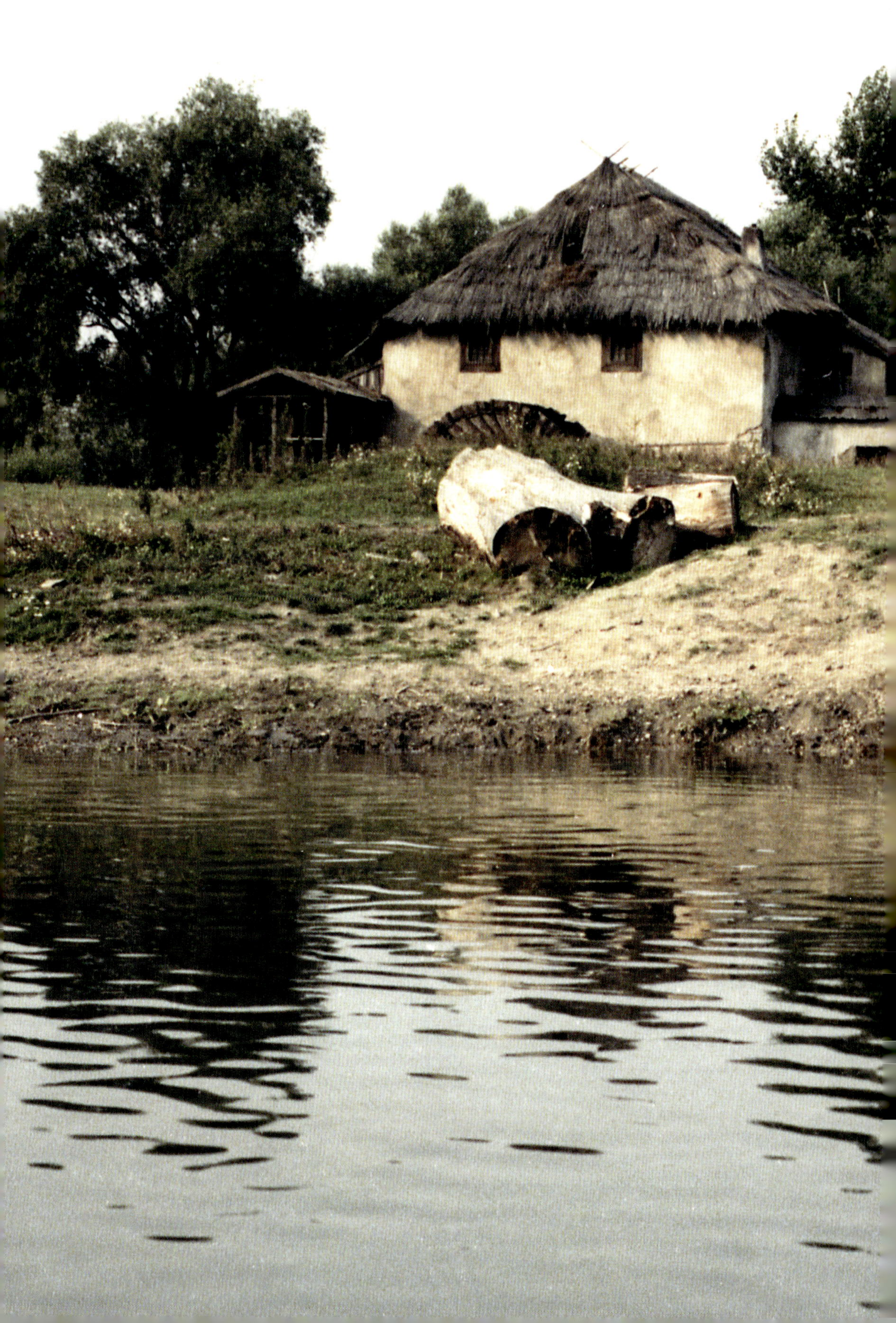

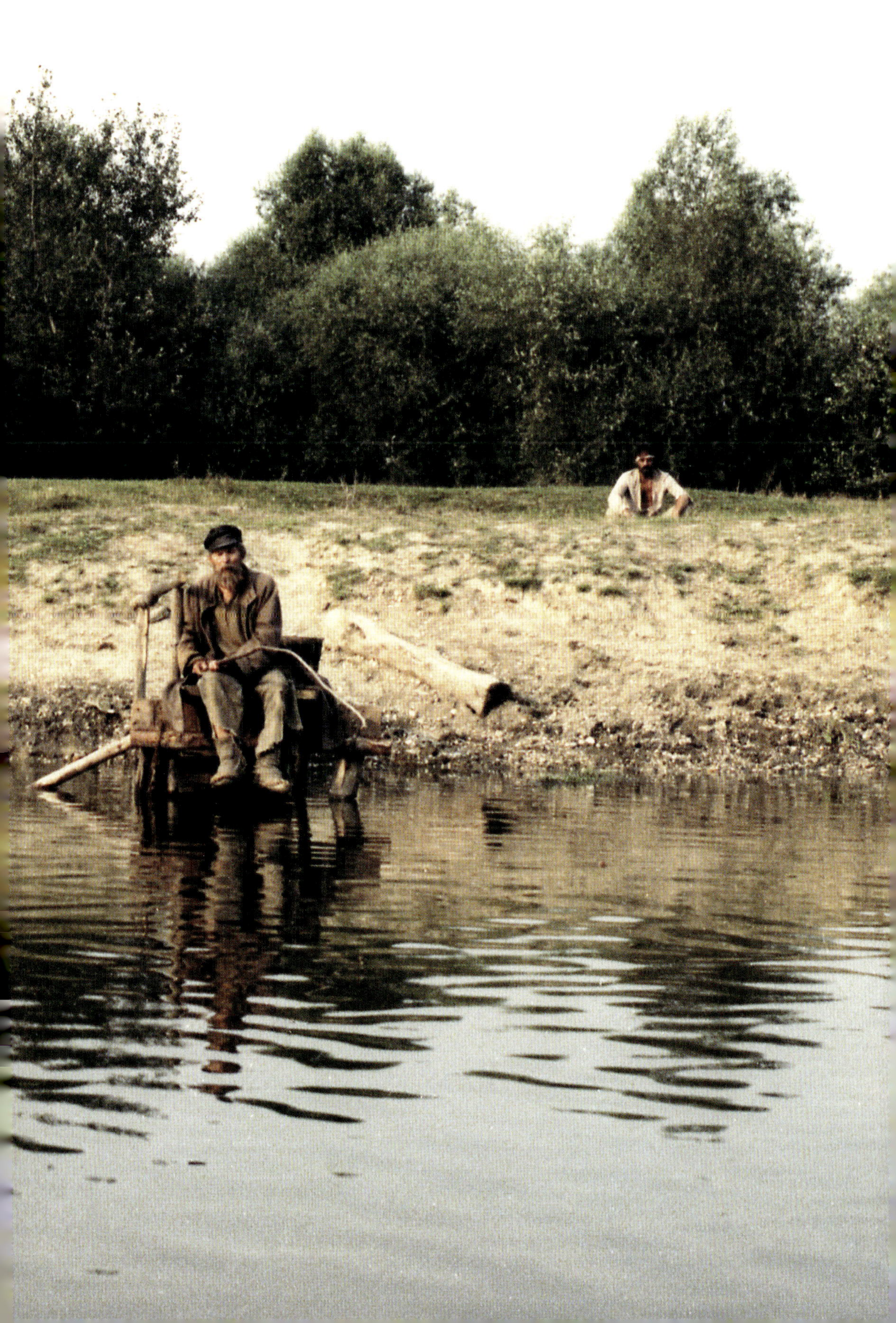

Der neue Schauplatz am Seitenarm der Donau war nahezu perfekt. Es war möglich 360°, also in alle Richtungen, zu drehen, ohne störende Strommasten, Häuser oder sonstige moderne Einrichtungen.
Das Wetter schlug um, die Hundstage begannen. Hier in der Donauebene herrschten tagelang fast 40° C. Die Teammitglieder begannen sich überflüssiger Kleidung zu entledigen. Saless jedoch nicht; nur auf Sakko und die Krawatte verzichtete er. Es war ihm wichtig, auch hier seriös aufzutreten.[36]
Ein anderes Problem mit der Hitze war, dass sich der Wasserstand des Flusses ständig veränderte. Man musste fast täglich den Bootssteg, auf dem Archip mit seiner Angel saß, in der Höhe anpassen, damit die szenischen Anschlüsse stimmten.
Eine wichtige Rolle am Anfang des Films spielt die ›Troika‹, ein Pferdegespann nach altrussischer Bauart mit drei Zugpferden, das als Postkutsche diente. Die Weite der Landschaft wurde hier zum Problem. Eine Passage der Troika war über einen Kilometer lang. Hinzu kam der Rückweg zur Ausgangsposition für eine Wiederholung. Die Pferde waren schnell erschöpft in der Hitze, und die Proben mussten auf ein Minimum reduziert werden.

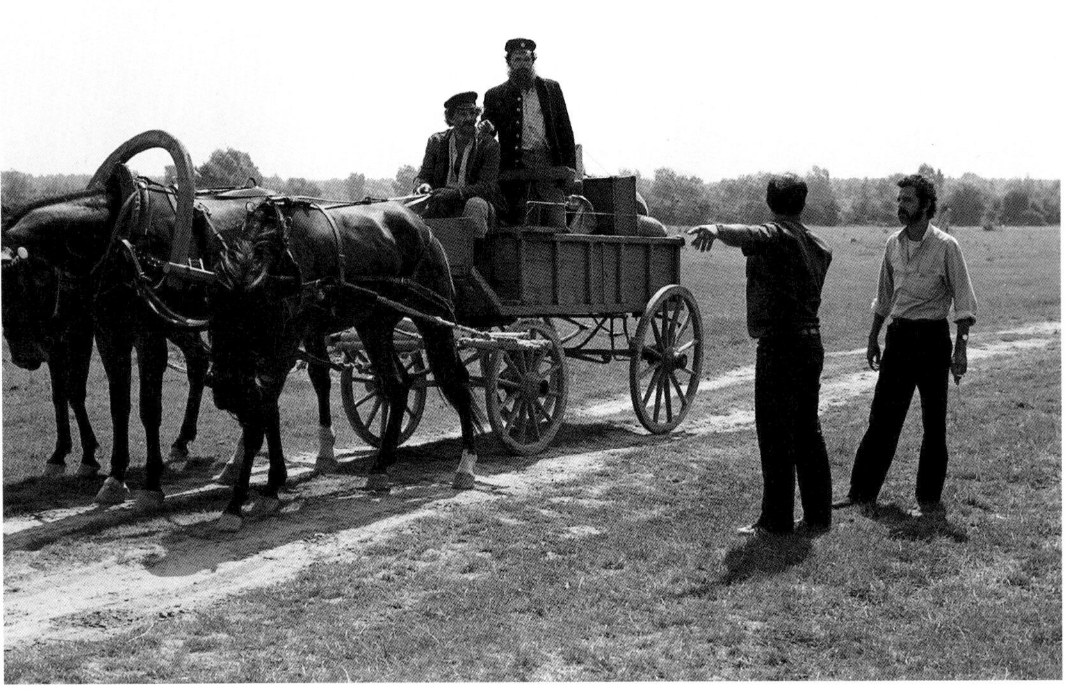

36 Er mokierte sich oft über seine Berufskollegen vom Neuen Deutschen Film, wenn sie sich mit ›Jeans-Hose‹, wie er es ausdrückte und mit ›diesen Fellinihüten‹ öffentlich zeigten.

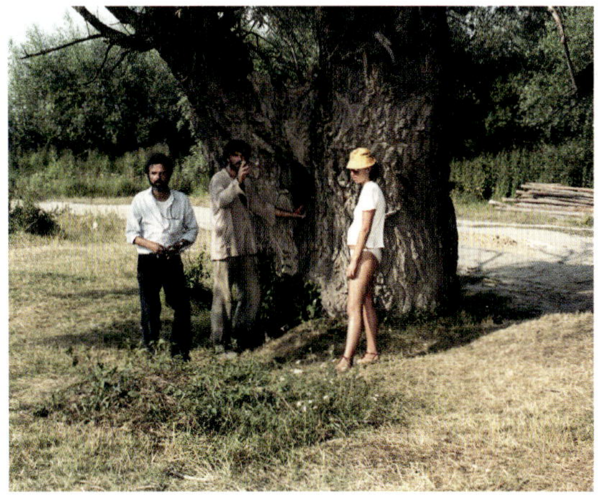

Peter Stanik (Kutscher) bei der Probe am Weidenbaum. Die Hitze machte allen zu schaffen. Auch Saless kam ins Schwitzen.

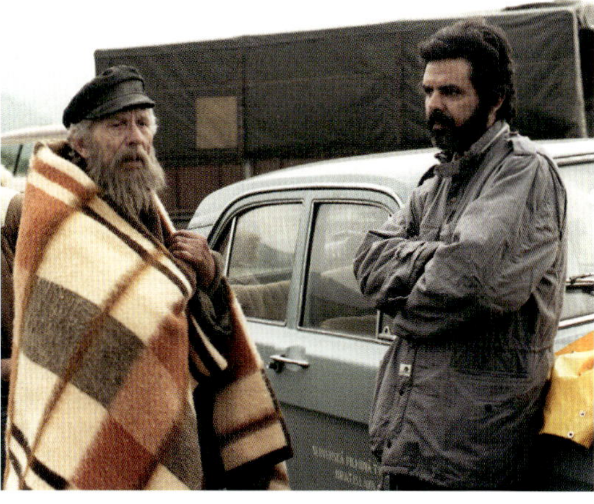

Josef Stehlik (Archip) fror allerdings immer.

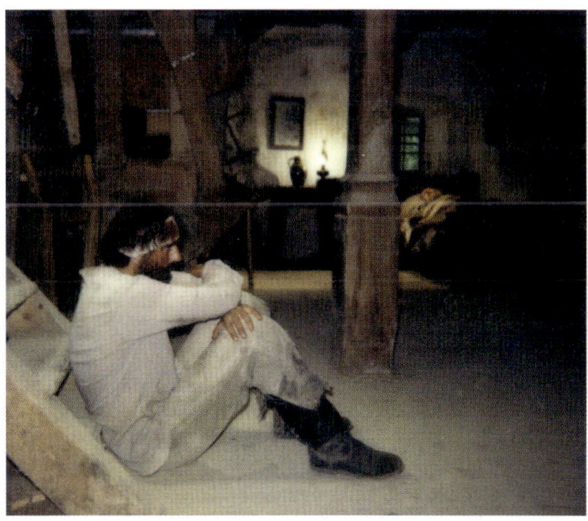

Der Kutscher ist bei Archip eingezogen

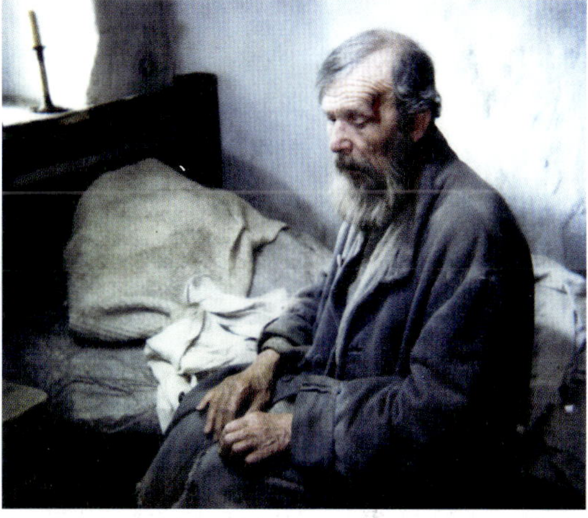

Archip nach der Prügelattacke des Kutschers

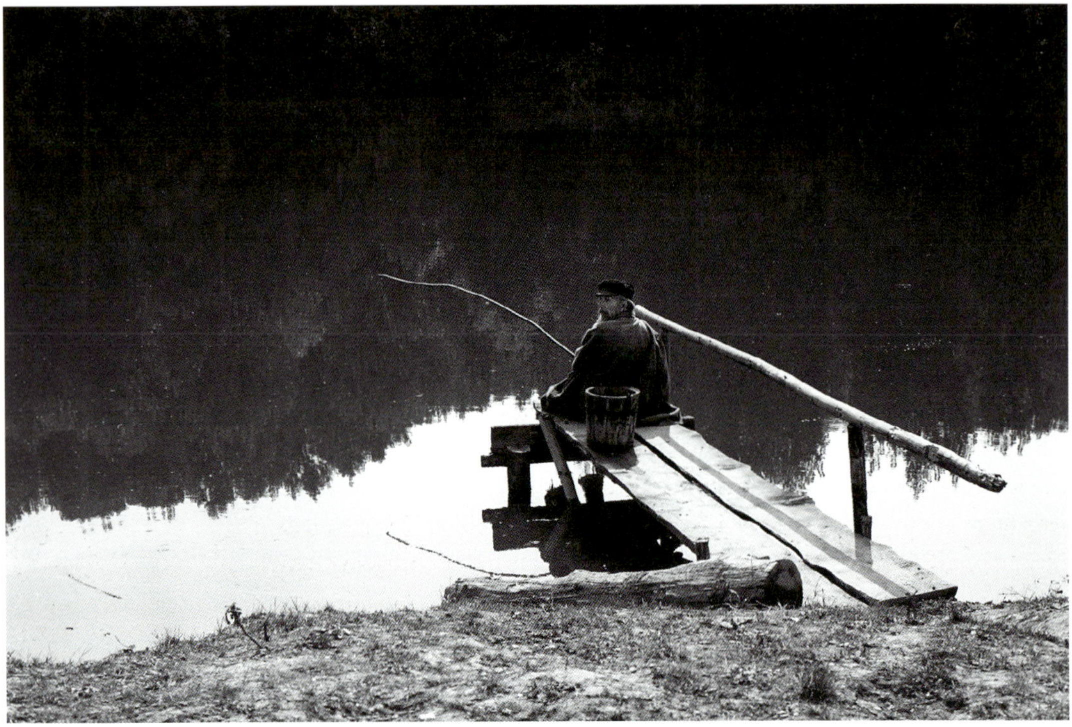

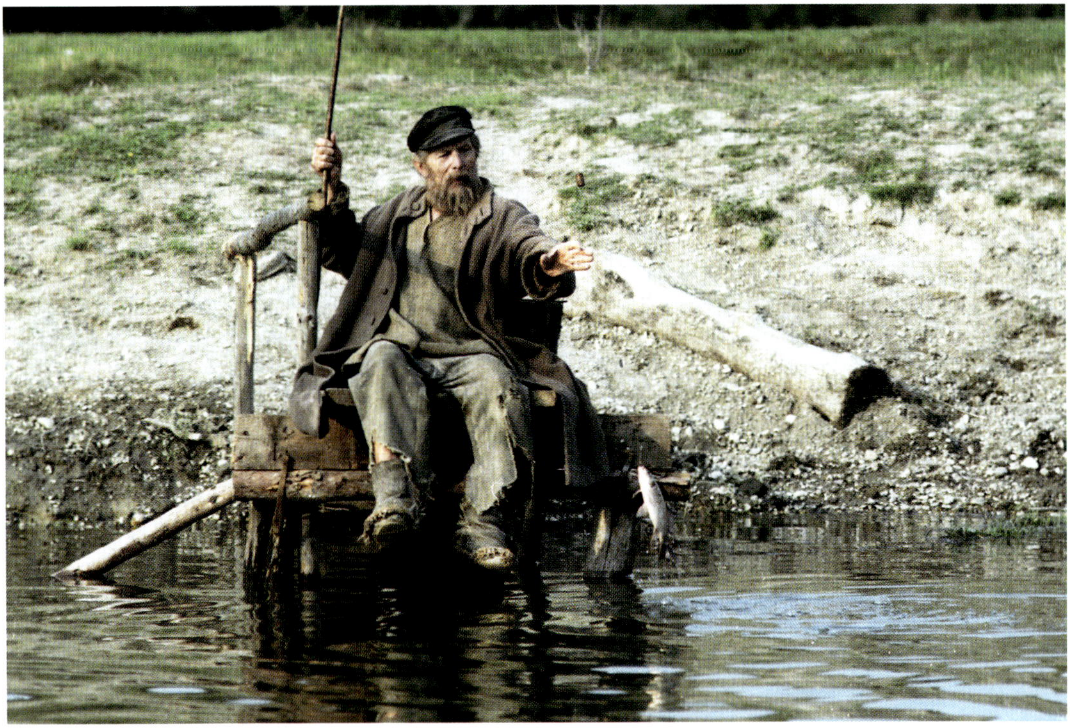

Wir drehten die Szenen, in denen Archip auf dem Bootssteg sitzt und angelt. Archip sollte einen Fisch fangen und in seinen Eimer werfen. Die Requisiteure brachten lebende Fische und hängten einen von ihnen an den Haken. Archip sollte dann die Angel ins Wasser eintauchen und auf ein Zeichen seinen ›Fang‹ an Land ziehen. Das war einfach. Aber der Fisch zappelte nicht, was normalerweise passiert, wenn Fische aus dem Wasser gezogen werden. Saless fand, dass das nicht überzeugend aussah. Man versuchte es mit den anderen Fischen, mit dem gleichen Ergebnis. Jemand aus dem Team kannte sich aus und meinte, dass Fische, die einmal an einem Haken gehangen hätten, nicht mehr zappelten, wenn man sie erneut an den Haken hänge. Man musste also Fische bekommen, die im Netz gefangen worden waren. Aber wo? Wir waren 50 Kilometer von der nächsten größeren Stadt entfernt.
Jemand aus dem Team kannte im nahegelegenen Dorf einen Mann, von dem es hieß, dass er Fische mit bloßen Händen fangen könne – er hatte eine Einzelkämpferausbildung bei den Streitkräften absolviert. Er kam schnell herüber und fragte: »Wie viele braucht ihr?« Er paddelte mit seinem Boot zum gegenüberliegenden Ufer, nur mit einer Plastiktüte ›bewaffnet‹. Nach zwanzig Minuten kam er zurück – mit ausreichend lebenden Fischen, die in einer Kiste schwammen. Und tatsächlich, gleich beim ersten Mal klappte es: Archip zog an der Angel einen Fisch aus dem Wasser, der kräftig zappelte.

Der Einzelkämpfer lud das Team für das Wochenende zu einem Fischessen in seiner Hütte am Fluss ein – mit eigenhändig gefangenen Fischen. Das Fest fand statt. Der Fisch schmeckte aber leider etwas nach Chemie. Flussaufwärts bei Bratislava befand sich eine petrochemische Fabrik, die ihre Abwässer anscheinend ungefiltert in die Donau entließ. Auf der Rückfahrt nach Bratislava mit Saless und zwei slowakischen Begleitern machten wir Bekanntschaft mit polizeilichen Gepflogenheiten im real existierenden Sozialismus. Eine Polizeistreife

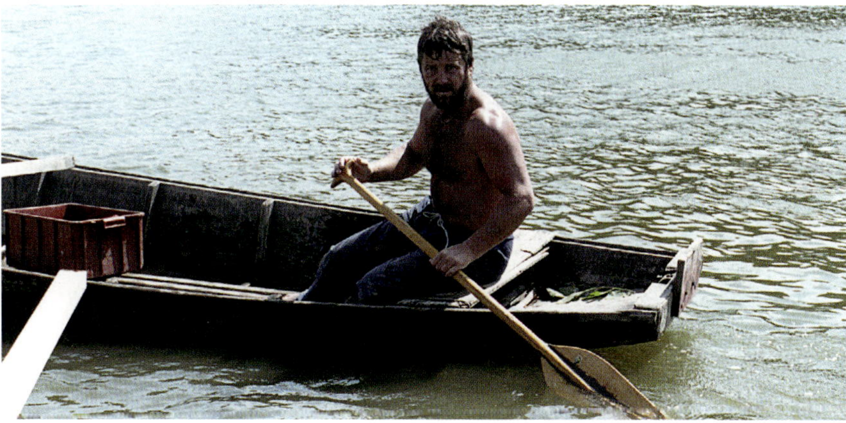

Der Einzelkämpfer

hielt uns zur Kontrolle an. Da die Alkoholkontrolle bei mir negativ ausfiel, wandten sie sich meinem Wagen zu und fanden tatsächlich einen kleinen Fehler: eine der Kennzeichenleuchten funktionierte nicht. Sie sagten, ich solle das in Ordnung bringen. Ich schlug auf die Leuchte, aber sie ging nicht an. Ich sagte, ich habe das Ersatzlämpchen nicht dabei. Sie antworteten, hierzulande müsse man immer alle Ersatzbirnen dabei haben, ich könne so nicht weiterfahren. Ich fragte, woher ich denn eine Birne bekommen sollte? »Sie fahren so nicht weiter!« war die Antwort. So ging der Dialog hin und her. Nach einer Weile fuhr unser slowakischer Produktionsleiter vor. Er fragte die Polizisten, was geschehen sei. Sie schilderten den Fall. Der Produktionsleiter zückte kurz einen kleinen Ausweis. Daraufhin stiegen die beiden Polizeibeamten in ihren Wagen und fuhren davon. Unsere Begleiter, die den ganzen Dialog übersetzt hatten, sagten, dass die Polizisten nur Bakschisch von uns kassieren wollten. »Und der Produktionsleiter ...?« fragte ich, »wie konnte er das so schnell erledigen?«. Der sei parallel eben auch polizeilich tätig, hieß es.

Während der gesamten Drehzeit an der Donau sammelte Tonmeister Elmar Schmidt eine Vielzahl von Naturgeräuschen aller Art. Hier gab es kaum Störgeräusche von Motoren – ideale Bedingungen für Tonmeister. Seine Töne wurden schließlich in der Mischung zu einer herausragenden Natursymphonie verarbeitet. Die Natur bekam eine eigene Rolle in dem Film, die einer Unbeteiligten, die stoisch die Geschehnisse begleitet und kommentiert. Am Ende, wenn der Kutscher sich ertränkt hat, übernimmt sie vollständig die Bühne – wie ein Sog legen sich die Naturgeräusche über die Bilder und verschlingen das Gesehene teilnahmslos.

Der Kutscher sieht keinen Ausweg mehr.

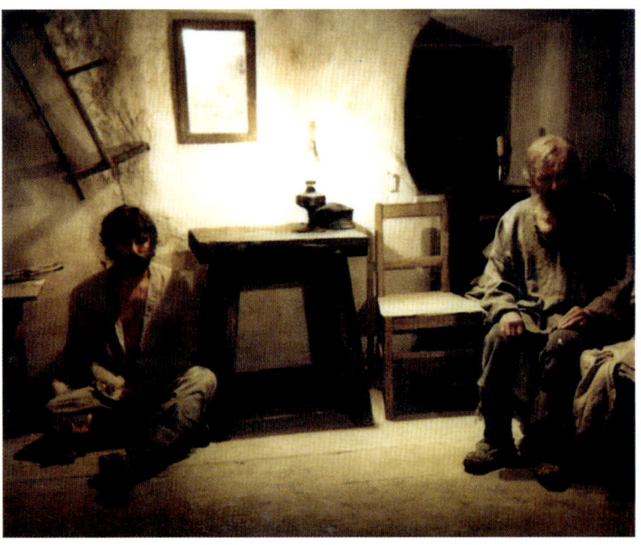

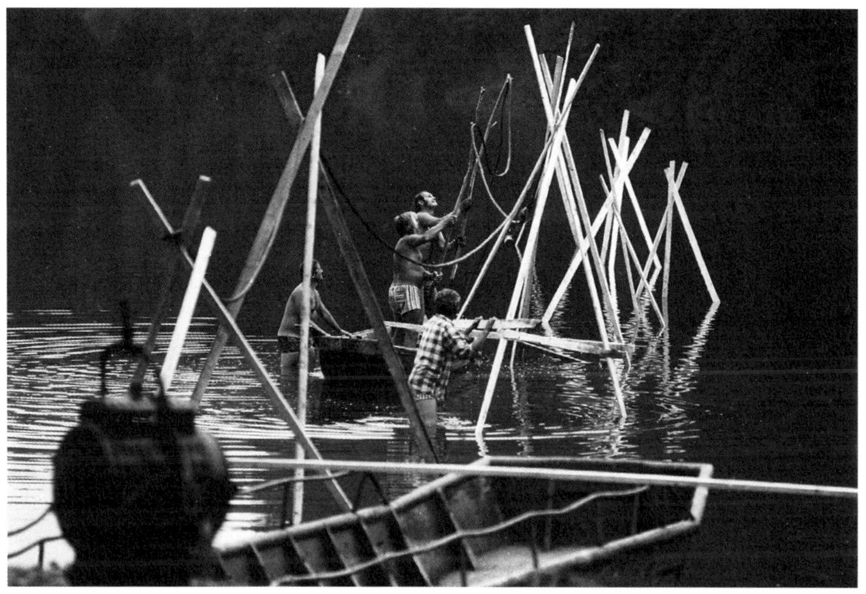

Für die Schlusseinstellung des Films sollte ein Scheinwerfer mitten im Fluss aufgestellt werden, der den Mondschein simulieren sollte. Das Kabel war jedoch nicht wasserdicht und verursachte einen Kurzschluss. Es musste über Gestelle verlegt werden.

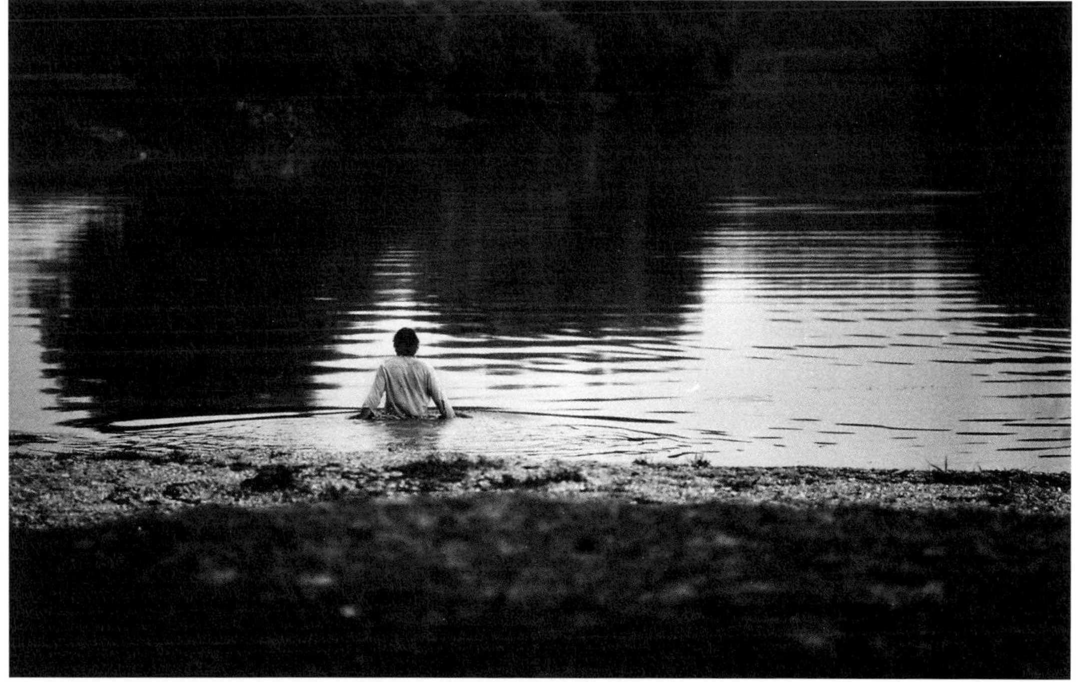

Schlusseinstellung: der Kutscher ertränkt sich.

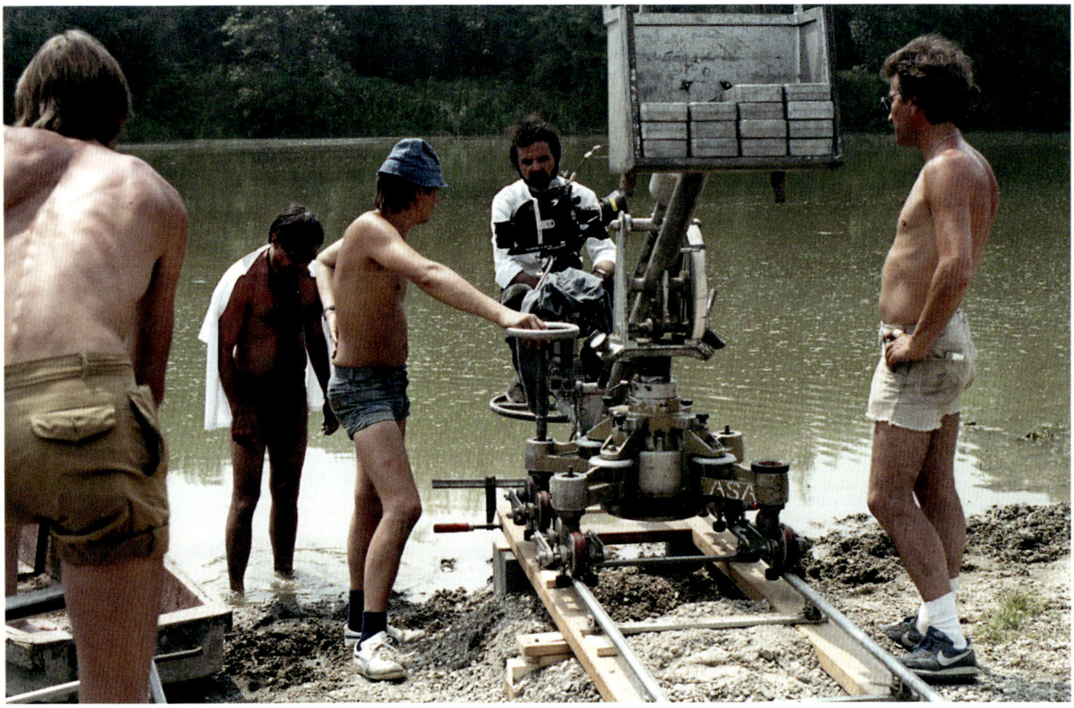

Ramin Molais letzte
Tage am Set

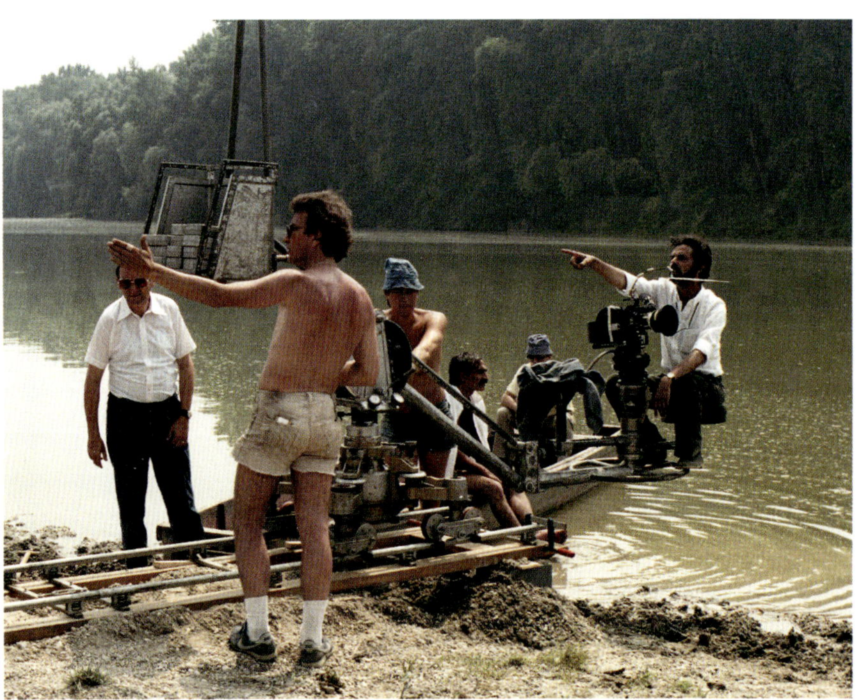

Es war in diesen Tagen zu beobachten, dass Ramin Molai merkwürdig unkonzentriert wirkte. Auch er hatte seine Kleiderordnung dem Wetter angepasst und stand, nur mit Badehose bekleidet, an der Kamera. Einmal schwamm Molai auch durch den Fluss, der zum lehmigen Tümpel geworden war und in dem täglich eine Kuhherde getränkt wurde. Tags darauf hatte er schwere Magen- und Darmprobleme. Saless fand sein Verhalten eines Kameramanns unwürdig. Wenige Tage vor dem Ende der Dreharbeiten kam es dann zum Eklat. Bei einer Mustervorführung im Studio stellten wir fest, dass das Material eine leichte Unschärfe aufwies. Ein bizarres Phänomen, denn wir hatten Totalen bei Sonne gedreht mit relativ kurzer Brennweite. Man muss sich sehr anstrengen, um unter diesen Bedingungen unscharf zu drehen. Es stellte sich heraus, dass Ramin Molai die Blende zu weit zugedreht hatte. Ab Blende 11 tritt ein paradoxes Phänomen ein: die Bilder werden wieder unschärfer je mehr man die Blende schließt, die sogenannte ›Beugungsunschärfe‹. Um die Blende weniger zu schließen, verwendet man einen Graufilter, vermindert also die einfallende Lichtmenge und kann die mittleren Blendenstufen (5.6 oder 8) benutzen. Molai hatte unverständlicherweise keinen Graufilter benutzt.

Die fraglichen Szenen mussten wiederholt werden. Saless entschloss sich nun zu einem radikalen Schritt, nachdem schon seit Wochen immer wieder Spannungen zwischen ihm und Molai aufgetreten waren. Er warf seinen alten Freund und Weggefährten nach zehn Jahren enger Zusammenarbeit aus dem Team. Stanislav Doršic von Slovenský film nahm seine Stelle für die restlichen Szenen im Außenbereich vor der Mühle ein, die keinen größeren Lichtaufwand benötigten. Für Ramin Molai war eine Welt zusammengebrochen. Er stürzte in eine schwere Depression. Sigi Gierich, der Oberbeleuchter von ORDNUNG und UTOPIA, nahm ihn später großzügig bei sich auf und sorgte sich um ihn.

Sigi Gierich:
»Mich wundert das mit der Unschärfe, weil er ja auch ein Perfektionist war, was Kameratechnik betraf.«

Bert Schmidt:.
»Er war doch psychisch ziemlich down?«

Sigi Gierich:
»Ja, das haben wir auch festgestellt. Wir haben mit ihm gesprochen, aber er wollte nicht darüber reden. Das, was du mir gerade sagst, das wusste ich nicht, obwohl wir uns gut kannten.
Saless ist nur mit dem Ramin schlampig umgegangen, sonst war er vielleicht einmal schlecht gelaunt, aber beleidigend war er eigentlich nur mit dem Ramin. Ramin war drei Monate bei mir … oder noch länger sogar, bis Weihnachten.«

Bert Schmidt:
»Wie war das?«

Sigi Gierich:
»Kameradschaftlich. Ich habe versucht, Ramin unterzubringen in ein paar Produktionen, Aushilfssachen, so dass er etwas zu tun hatte, solange er hier war. Das hat ihm unheimlich gut getan. Es hat ihm gefallen. Er war mit den Jungs unterwegs, und sie mochten ihn alle.
Die dramatischen Sachen bei WEIDENBAUM hat er nicht erwähnt.«

Ramin Molai hat danach nie wieder eine Filmkamera bedient und sich stattdessen aufs Fotografieren beschränkt.
Saless montierte den Film bei Radio Bremen und kehrte anschließend in die ČSSR zurück, wo er eine Aufenthaltsgenehmigung bekam und dort einen festen Wohnsitz annahm.

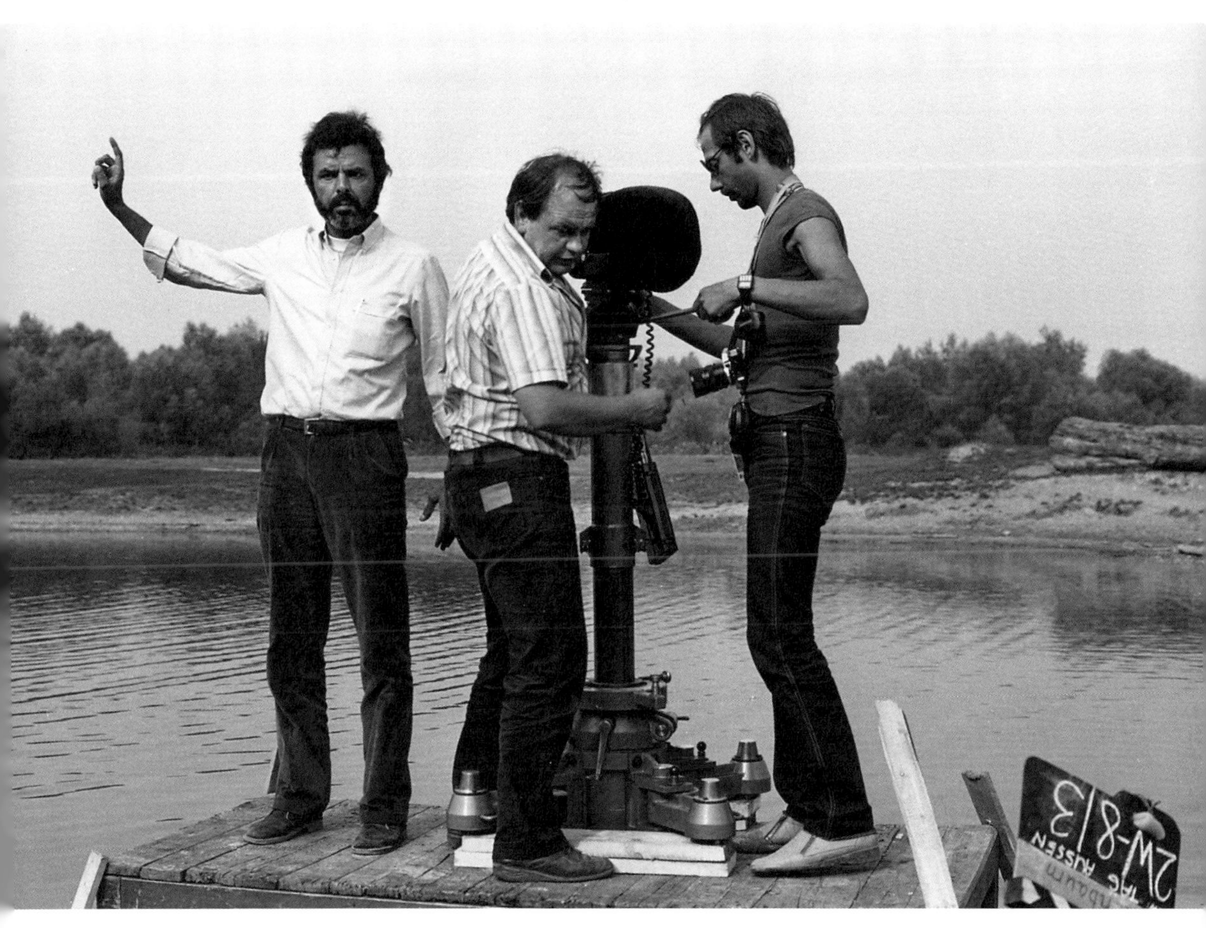

Stanislav Doršic (Mitte) an der Kamera bei einer der letzten Aufnahmen des Films

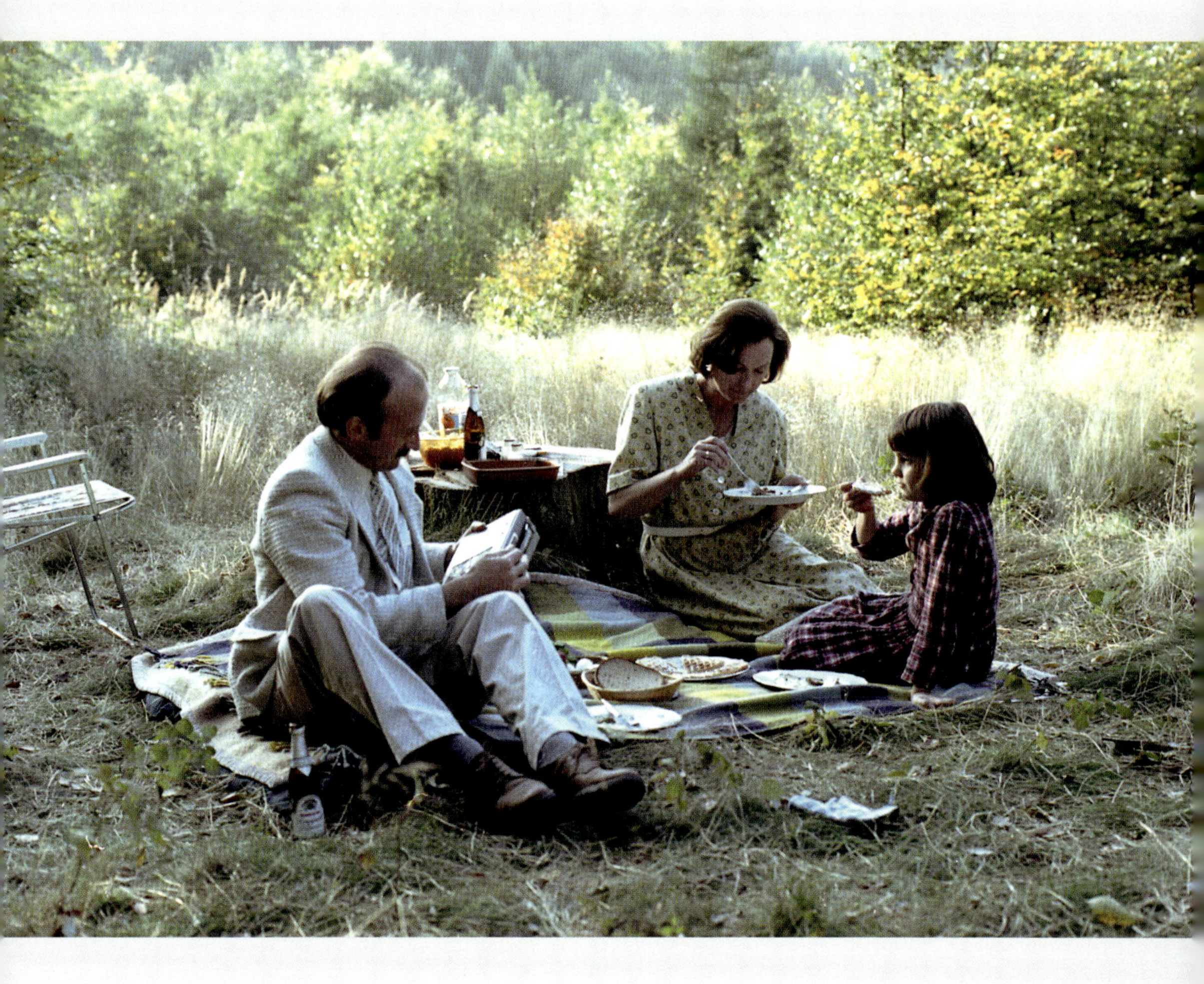

WECHSELBALG

BRD 1987

Format: 16mm Negativ, Farbe

Länge: 133 Min.

Buch: Jürgen Breest

Kamera: Michael Faust

Ton: Wolf-Dietrich Peters-Vallerius

Ausstattung: Claus-Jürgen Pfeiffer

Kostüme: Monika Grube

Darsteller: Friederike Brüheim, Henning Gissel, Katharina Bacarelli,
Erika Wackernagel, Helga Jeske

Redaktion: Ulrich Nagel, Saarländischer Rundfunk

Geplante Drehzeit: 35 Drehtage, 26.7.1985 bis 9.9.1985,

Tatsächliche Drehzeit: 44 Tage, 26.7.1985 bis 23.10.1985

Produktion: Telefilm Saar

Drehorte: Saarbrücken und Umgebung, Bahnhof Osnabrück
und das Hermannsdenkmal im Teutoburger Wald.

Nach einer Erzählung von Jürgen Breest.

Inhalt:

Ein Ehepaar nimmt ein Pflegekind aus einem Heim zu sich. Im Mittelpunkt der Handlung steht die Beziehung zwischen Luise, der Pflegemutter, und der achtjährigen Gabi. Schon bald kommt es zu Konflikten. Eifersucht und Selbstzweifel bestimmen den Umgang, als Luise erkennen muss, dass zwar ihr Mann und ihre eigene Mutter auf Anhieb mit dem Mädchen zurechtkommen, nicht aber sie selbst.

Vom ersten Tag an versucht sie dem Kind ihre Ordnungsvorstellungen aufzuzwingen. Sie kontrolliert und beurteilt jeden Schritt von Gabi. In Traumsequenzen und Rückblenden zeigt sich, wie Luises eigene Mutter sie gegenüber ihren Schwestern benachteiligte und in ein rigides Muster von Maßregeln einpferchte. Diese überträgt Luise nun auf das Pflegekind.

Nicht nur wegen Gabis schlechten Schulleistungen kommt es zu Auseinandersetzungen – für eine ›Sechs‹ bekommt sie Stubenarrest. Luise entdeckt im Abstellraum eine von Gabi gebaute Höhle mit Fotos von ihren Liebsten. Hermann, Luises Mann, ist auf den Fotos zu sehen, sie aber nicht. Aus Eifersucht zerstört sie die Höhle. Hermann scheut die Konflikte und will lieber seine Ruhe bei Bier und Fernsehen.

Aus Eifersucht akzeptiert Luise auch Gabis neue Freundin Susanne nicht.

Als Veronika, Gabis leibliche Mutter, zu Besuch kommt, wird deutlich, was sich in Gabis früherer Familie abgespielt hat: Veronika war Opfer einer Vergewaltigung und schwanger mit Gabi geworden. Veronikas Mann wollte Gabi aber nicht als Tochter akzeptieren. Sie wurde in ein Pflegeheim gegeben.

Luises Mutter kommt zu Besuch, und alte Konflikte treten zutage. Ihre Mutter ist herablassend zu Luise und freundet sich mit Gabi an. Als sie Gabi einen Ring schenkt, den Luise schon immer haben wollte, rastet diese aus und schlägt Gabi. Als die Mutter wieder abgereist ist, nimmt Luise Gabi den Ring ab: »Ich werde ihn für dich aufbewahren«, sagt sie.

Später findet Luise einen Brief von Gabi an Hermann, den sie öffnet. Darin steht, dass Gabi wieder ins Heim zurück möchte, ›weil Luise mich nicht mag‹. Luise zerreisst den Brief und schlägt Gabi erneut.

Stumm fährt Hermann Gabi ins Heim zurück.

Zuhause sitzt Luise und steckt sich den Ring an den Finger. Hermann sieht fern und trinkt Bier.

Im Spätfrühling 1985 klingelte es in meinem Atelier. Sohrab S. Saless kam durch den Hof und rief: »Wir drehen!«, in seiner üblichen Art, die Dinge ohne Begrüßungsrituale gleich auf den Punkt zu bringen. Ich hatte seit dem Herbst nichts mehr von ihm gehört und wusste nur, dass er jetzt in der ČSSR lebte, verheiratet war und gut slowakisch sprach.

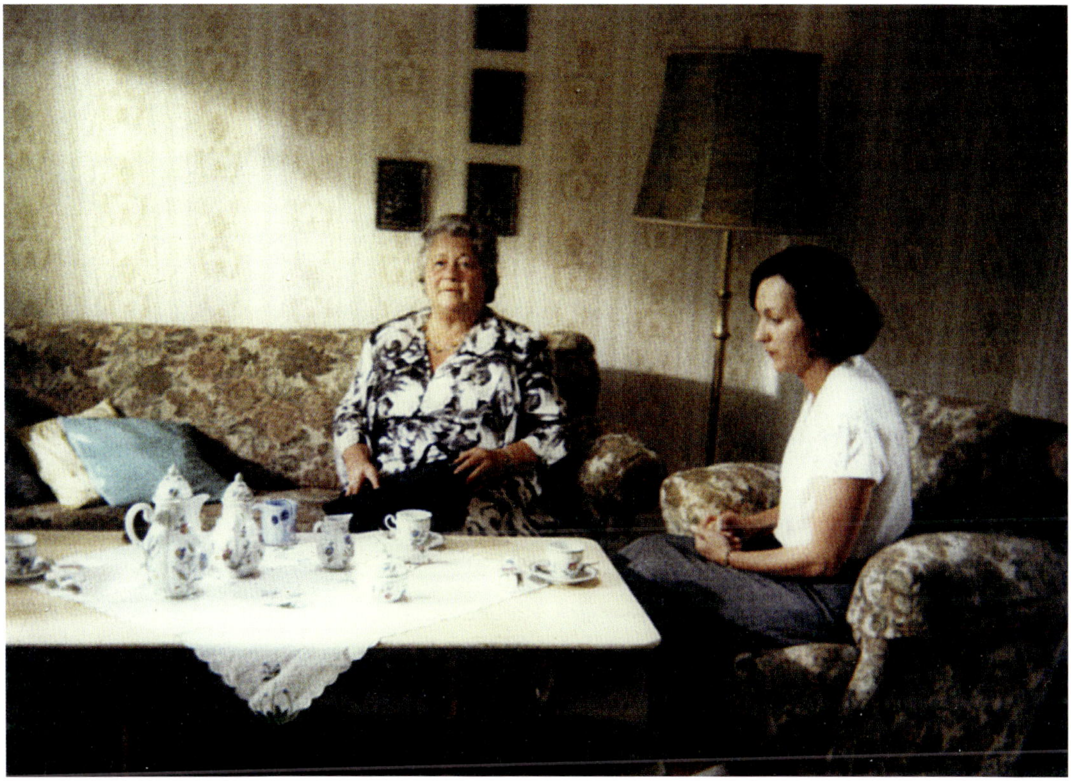

Besuch von Luises Mutter (Erika Wackernagel)

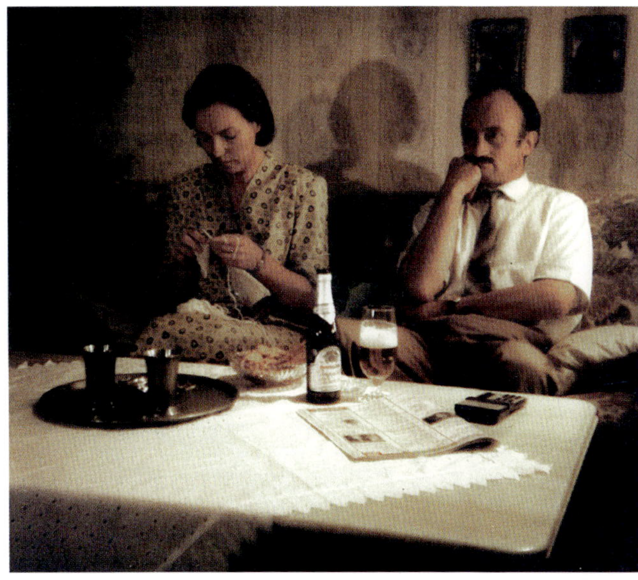

Luise (Friederike Brüheim) und Hermann (Henning Gissel) vor dem Fernseher.

Wir fuhren nach Saarbrücken zu Josef Nagel, dem Redakteur für das Fernsehspiel des Saarländischen Rundfunks und besprachen die Details der filmischen Umsetzung, besuchten mögliche Drehorte und besichtigten das Hauptmotiv, ein neugebautes Reihenhaus, das noch leer stand.

Michael Faust, ein ambitionierter hauseigener Kameramann, war für die Bildgestaltung verantwortlich. Alte Bekannte aus früheren Filmen von Saless kamen hinzu. Ton: Wolf-Dietrich Peters-Vallerius, Ausstattung: Claus-Jürgen Pfeiffer, Kostüme: Monika Grube.

Eine wichtige Rolle war noch zu besetzen: das Kind Gabi, das von dem kinderlosen Ehepaar in Pflege genommen wird. Eine schwierige Suche.
Die Produktion hatte ein Casting angesetzt, zu dem mehrere Kinder angekündigt waren. Favorit der Produktion war ein Zwillingspaar aus München. Die beiden hatten schon Filmerfahrung und sollten helfen, ein anderes Problem zu lösen: die Arbeitszeitregelung für Kinder.
Kinderdarsteller dürfen beim Film nur maximal vier Stunden am Tag arbeiten, inklusive Fahrtzeit zur Arbeit und zurück. Das ergibt im Höchstfalle ca. drei Stunden effektive Drehzeit.
Jeder Zwilling sollte die Rolle der Gabi verkörpern, so dass die beiden Kinder sich in der Arbeit abwechseln konnten, eine Art Schichtdienst: bis Mittag Zwilling 1, ab Mittag Zwilling 2.
Saless testete die Kinder und entschied sich, sie nicht zu besetzen. Nicht nur, weil sie eben doch unterschiedliche Verhaltensweisen in Gestik und Mimik hatten, sondern vor allem, weil sie nicht genügend Leinwandpräsenz besaßen. Denn dafür hatte Saless ein untrügliches Gespür.
Die Dame vom Besetzungsbüro des Saarländischen Rundfunks schlug schließlich ein Kind vor, das sie zuvor auf einem Schulhof beobachtet hatte. Sie brachte Katharina Bacarelli zu Saless. Wie beim Casting von HANS, EIN JUNGE IN DEUTSCHLAND gab er Katharina Anweisungen wie ›Schau zur Tür ... zum Fenster ... zum Boden!‹ oder einfach nur ›Tür!, Boden!‹ Saless war sofort von Katharina überzeugt. Sie zeigte genau die filmische Präsenz, die er haben wollte.
Die Rolle der Pflegemutter ›Luise‹ wurde mit Friederike Brüheim besetzt.

Jürgen Breest:
»Friederike Brüheim zeigt so viel ›Innenleben‹, dass die Gefahr, die Figur könnte ins Monströse abrutschen, nie gegeben ist. Geschrieben steht das ›Innenleben‹ nicht im Drehbuch. Es entsteht aus Bildern, aus Blicken, aus einem verzögerten Schritt, einer plötzlichen Drehung des Kopfes, einer verlorenen Handbewegung. Saless hatte recht: Film ist Prosa mit anderen Mitteln.«

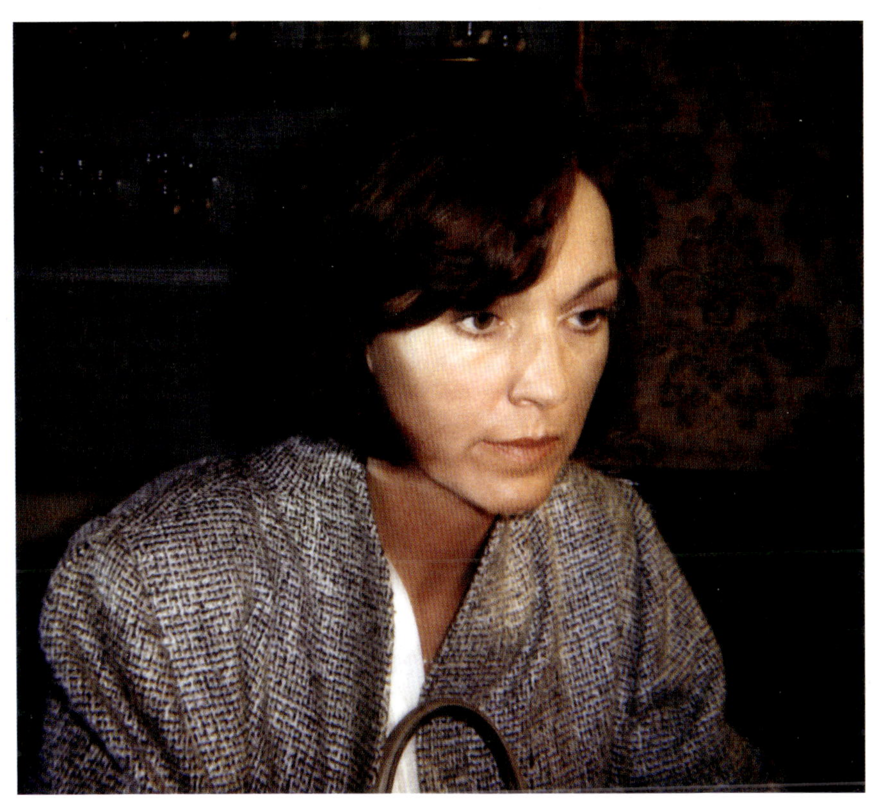

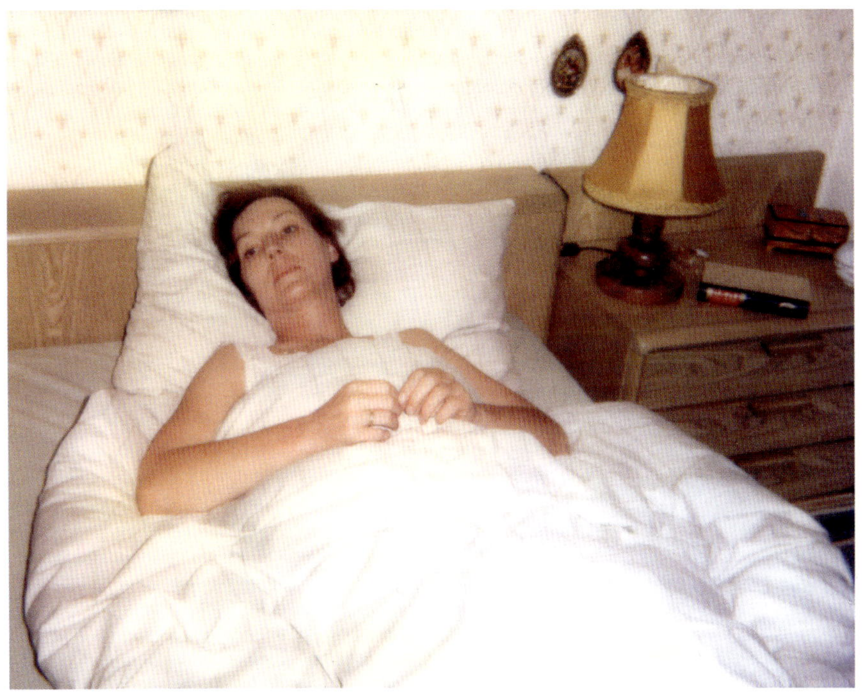

Friederike Brüheim:
»Die Arbeit war für mich total schön. Er hatte am Anfang gleich gesagt: ›Keine Psychologie!‹. Ich habe Sohrab eigentlich schnell verstanden.«

Bert Schmidt:
»Wie hast du das gemacht?«

Friederike Brüheim:
»(Lacht) ... Frag nicht! ... Ich wollte einfach die Rolle spielen. Seine Methode des Casting war sehr physisch. Psychologie war null. Sie war gestrichen! Ich glaube, das war nicht sein Ding.
Beim ersten Treffen hat Sohrab gesagt: ›Ich will jetzt nichts von Ihnen wissen. Ich sage Ihnen jetzt nur, worum es geht.‹ Er hat praktisch den Plot erklärt, und da habe ich wirklich nur dagesessen und zu mir gesagt: ›Ich möchte spielen, ich möchte spielen‹, weil ich diese Frau sofort verstanden habe in ihrem Dilemma: dieses nicht geliebt worden sein und nicht lieben können und trotzdem den Anspruch zu haben, zu lieben, lieben zu dürfen aber nicht wissen wie ...«

Bert Schmidt:
»Wie gehst du dann vor? Du liest das Buch und stellst dir vor, wie du das umsetzt?«

Friederike Brüheim:
»Ich habe natürlich auch bei mir selbst gesucht, z. B. für die Szene, in der Gabis Freundin kommt und Luise sie wieder wegschickt, denn Gabi hat Stubenarrest. Die Freundin hat Luise nicht gepasst, die war ihr nicht recht. Solche Dinge kann man ja auch bei sich selbst suchen. Ich hab' ähnlich gedacht über einen Freund von meinem Sohn: ›Kann er sich nicht einen anderen Freund suchen?‹ In ›The method‹ wird diese Vorgehensweise auf die Spitze getrieben.«[37]

Bert Schmidt:
»›The method‹, die Methode, hat er, glaube ich, nicht so gemocht?«

Friederike Brüheim:
»Nein! Er ist auch mit Katharina (Gabi) ganz klar umgegangen ...«

---

37 geht zurück auf die Schauspiel-Theorie des russischen Theaterregisseurs Konstantin Stanislawski, weiterentwickelt von Lee Strasberg, Actors Studio New York: psychologische Schauspielmethode, die durch das vollkommene Aufgehen des Schauspielers in seiner Rolle eine außergewöhnlich realistische Darstellung erreichen will.

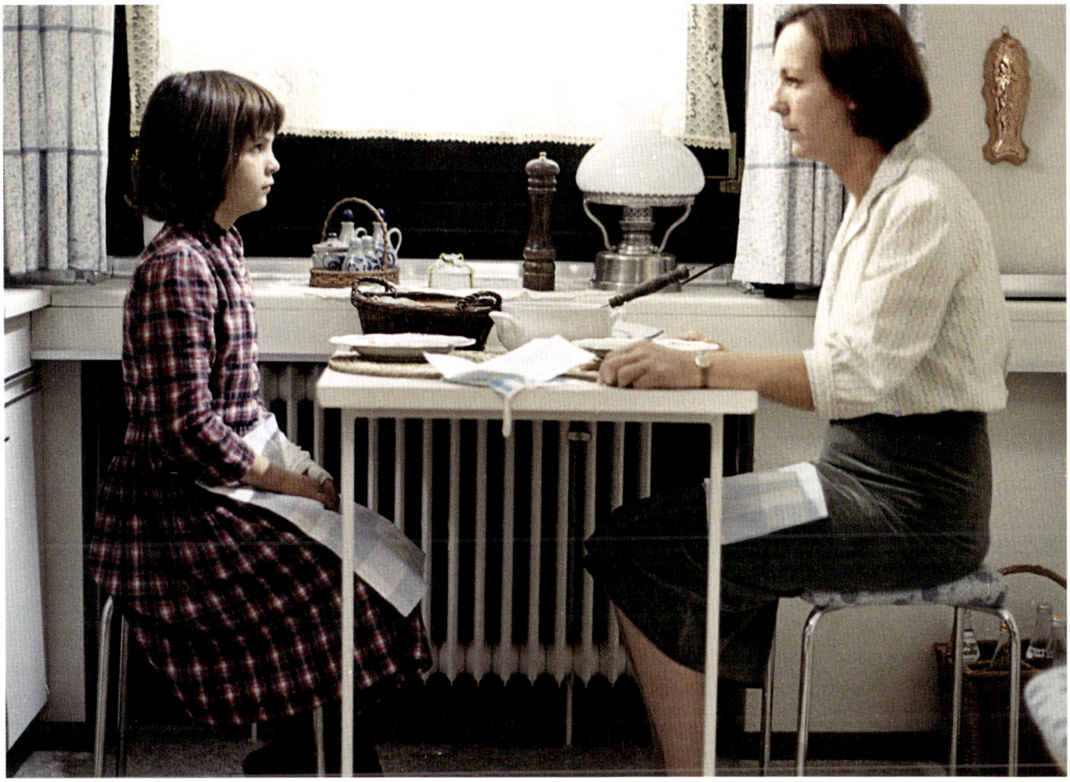

Szene, in deren Folge Gabi von Luise geschlagen wird.

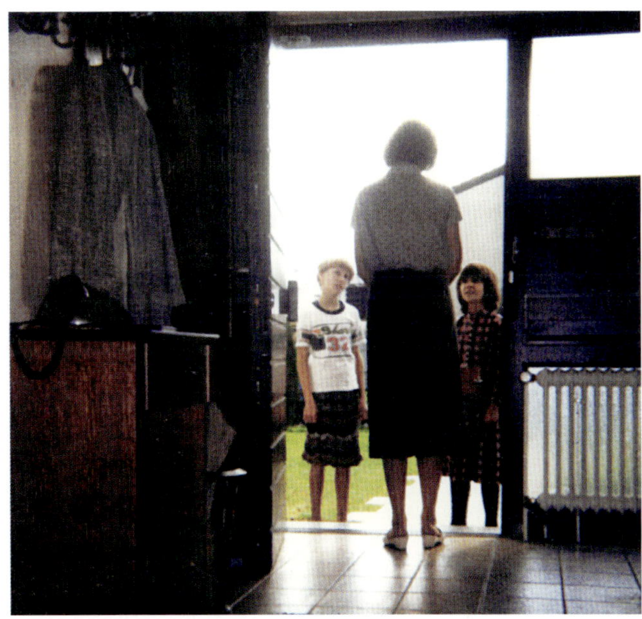

Gabi darf ihre Freundin nicht mit in die Wohnung bringen.

Bert Schmidt:

»Was hat er dir über die Figur der Luise gesagt?«

Friederike Brüheim:

»Eigentlich gar nichts! Er hat nicht gesagt: ›Die ist soundso, die ist verklemmt oder was weiß ich. Die hat Sehnsucht nach Liebe und das kann sie nicht ausdrücken ...‹ Über so was haben wir überhaupt nicht gesprochen. Wir haben über eine ›Haltung‹ gesprochen ...«

Bert Schmidt:

»Wie erinnerst du die letzte Szene, in der du Gabi schlägst?«

Friederike Brüheim:

»Da waren Katharina und ich den ganzen Tag getrennt. Und als wir die erste Probe hatten, bin ich ziemlich laut geworden: weißt du, da sitzen wir beide am Tisch, essen die wunderbare Linsensuppe, und da hat Saless nur gesagt: ›Nee, Luise wird nicht laut. Das kann sie gar nicht mehr‹, hat er eigentlich gar nicht gesagt. Er hat nur gesagt: ›Leiser werden, leiser werden ...‹ und das war mir dann auch völlig klar, warum. Wenn Luise geschrien hätte, dann wäre das ja schon eine Art Befreiung gewesen. Das wäre ein Schritt nach außen gewesen, aber das war es ja nicht.
Wir haben uns auf der Arbeitsebene einfach gut verstanden. Ich habe begriffen, was er wollte, und konnte es in seinem Sinne auch umsetzen. Wir haben ja oft nur eine Klappe gedreht.
Er brauchte ›Haltung‹ – es gibt ja eine innere und eine äußere Haltung beim Schauspieler – die können konträr sein, die können aber auch übereinstimmen. Die muss sich der Schauspieler aber eigentlich selbst erarbeiten, muss dahinter kommen bei Sohrabs Arbeit. Es hat mich überrascht, dass ich nie verkrampft war, und ich weiß, dass ich mich beim Drehen sehr schnell verkrampfen kann. Film ist eigentlich wie ein Mikroskop. Alles muss klein gehalten werden. Man sieht sehr genau dadurch.
Was ich heute in den Filmen sehe ... es ähnelt sich alles und ich kann manchmal beim Zuschauen auch gar nicht mehr unterscheiden: Wer ist denn nun was? Die sehen sich alle so ähnlich.«

Bei einer Vorbesichtigung für das Hauptmotiv ›Haus von Luise‹ wurde festgelegt, dass am Ende der Straße eine Fassadenattrappe angebracht werden sollte, um das Hausensemble abzurunden und eine Sackgasse zu schaffen. Der Produktionsleiter war nicht erfreut – das klang nach erhöhten Produktionskosten.

Claus-Jürgen Pfeiffer (Ausstatter):
»Die Fassade wurde gemeinsam von Saless und mir entwickelt, weil es keinen passenden Motivvorschlag an einem anderen Ort gab. Ich war nicht scharf darauf, die zu bauen, denn die Bauleute bei den Sendern ... Wenn man nicht hart auftrat, wurde es schwer. Ich war eher ein Softie. Ich hatte keinen Assistenten und habe auf Transparentpapier etwas zusammengeschustert. Diese Bauleute haben natürlich auf jeden Winkel geschaut und gesagt, ›Das stimmt nicht!‹ Ich sagte: ›Man kann doch tricksen: ein Fallrohr anbringen, um eine schlechte Fuge zu kaschieren‹ etc. Um diesen Bau wurde wahnsinnig diskutiert. Leute, die gar nicht beteiligt waren, griffen ein. Ich habe mir das nicht bieten lassen, mit der Rückendeckung von Sohrab! Wir waren ein Spielball von Machtinteressen.«

Die Vorbereitungen liefen an. Wir veranstalteten eine ›Komparsenbörse‹. Eine große Zahl von Interessenten, die gerne im Film mitmachen wollten, stellte sich vor.
Saless hatte für eine Szene im Schwimmbad den Wunsch geäußert, eine Gruppe von muskulösen Männern, am besten Bodybuilder, einzusetzen. Ein ganzer Verein präsentierte sich. Ich notierte die Kontaktdaten, doch plötzlich gab es Streit mit dem Produktionsleiter. Er wollte den Männern die im Sender übliche Tagesgage für Statisten zahlen. Die Muskelmänner waren aber der Meinung, sie seien besondere Komparsen und wollten deswegen das Doppelte an Gage. Sie argumentierten, sie würden das ganze Jahr an ihrem Körper arbeiten, und nun wolle man das nicht anerkennen. Sie hatten recht, ›specials‹ muss man gut bezahlen. Doch der Produktionsleiter blieb stur. Wutentbrannt stapften die Hünen davon und drohten, dass sie diese in ihren Augen miese Behandlung den anderen Clubs mitteilen würden. Das zeigte Wirkung. Wir hatten anschließend große Mühe, Muskelmänner zu finden.

Das Drehbuch war wieder sehr umfangreich. Ich hatte die Aufgabe, jede Sequenz ›vorzustoppen‹ d.h. festzustellen, wie lange jede Szene am Ende im geschnittenen Film dauern würde. Zum großen Schreck der Produktion kam viel mehr dabei heraus als kalkuliert. Ich hatte ca. 170 Minuten gemessen. Es drohte erneut eine Überlänge mit allen negativen Auseinandersetzungen. Und die Überlänge kam auch, fiel aber durch Kürzungen im Drehbuch und später beim Schnitt moderat aus: am Ende wurden es 137 Minuten, für Saless' Filme eher ein mittlerer Wert.

Wolf-Dietrich Peters-Vallerius (Tonmeister):
»Es war eine Hausproduktion des SR, Ausführung durch die hauseigene Telefilm Saar. Dort wurden die Kosten gering gehalten: wer nicht aus Saarbrücken kommt, macht nicht mit. Aber dann kamen Claus-Jürgen Pfeiffer und Monika

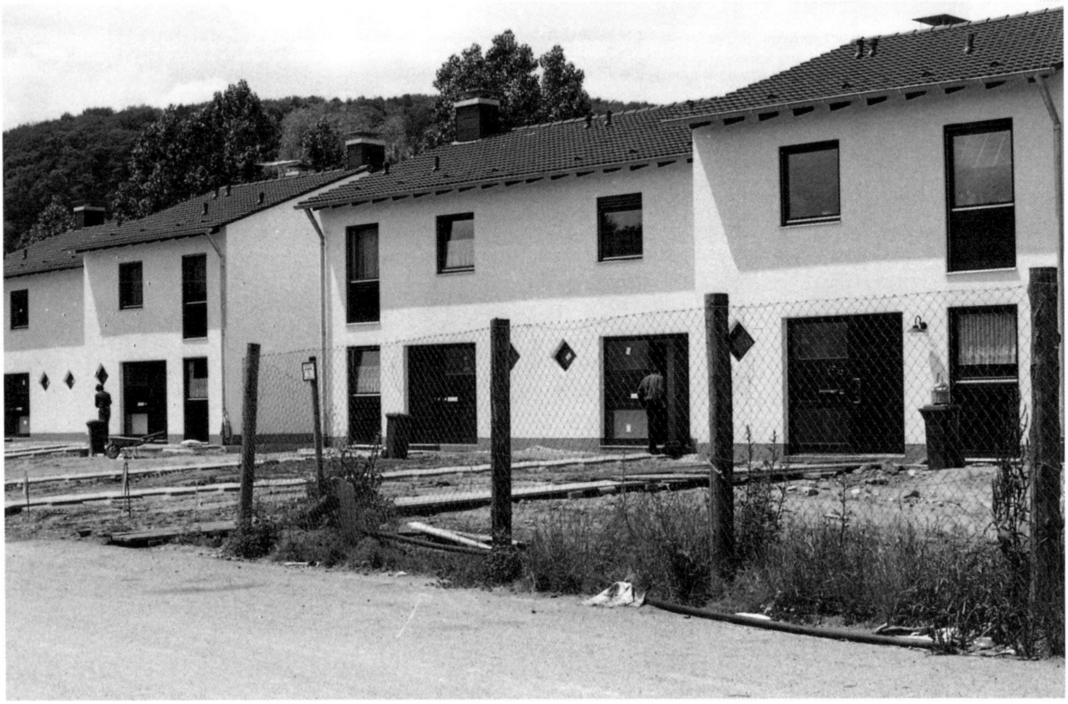

Die Reihenhaussiedlung in Saarbrücken

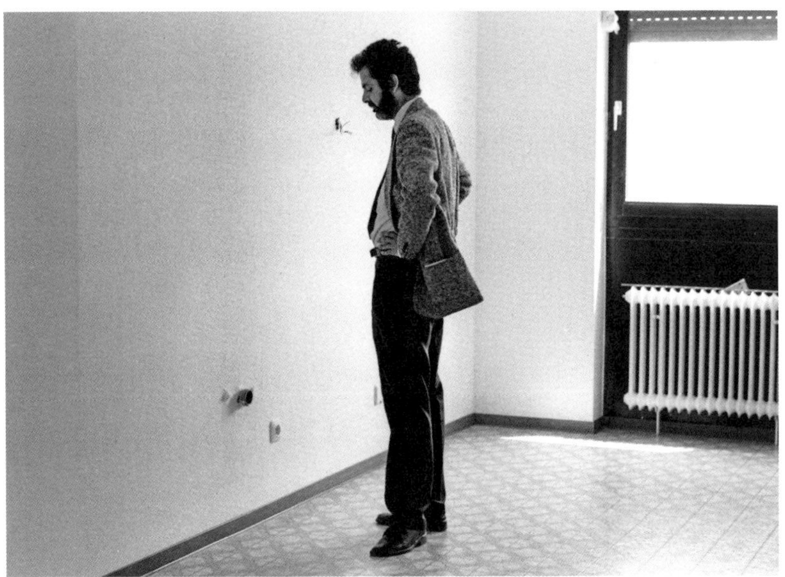

Sohrab Saless beim Einrichten der Wohnung

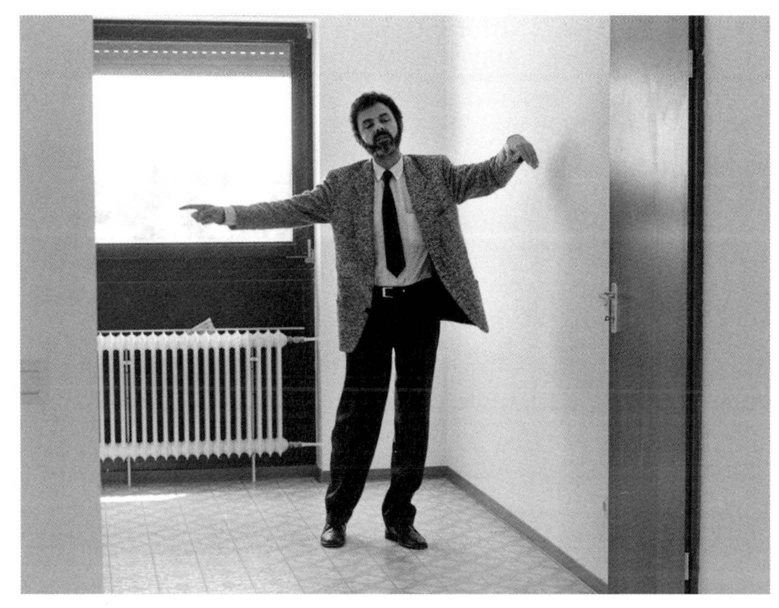

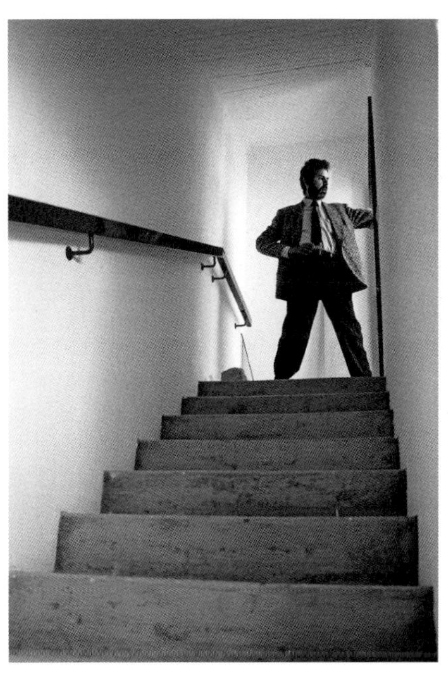

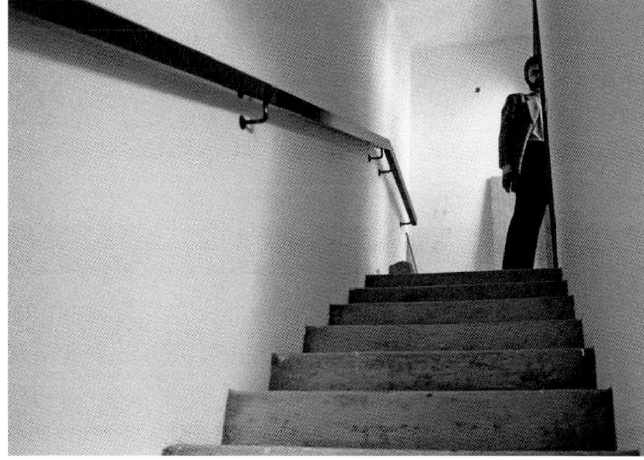

Grube für Kostüme von außerhalb. Der Tonmeister sollte aber vom SR kommen. Das gefiel Sohrab nicht. Er sagte: ›Ich kenne jemanden, mit dem arbeite ich immer. Wenn er den Ton nicht macht, sondern jemand vom SR, dann drehe ich Primärton.[38] – Dann wird es teuer, weil man nachsynchronisieren muss.‹ Sie haben sich dann bereiterklärt, mich zu beschäftigen, aber die Ausrüstung sollte vom SR kommen und der Assistent auch. Dieser Assistent war sehr lustig: Wir machten eine Motivbesichtigung am Reihenhaus, wo gedreht werden sollte. Wir kamen dorthin, ein ganzer Konvoi. Als wir ausstiegen, war plötzlich mein Assistent weg. Wir haben uns das Haus innen und außen angeschaut. Und irgendwann war auch der Assistent wieder da. Ich fragte ihn: ›Wo warst du, wir haben uns das Motiv angesehen?‹ Er sagte: ›Ich musste erst mal schauen, wo hier die nächste Kneipe ist, die Becker Bier hat‹. Das ist das Saarbrücker Bier, das die alle zur Mittagspause wohl brauchen. Ich hingegen habe gewusst, wie das Motiv aussieht und dass über dem Tisch im Wohnzimmer eine Lampe hängen wird, an der er später mit seiner Mikrofonangel nicht vorbeikommen würde. Das wusste ich – er wusste es nicht, aber er wusste dafür, wo es Becker Bier gibt. Das war der Unterschied.«

Im Juli 1985 begannen die Dreharbeiten zunächst ohne größere Probleme.

Wolf-Dietrich Peters-Vallerius:

»Relativ bald jedoch gab es Ärger. Der Redakteur hatte sich einmal vorab die Muster angeschaut. Das fand Sohrab überhaupt nicht gut, dass jemand vor ihm die Muster anschaut. Daraufhin hat der Redakteur Setverbot bekommen und durfte auch die Muster nicht vorher ansehen, bevor Sohrab sie abgenommen hatte. Ich weiß noch, dass Sohrab sagte: ›Ich bin kein TATORT-Regisseur, ich mache hier keinen TATORT.‹«

38 Originalton, der während der Dreharbeiten als Referenz in niedriger Qualität mitgeschnitten wird für eine spätere Nachsynchronisation.

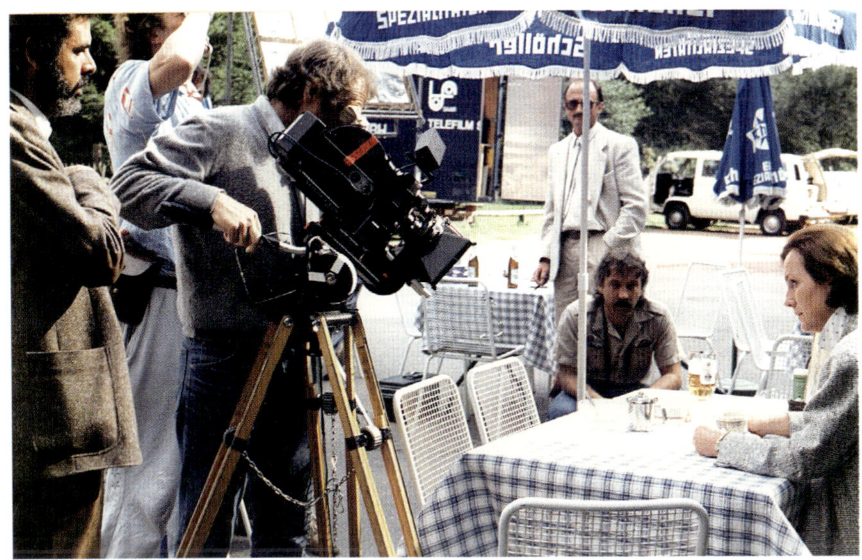

Dreh der Anfangsszene des Film.

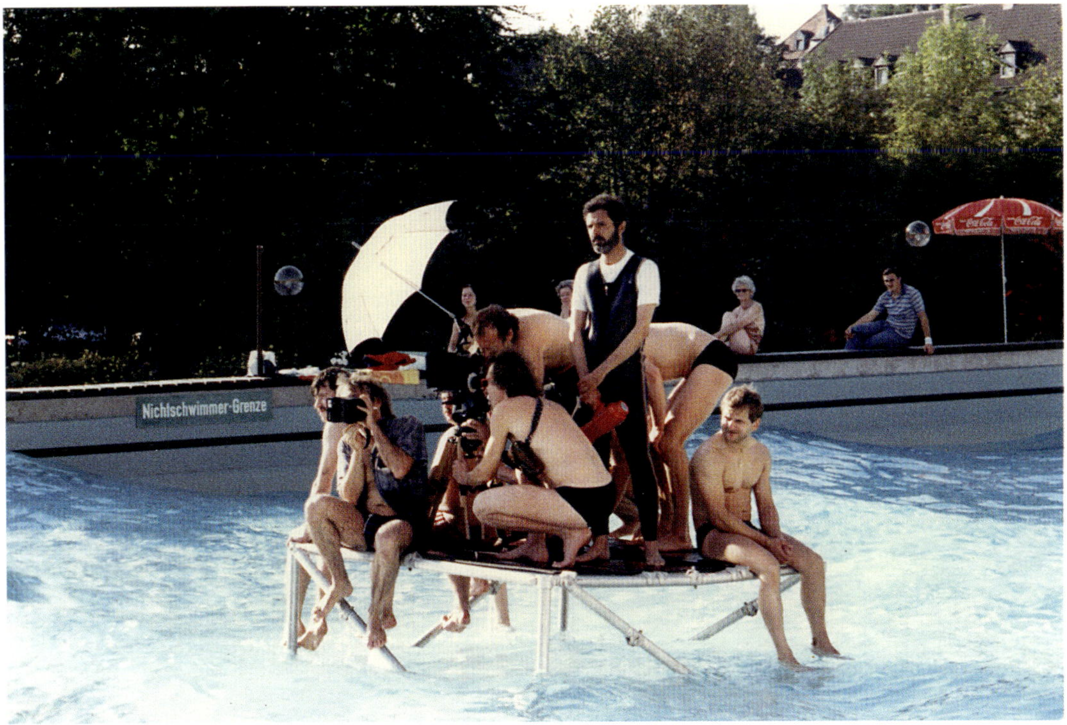

Im Schwimmbad. Saless im Neoprenanzug!
Bodybuilder mussten helfen, das Praktikabel im Wellenbad zu fixieren.

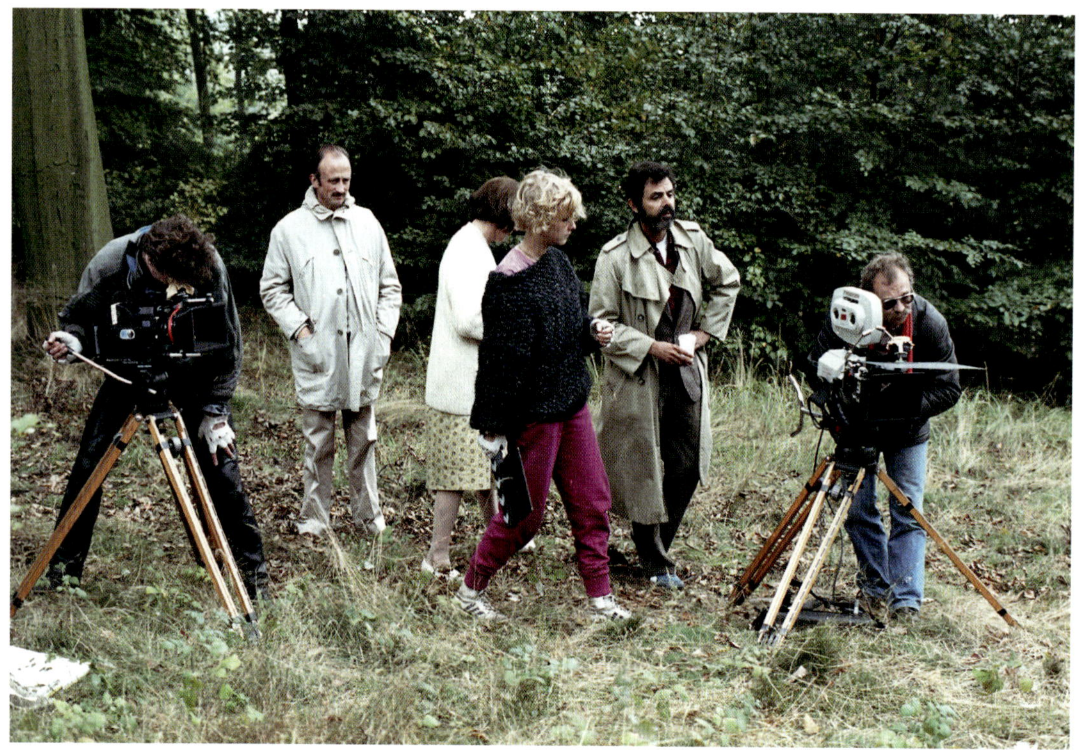

22.10.1985, 23. Drehtag, im Wald bei Rentrich.
Für die Aufnahme des Sturms in der Traumsequenz wurde mit zwei Kameras gedreht. Rechts die Panaflex ›Elaine‹, geführt von Michael Faust.

Katharina Bacarelli erwies sich als ideale Besetzung für die Rolle des Pflegekinds. Ähnlich wie Martin Paško in HANS, EIN JUNGE IN DEUTSCHLAND, spielte sie ›1:1‹, wie Saless gerne vermerkte, wenn Schauspieler in einer Einstellung gleich bei der ersten Klappe überzeugten. Das gleiche galt für Friederike Brüheim in der Rolle der Pflegemutter.

Wolf-Dietrich Peters-Vallerius:

»Katharina Bacarelli war entzückend. Das Kind war so gut. In einer Szene, bei einem Streit zwischen dem Mädchen und der ›Mutter‹, kamen mir die Tränen, so gut war es gespielt von der Kleinen. Das war kaum zu ertragen, die war toll. Die Eltern waren auch toll, Herr Gissel in seiner Hilflosigkeit und Erika Wackernagel, die eine Übermutter spielte. Da dachte ich auch: ›Das kenne ich: ich sehe meine Mutter, die sich in alles eingemischt hat, was ich je gemacht habe‹ – die hat sich auch in alles eingemischt – und dann dieses Kind dazwischen, als Prellbock. Das war schon ein harter Film, der ging richtig in die Knochen.«

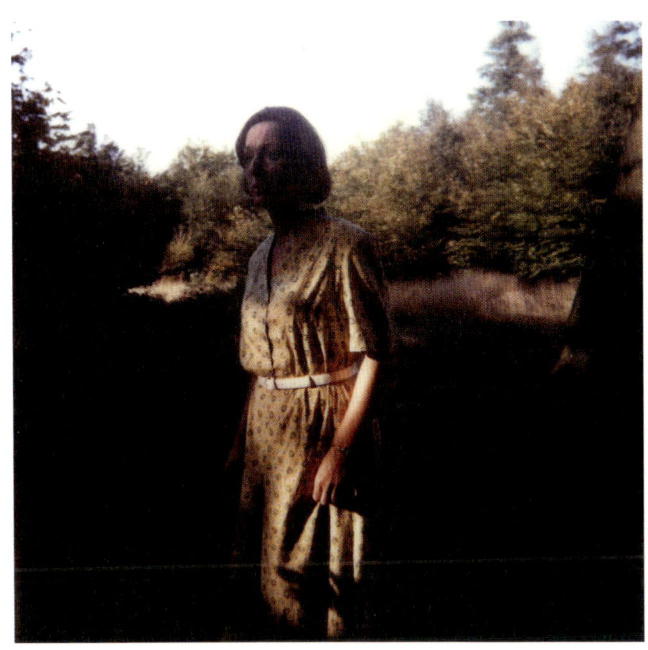

Luise im Albtraum

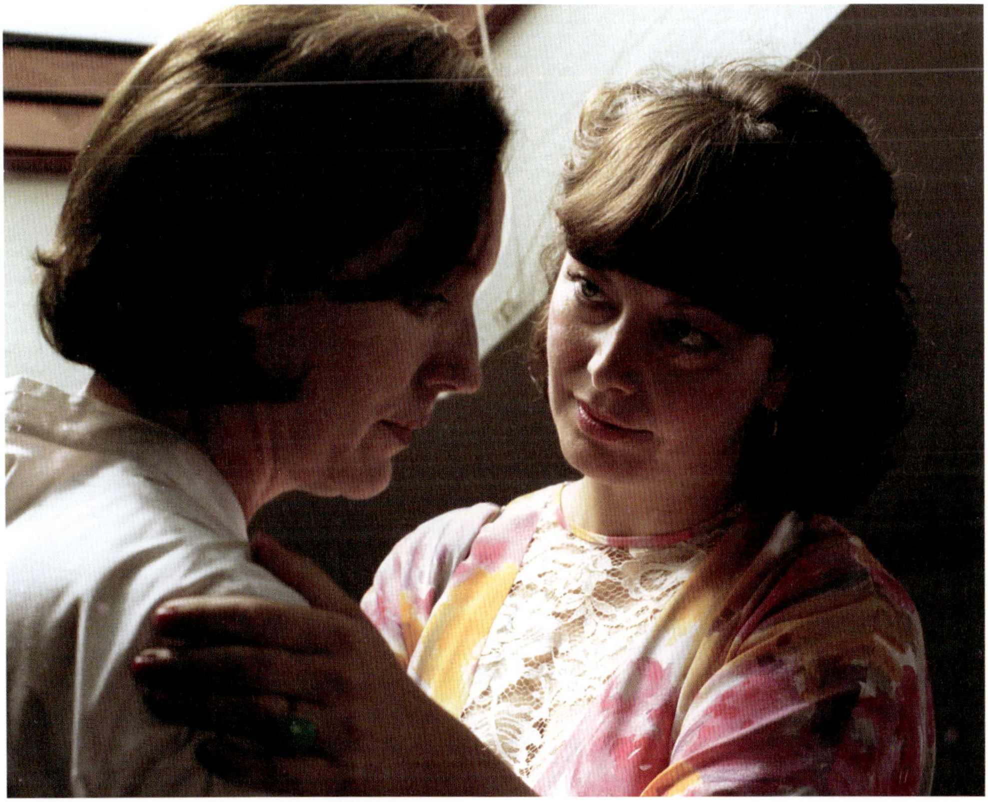

Gabis Mutter Veronika (Helga Jeske) zu Besuch.

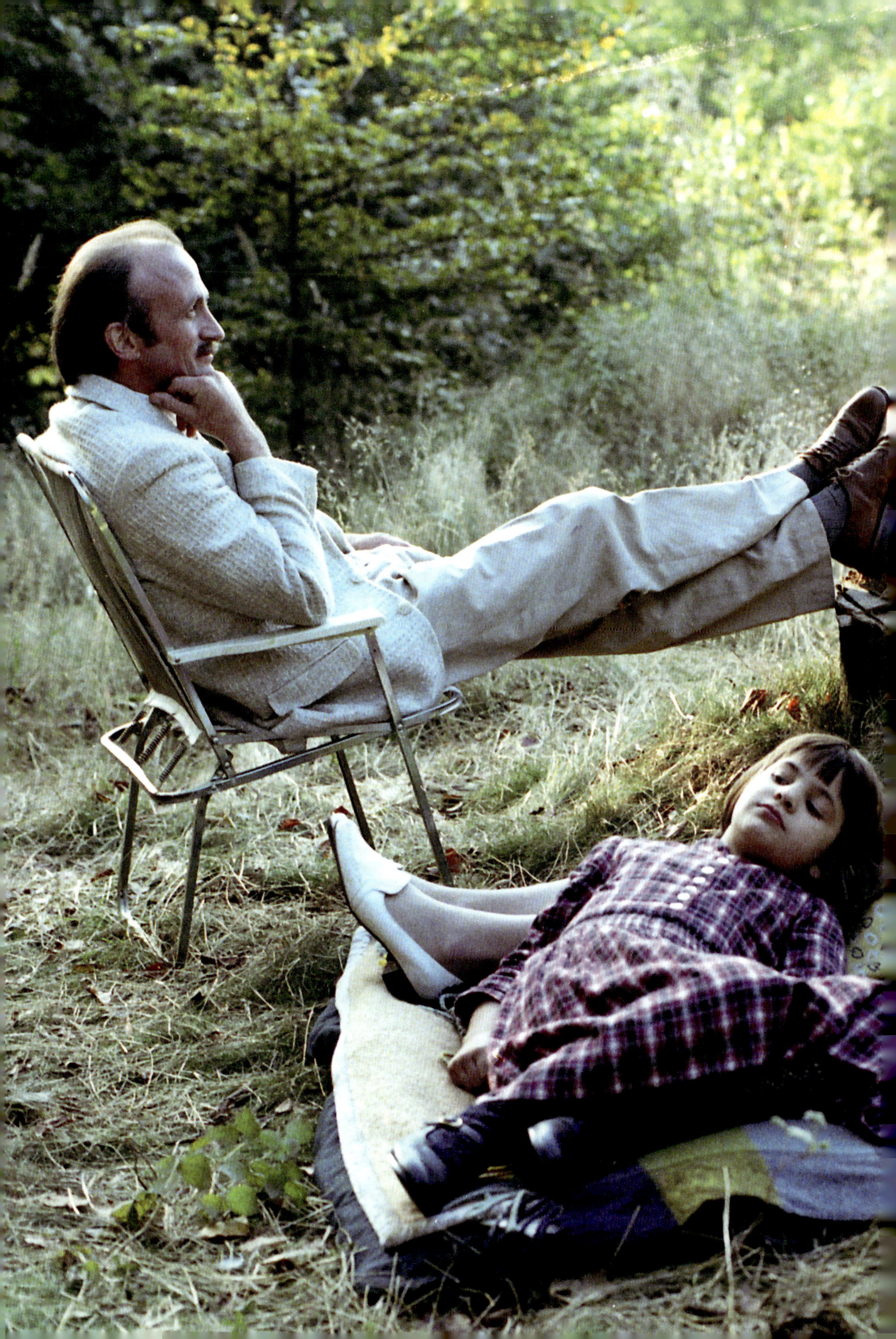

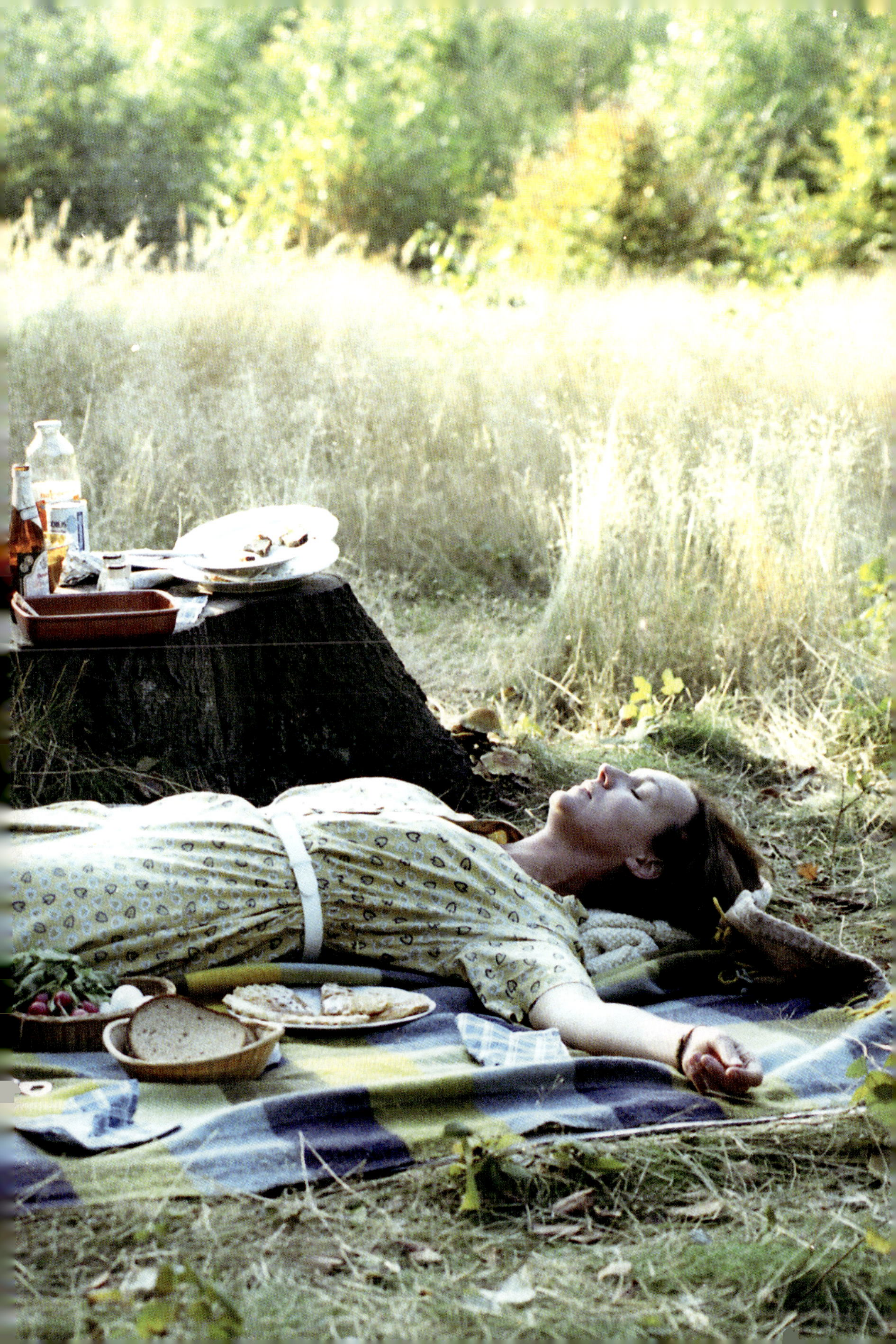

Claus-Jürgen Pfeiffer:

»Die Arbeit an WECHSELBALG gefiel mir nicht so sehr. Das einzig Gute war, dass wir immer zum ›Spichernwirt‹ gehen konnten über die Grenze. Die Nähe zu Frankreich war prima. Aber die eigentlichen Dreharbeiten habe ich nicht gut in Erinnerung. Die Leute waren alle nett aber ... irgendwas war da. Es war halt eine reine Senderproduktion, und die Abläufe waren wirklich verheerend, zumindest für meinen Bereich. Ich konnte viele Dinge einfach nicht selbst entscheiden, es gab dort andere Genehmigungswege. Wir hatten auch sendereigene Requisiteure. Die sind wirklich um 5 Uhr nachmittags nach Hause gegangen, obwohl noch ganz viel zu tun war. Zum Beispiel:
Sohrab war jemand, der sich bei der Ausstattung nicht völlig festgelegt hat. Er traf oft Last-Minute-Entscheidungen. Das ist ja das Recht jeden Regisseurs ... Wenn z.B. eine Hühnersuppe durch eine Gulaschsuppe für eine Essenszene ersetzt werden sollte. Ich konnte im Hotel keine kochen und die Requisiteure sind eben nach Hause gegangen und haben gesagt: ›Nein, es gibt Hühnersuppe, vorhin wurde noch Hühnersuppe angesagt! Nein!‹
Das ist eine andere Umgehensweise mit filmischen Bedürfnissen ... Meine filmische Sozialisation war eben eine andere: man macht das, was möglich ist, auch wenn es die halbe Nacht kostet.
Henning Gissel, der Hauptdarsteller in der Rolle des ›Hermann‹, den hatte Saless irgendwann gefressen. Einmal hat er zu ihm gesagt: ›Wenn Sie das jetzt nicht tun, was ich Ihnen sage, lasse ich Sie in der nächsten Einstellung vom Auto anfahren und zeige Sie nur noch von hinten.‹ Das hat er dann wirklich gesagt, er war aufgebracht, weil der sich geweigert hat, bestimmte Dinge zu tun. Er hat immer merkwürdige Vorschläge gemacht.«

Bert Schmidt:

»In meiner Erinnerung sagte Saless auch, dass er Henning Gissel generell ins (off)[39] schneiden werde, so sehr regte er sich über die Vorschläge des Schaupielers auf. Einmal ging Saless in den Nebenraum und trat gegen eine Tür, um sich abzureagieren.«

Die Figur des Hermann ist in dem Film eine eher passive Person, die ihren täglichen Ritualen folgt. Er ist in dem Beziehungsdreieck gerade wegen seiner Passivität aber ein wichtiger Pfeiler. Mit dem Kind kommt er schließlich gut zurecht. Henning Gissel wollte aber in dem Film ›präsenter sein‹, mehr ›spielen‹.

---

39 (off) alle akustische Ereignisse, die nicht im Bild stattfinden.

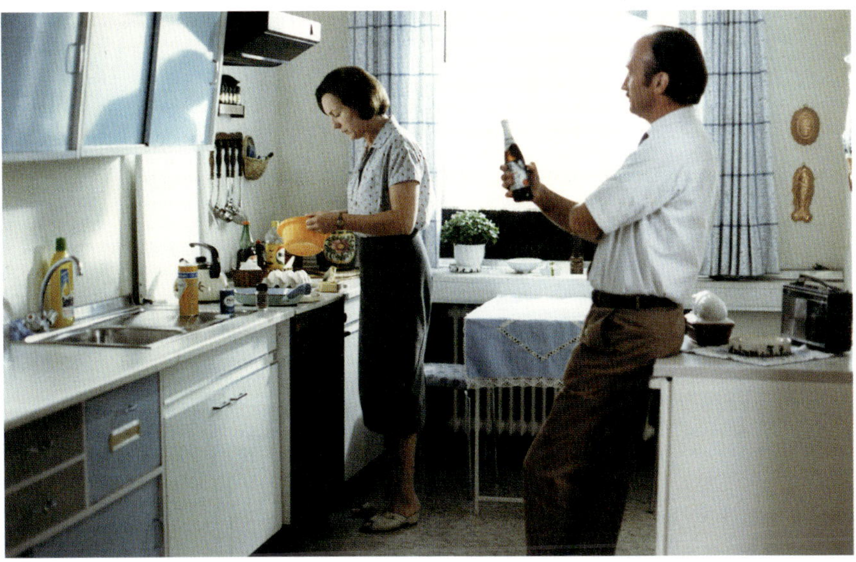

Hermann (Henning Gissel), von der Arbeit zurück, mit Bierflasche.

Beim Drehen im Reihenhaus tauchte ein bis dahin nicht beachtetes Problem auf, das dem Tonmeister Peters-Vallerius große Probleme bereitete: die hauseigene 16mm Kamera von ›Telefilm Saar‹, eine Arriflex SR3, machte ziemliche Laufgeräusche. Besonders bei ruhigeren Innenaufnahmen war dieses Surren für jedermann hörbar. Man behalf sich zunächst mit einer schalldämmenden Ummantelung, einem Blimp, ›Barney‹ oder mit Moltondecken. Doch oft reichte das nicht. Nun kamen Daunenjacken zum Einsatz. Ein ganzer Berg von geräuschdämmenden Materialien türmte sich allmählich auf. Peters-Vallerius musste aber trotzdem immer wieder die Aufnahme abbrechen, weil das Geräusch nicht herauszufiltern war.

Ein Techniker vermaß die Kamera und kam zu dem Ergebnis, dass das Geräusch vorn am Objektiv nach außen drang. Dort konnte man schlecht Daunenjacken anbringen.

Das Kamerateam schlug eine andere Lösung vor: man solle doch die Panaflex 16mm ›Elaine‹ ausleihen. Eine kleinere Version der legendären ›Panavision‹, die gerade neu entwickelt worden war, mit sensationell niedrigen Laufgeräuschen.[40] Man konnte sie in Deutschland ausleihen, aber die Leihmiete war hoch. Die Produktion weigerte sich zunächst, die Panaflex zu mieten. Wir argumentierten, dass es letztlich teurer sei, wenn wegen dem Störgeräusch der Kamera

40 Die Kamera wurde erstmalig für den offiziellen Film bei den Olympischen Spielen in Los Angeles 1984 eingesetzt.

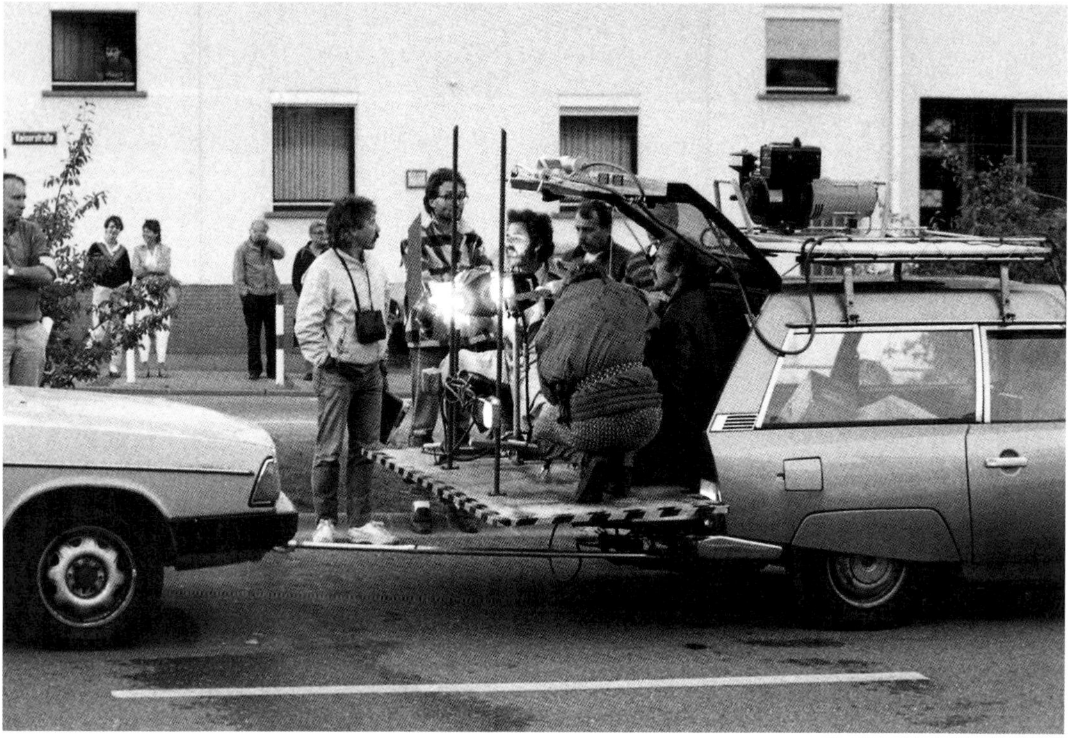

Hermanns Auto wird vom Kamerawagen für die Fahrtaufnahmen geschleppt.

Hermann fährt Gabi zurück ins Heim.

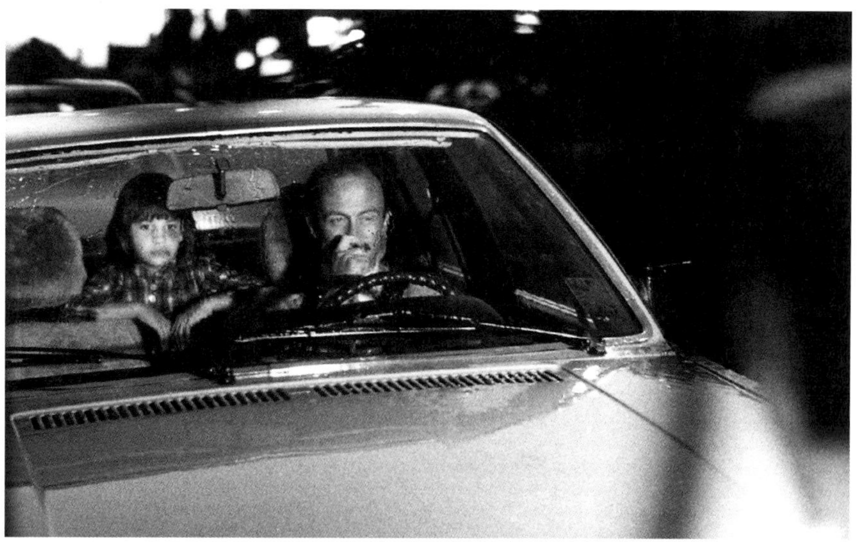

nachgedreht werden müsste. Unser Team machte immer mehr Reklame für ›Elaine‹ (benannt nach der Tochter des Konstrukteurs), und als das Problem zu weiteren Verzögerungen bei den Dreharbeiten führte, gab die Produktion endlich nach. Diese Kamera war die Lösung.

Das Team der ›freien‹ Mitarbeiter wohnte während der gesamten Drehzeit im ›Novotel‹, in Sichtweite der ›Goldenen Bremm‹, ein wichtiger Grenzübergang nach Frankreich. Dort befand sich eine Art Niemandsland. Die Straßen hatten, obwohl auf deutscher Seite gelegen, einen französischen Charakter, z. B. 14-tägig wechselnde Straßenseiten beim Parken. Es gab ein Restaurant ›Les Routiers‹ und Baguettes waren selbstverständlich. Insgesamt herrschte in der Stadt ein angenehmes Klima, eine Mischung aus französischer Gelassenheit und deutscher Gemütlichkeit.
Einmal hatte der Hamburger Sportverein das halbe Hotel gemietet – es gab ein Fußballspiel gegen den 1.FC Saarbrücken (damals tatsächlich in der 1. Liga). Man lief vorbei an offenen Zimmern, die zu Massageräumen umfunktioniert waren. Der Flur roch nach Massageöl. In der Lobby saß Günter Netzer, Manager des Vereins, und telefonierte.
Am Wochenende war es im Hotel möglich, die ersten Sendungen des Privatfernsehens zu bestaunen, Sat 1 und RTL kamen gerade aus den Startlöchern. Es war geradezu schmerzhaft langweilig, was dort geboten wurde. Wir dachten alle: ›Das wird nichts. Das wird wieder eingehen.‹ Weit gefehlt, wie man heute weiß. Redakteur Josef Nagel prophezeite, dass es für die öffentlich-rechtlichen Sender schwieriger werden würde, vor allem wenn man ambitionierte Sendungen produzieren wolle – z. B. Filme von Sohrab Saless. Er sollte recht behalten.

Gegen Ende der Dreharbeiten reiste das ganze Team nach Osnabrück. Wir drehten im Hauptbahnhof von Osnabrück und anschließend am ›Hermannsdenkmal‹.
Die Szene am ›Hermannsdenkmal‹ erwies sich als eine der aufwändigsten der ganzen Dreharbeiten. Wir hatten viele Komparsen engagiert, die die Besucher des Denkmals spielen sollten. Saless inszenierte den Gang der Hauptdarsteller zum Monument und die Handlung auf der Aussichtsplattform. Ich richtete die Bewegungen der Komparsen ein. Alles war bereit, aber das Wetter spielte nicht mit. Regen und Wind setzten ein. Nach ein paar Stunden brachen wir die Dreharbeiten ab. Am nächsten Tag kamen alle wieder pünktlich zum Set. Aber das Wetter blieb grau in grau. Keine Lichtstimmung, die für einen solchen Ausflug passend gewesen wäre.
Um die Komparsen bei Laune zu halten, trainierte ich mit ihnen die Einsätze in einem nahegelegenen Saal. Sie waren bester Stimmung, bis die Dreharbeiten erneut abgebrochen wurden. Schon die Römer hatten bei ihrem berühmten

Feldzug gegen Hermann (Arminius) im Jahr 9 nach Christus unter den widrigen Wetterverhältnissen gelitten.
Am dritten Tag kamen alle Komparsen wieder. Den Leuten gefiel es, für solch ein absurdes Unterfangen jeden Tag erneut anzutreten (es gab dafür schließlich auch Geld).
Das Wetter besserte sich etwas. In einem Moment, als die Wolkendecke sich lichtete, drehten wir die Szene ohne Probleme. Alle hatten gut trainiert und waren dann ein wenig traurig, als es vorbei war.
Wir eilten mit dem gesamten Team nach Süden, Richtung Saarbrücken. Es war noch die Waldszene mit dem Albtraum von Luise zu drehen, bei gutem Wetter natürlich.

Als wir bei Friedberg den Taunuskamm überquerten, kam die Sonne heraus und blieb.
Nachdem der Film fertiggestellt war, gab es ein Treffen mit dem neuen Fernsehspielchef Martin Buchhorn. Ulrich Nagel war inzwischen pensioniert worden. Herr Buchhorn beglückwünschte Saless zu seinem gelungenen Film. Zum Schluss machte er Saless ein Angebot für ein neues Projekt: ob er einen TATORT für den Saarländischen Rundfunk drehen wolle?
Saless entgegnete: »Warum nicht! Aber nur, wenn ich freie Hand habe und ihn wie einen Saless-Film machen kann ...«
Das war das Ende der Zusammenarbeit mit dem SR.

20 Jahre später tauchte der Geschäftsführer der ›Telefilm Saar‹ (eine Tochterfirma des SR), Joachim Schöneberger, unter. Er war verantwortlich für einen Betrugsskandal der Firma in Höhe von mehr als 20 Millionen Euro und für sogenannte Luftbuchungen von 2,7 Millionen. Der Sender erwirkte einen Haftbefehl, woraufhin der Geschäftsführer sich nach zwei Wochen stellte und umgehend in die JVA einzog.
Das hätte ein Saless-Stoff werden können: Ein TATORT mit Tatort ›Sender‹.

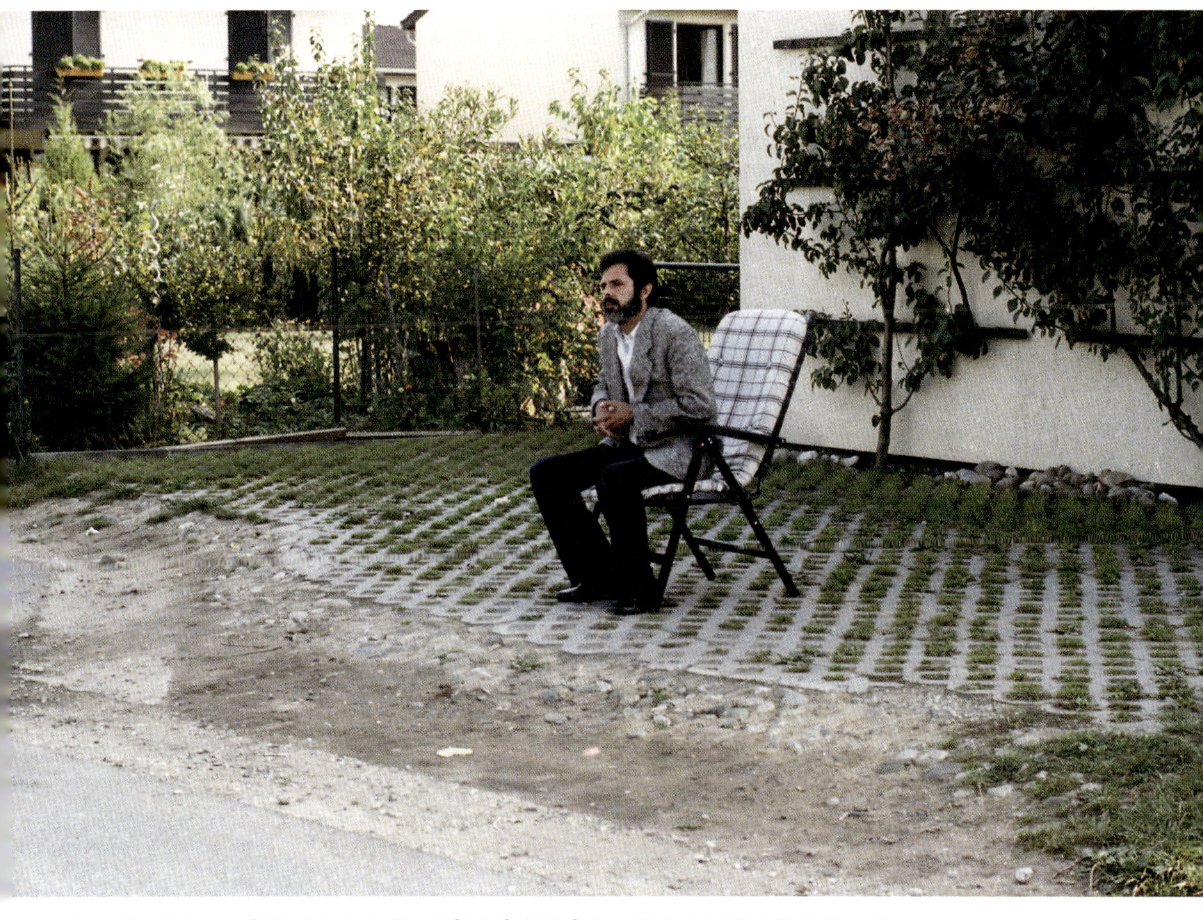

Auch hier, in diesem Reihenhausparadies, äußerte Sohrab Saless einen seiner Lieblingssätze, der wohl von Herbert Achternbusch inspiriert war: »Hier möchte ich nicht gestorben sein.«

LIST Z KABUL
(BRIEF AUS KABUL)

ČSSR, 1987

Format: 16mm

Länge: 41 Minuten

Buch: Sohrab Shahid Saless

Kamera: Stanislav Doršic

TV-Produktion des slowakischen Fernsehens.

Inhalt:
Der neunjährige Mahmud schreibt Briefe an seine Freunde in fernen Ländern und berichtet vom Leben in Kabul im sowjetisch besetzten Afghanistan Mitte der achtziger Jahre.
Der Film ist ein interessantes Dokument dieser kurzen Periode zwischen dem Einmarsch sowjetischer Truppen im Dezember 1979 und ihrem Abzug 1989 aus Afghanistan.
Man sieht viele unverschleierte Frauen. Zum Beispiel weibliche Polizistinnen, die in Uniform den Verkehr regeln.
Schon während der Dreharbeiten zu WECHSELBALG sprach Saless von dem Projekt, das er für das slowakische Fernsehen plante. Er hatte inzwischen einen festen Wohnsitz bei Bratislava und seine guten Kontakte zu Slovenský film (und wohl auch zur Partei) ausgebaut. Er wurde dort gerne gesehen und auch hofiert. Wenn ein Regisseur aus einem kapitalistischen Land es vorzieht, im realen Sozialismus zu leben und Filme zu drehen, konnte man dies bei Bedarf propagandistisch verwerten. Ich fragte ihn, ob er sicher sei, dass man ihm freie Hand lassen würde für den Film und ob er auch einen Vertrag mit ›Final Cut‹ habe und damit für die ›gesamtkünstlerische Leitung‹.[41] Er ging darauf aber nicht näher ein. Ich hatte meine Zweifel.

Dann war lange Zeit nichts von Sohrab Saless zu hören, bis er wieder einmal nach Frankfurt kam. Er erzählte von den Dreharbeiten in Kabul. Der Kameramann Stanislav Doršic, der nach der Entlassung von Ramin Molai bei DER WEIDENBAUM die letzten verbliebenen Aufnahmen gedreht hatte, Mischko Gubala, der Bühnentechniker und Lubo Velickij, der Produktionsfahrer, waren mit ihm dort hingereist. Er wollte sich bei ihnen bedanken, erzählte er, weil sie bei DER WEIDENBAUM so solidarisch zu ihm gestanden hatten.
Die Reise geriet aber für die Mitfahrer zum Albtraum. Afghanistan war damals noch sowjetisch besetzt, doch Kabul war von den Mudschaheddin schon eingekreist und stand unter ständigem Raketenbeschuss. In der Nähe ihrer Behausung schlugen gelegentlich Geschosse ein, die alles erzittern ließen. Saless schilderte, wie sein Team (außer Lubo Velickij) ständig dem Nervenzusammenbruch nahe gewesen sei.
Die Furchtlosigkeit von Saless in solchen Situationen ist bemerkenswert – wenn man etwa seine panische Flugangst bedenkt, die er nie loswurde. Wenn es um einen Film ging, war Saless wie ausgewechselt. Rings um ihn hätte die Welt zusammenbrechen können: erst würde er seine Szene zu Ende drehen ...

41 Bei Studioproduktionen in Hollywood ist das Recht auf den letzten Schnitt – der ›final cut‹ und dessen Überwachung – ausschließlich Sache des Produzenten.

Saless erzählte, dass es dann beim Schnitt Probleme mit der Fernsehredaktion in Bratislava gegeben hätte. Man habe ihm vorschreiben wollen, keine Anzeichen von Kriegseinwirkungen wie z.B. Trümmer in Kabul zu zeigen. Natürlich bissen sie bei Saless auf Granit. Nie hatte er sich die Einmischung in die Gestaltung eines Werks bieten lassen. Der Film läge vorerst auf Eis, meinte er. Danach wurde es fast zwanzig Jahre still um BRIEF AUS KABUL. 2005 wurde er schließlich vom Münchner Filmmuseum aus dem Archiv des slowakischen Fernsehens ausgegraben. Es stellte sich heraus, dass es zwei Versionen gibt. Eine Fassung von Saless, der Director's Cut, mit einer Länge von 45 Minuten und eine gekürzte Fassung von 30 Min. In letzterer ist tatsächlich nichts zu sehen von irgendwelchen Kriegseinwirkungen in Kabul. Der Film ist nie gesendet worden.

Im Dezember 1986 besuchte ich Sohrab Saless in der ČSSR. Er wohnte mittlerweile in Poprad, Hohe Tatra, und war mit einer Slowakin verheiratet. Nach wenigen Tagen fuhren wir nach Bratislava und wohnten bei einem Mischtonmeister und seiner Familie, die Saless im Jahr zuvor kennengelernt hatte. Der Mann galt, obwohl fast taub, als der beste Mischtonmeister im Studio ›Koliba‹. Wir diskutierten viel über die politische Lage. Es war die Zeit von Glasnost und Perestroika. Saless war entschieden gegen Gorbatschow. Er meinte, damit würde der Sozialismus untergehen (womit er recht hatte) und dann die ganze Welt in ein Chaos stürzen (ist noch nicht ganz eingetreten).

DRHEBUCH ZU

EIN UNDING DER LIEBE

1988

Saless war ein großer Anhänger der Literatur von Ludwig Fels, z. B. ›Die Sünden der Armut‹ (Darmstadt, 1975). Das war für ihn einer der besten zeitgenössischen deutschsprachigen Romane, und er wollte unbedingt ein Buch des Schriftstellers verfilmen.
Redakteur Willi Segler vom ZDF-Fernsehspiel (UTOPIA) tat ihm den Gefallen und bot ihm an, den Roman »Ein Unding der Liebe« (Darmstadt, 1981) zu verfilmen. Saless schrieb das Drehbuch. Die Dreharbeiten aber musste er absagen. Man hatte eine akute Krebserkrankung diagnostiziert. Er wurde in Bratislava operiert. Radu Gabrea übernahm die Regie des Films.
Die Krankheit von Saless nahm einen positiven Verlauf. Der Krebs war vorerst besiegt, aber Filmarbeit war auf absehbare Zeit nicht möglich. Saless kam 1988/89 zusammen mit seinem Chirurgen aus Bratislava zu Besuch nach Frankfurt. Er hatte sich unter dem Einfluss seines Arztes zu einem wahren ›Gesundheitsapostel‹ gewandelt, dem Alkohol entsagt und er nahm große Mengen von Nahrungsergänzungsmitteln zu sich, Vitamine, Mineralien, alles Dinge, die ihm sein Arzt verordnet hatte. Damals war gerade die Lehre aus den USA nach Europa importiert worden, wonach man mit diesen Substanzen (Antioxidantien), stark dosiert, dem Krebs vorbeugen könne.
Saless, der als Kind selber Arzt hatte werden wollen, redete ständig wie ein Internist auf uns ein und hielt bei jeder Gelegenheit Vorträge, welches Vitamin in welcher Dosierung seine positive Wirkung entfalte. An den Salat gehöre unbedingt zusätzliches Vitamin C!

Im Sommer 1990 kam er erneut zu Besuch und wohnte bei uns. Wir fuhren unter anderem nach Berlin. Die Mauer war inzwischen gefallen, in der ČSSR hatte die ›samtene Revolution‹ stattgefunden und die alten Machthaber aus ihren Ämtern verjagt.
Saless stand dieser ganzen Entwicklung, dem Zusammenbruch der kommunistischen Regime, erwartungsgemäß skeptisch gegenüber. Er stellte die These auf, dass diese Entwicklung in einen globalen Niedergang führen würde, bis hin zum Krieg – wer gegen wen ließ er offen. Die Menschen würden sich gegenseitig zerfleischen.

Doch der Grund für sein Kommen war ein anderer. Er traf Willi Segler vom ZDF, um mit ihm die nächste Ludwig Fels-Verfilmung anzugehen: »Rosen für Afrika«, (München, 1987) ein Roman von über 300 Seiten, der dann auch über drei Stunden lang werden sollte.
Saless siedelte nun wieder in die Bundesrepublik über. Die Wahrscheinlichkeit, jemals wieder einen Film in der ČSSR drehen zu können, war auf null gesunken.

Längere Zeit wohnte Saless bei uns. Er kochte fast täglich. Nach Monaten beschloss er umzuziehen, da er den Eindruck hatte, er sei nicht mehr erwünscht. Er hatte mich beobachtet, wie ich einmal für längere Zeit den Kopf aus dem Fenster gestreckt hatte, und fragte mich »Ich soll wohl gehen?« Er habe auch einmal einen Freund bei sich wohnen gehabt, und als er dessen Anwesenheit nicht mehr habe ertragen können, habe er ständig den Kopf aus dem Fenster strecken müssen.
Er hinterließ uns diesen Zettel:

4.09.91

HERZLICHEN
DANK FÜR ALLES,
VOR ALLEM KOST UND
LOGIS UND AUF DEM
SPASS ZWEI SCHNÄPSE
EUER STÖRFAKTOR
SOHRAB

ROSEN FÜR AFRIKA

BRD 1992

Format: 16mm

Länge: 183 Min.

Nach dem gleichnamigen Roman von Ludwig Fels

Darsteller: Silvan-Pierre Leirich, Ursula Rosenberger, Jan Biczycki, Enzi Fuchs, Manfred Zapatka

Drehbuch: Sohrab Shahid Saless

Kamera. Eberhard Scheu

Redaktion: Willi Segler, ZDF

Produktion: INFA Film, München

Geplante Drehzeit: 28.1.1991 bis 22.3.1991

Inhalt:
Saless erzählt von der Ehe zwischen dem 30-jährigen Gelegenheitsarbeiter Paul Valla und einer Frau aus bürgerlichem Haus. Schon bald stürzt die Beziehung aufgrund der aggressiven, selbstzerstörerischen Tendenzen des Mannes in eine tiefe Krise. Als die von Gewalt und Psychoterror geprägte Ehe endgültig in die Brüche geht, sucht der Mann Trost im Alkohol und wird schließlich kriminell.

Ich hatte im Vorfeld der Dreharbeiten begonnen, Drehbuchauszüge anzufertigen, aber aus gesundheitlichen Gründen musste ich die Teilnahme an dem Projekt absagen.
Wolf-Dietrich Peters-Vallerius, der wieder den Ton bei dem Film machen sollte, sagte auch ab, aber aus anderen Gründen.

Wolf-Dietrich Peters-Vallerius:
»Bei ROSEN FÜR AFRIKA war ich nicht mehr dabei. Ich hatte den Roman gelesen. Ich hatte damals eine Tochter, die gerade ein Jahr alt war, und da war dieser Typ im Roman, der seiner schwangeren Frau in den Bauch tritt – das haut jeden jungen Vater um, jeden werdenden Vater, jede werdende Mutter. Das haut alle um. Ich sagte zu Sohrab: ›Das kannst du nicht bringen. Ludwig Fels kann das meinetwegen bringen.‹ Dann hat er mir irgendwann gesagt, dass er es abgemildert hätte. Es sei nur noch ein Faustschlag.
In dieser Zeit wohnte Saless hier um die Ecke (Schöneberg), und ich bin einmal zum Frühstück zu ihm gekommen. Er wohnte damals allein. Das Frühstück hat nicht so richtig geklappt, weil er auch gar keinen Hunger hatte. Er hat sich damals von anderen Sachen ernährt – von ›flüssigen Kartoffeln‹.
Ich habe zu ihm gesagt: ›Du kannst doch nicht zum Frühstück Wodka trinken!‹ Es waren keine kleinen Gläschen! Ich habe ihn richtig angemeckert und das war's dann. Ich war sozusagen raus aus der Nummer. Es war das letzte Mal, dass wir uns gesehen haben.«

Christel Orthmann, die bevorzugte Cutterin von Saless, übernahm die Montage des Films in München. Gegen Ende des Schnitts besuchte ich Saless und konnte Teile des Rohschnitts sichten. Saless berichtete, dass er den Film vom Ende her geschnitten hätte. Er hatte wie immer den Schnitt des Films im Kopf und wollte zur Abwechslung einmal von hinten anfangen.

Nach Fertigstellung des Films zog Sohrab Saless nach Berlin und wohnte mit Christel Orthmann, seiner Cutterin, zusammen. Er verfasste neue Drehbücher: TRAUMFRAU nach dem Roman von Klaus-Peter Wolf. Arbeitstitel: MARYS TRAUM, Produktion: Regina Ziegler-Film. Das Projekt scheiterte angeblich daran, dass Klaus-Peter Wolf zu sehr in die Umsetzung durch Saless hineinreden wollte.

Saless hatte mir erzählt, dass der Autor auch bei allen Dreharbeiten dabei sein wollte. Das sei für ihn unmöglich und so brach er die Zusammenarbeit mit Ziegler ab.
Ein weiteres Drehbuch, das er in dieser Zeit geschrieben hatte, trug den Titel ALTWEIBER-SOMMER, später umbenannt in ARKADIA. Auch dieses Buch fand keinen Abnehmer.
Ende 1991 wollte Saless auch mit unserer Firma (strand**film**) einen Film produzieren: TOD EINES ASYLANTEN, der heute, 30 Jahre später, nichts von seiner Aktualität eingebüßt hätte.
Der Stoff beruhte auf einer wahren Begebenheit: ein iranischer Asylbewerber wird in einem Supermarkt in Tübingen vom Hausdetektiv bei einem angeblichen Ladendiebstahl erwischt und bei der Festnahme zu Tode gewürgt. Im Film sollte die Geschichte des Opfers, seiner Familie und auch die des Täters erzählt werden.

Saless schrieb aber das Drehbuch nicht, sondern hinterließ uns ein vierseitiges Exposé und einen Ordner mit seinen Recherchen, Fotos, Zeitungsausschnitte und ähnliches, die er als ›Szenenfolge‹ sortiert hatte. Ohne Drehbuch konnten wir jedoch die Finanzierung nicht anschieben.

Dieter Reifarth:
»Damals war er von seiner gesundheitlichen Konstitution her schon nicht mehr in der Lage, solch einen Film zu machen. Er hat extrem Alkohol konsumiert. Er hat mich nachts angerufen, hat geweint und mir die Geschichte von diesem Jungen erzählt, der da erwürgt wurde, und was der alles im Leben noch vor sich hätte haben können. Wenn er an das Leben denke, das in diesem miesen Hinterhof des Supermarkts erloschen ist, das wäre das traurigste überhaupt, was er sich vorstellen konnte. Er hing sehr an dem Stoff, aber er war nicht mehr imstande ihn niederzuschreiben. Wir haben ihm doch auch noch ein Geld bezahlt.«

Bert Schmidt:
»10 000,- DM haben wir ihm gegeben ... Er hat aber auch nicht mehr darauf gedrungen, dass wir mit der Finanzierung weiterkommen. Er hat richtig abgebaut.«

Dieter Reifarth:
»Ja, früher war er jemand, der keine Ruhe gegeben hat: ›Wie weit ist das denn jetzt mit dem Stoff? Hat der schon geantwortet?‹, immer wie ein Besessener. Zum Schluss war er paranoid. Ich habe ihn besucht in Berlin, als er bei seiner Cutterin wohnte. Er hat mir einen Elektroschocker gezeigt, den würde er immer bei sich tragen. Es sei viel zu gefährlich jetzt nach draußen zu gehen.«

Saless hat dann keinen Stoff mehr verwirklichen können. Bis zu seiner Übersiedelung in die USA verbrachte er Jahre voller Depressionen, zuletzt gezeichnet von schwerer Alkoholkrankheit.
Unsere letzte Begegnung fand im Dezember 1994 im Filmmuseum Frankfurt statt. Er erhielt dort den mit 20 000 DM dotierten ›Großen Preis für sein Gesamtwerk‹ von der Autorenstiftung des Verlags der Autoren. Es sollte sein letzter Preis sein. Seine Dankesrede endete mit dem bitteren Satz: ›Wenn man irgendwo nicht mehr gefragt ist, muss man sich ein anderes Grab schaufeln.‹ Einige Wochen später verließ er Deutschland.
In einem Interview, das er wenige Monate vor seinem Tod in den USA gab, äußerte er sich über seine letzten Jahre in Deutschland: Während er einen Film gemacht habe, konnte ihm nichts in der Welt etwas anhaben. Aber ohne die Möglichkeit zu drehen, sei er völlig am Boden gewesen. Als die letzten Drehbücher abgelehnt worden seien, habe er angefangen zu trinken, von früh am Morgen bis abends. Dann habe er mit einigen Freunden telefoniert, die ihn alle ermahnt hätten, nicht so viel zu trinken und dann sei er in eine Starre gefallen bis zum nächsten Morgen. Drei Jahre lang sei das so gegangen.[42]

Bert Schmidt:
»Warum gab es immer diese Konflikte bei Saless' Filmen?«

Rechtsanwalt Claus Mayershofer:
»Ich denke, es ging um seine künstlerische Darstellung. Er wollte seinen Kopf durchsetzen und sich dem System, der Macht des Geldes, nicht beugen. Er war der Künstler: ›Ich bin der Regisseur, ich bin der Drehbuchautor. Es muss so sein, wie ich es mir vorstelle, es muss genau danach laufen.‹ Warum er es gemacht hat? Bis zum Chaos ... bis zur Pleite. Er hat sich neuen Produktionen verweigert letztendlich, weil die neuen Produzenten ihm nicht entgegengekommen sind, er ist verschrien gewesen als ›problematisch‹, und wer als ›problematisch‹ in der lieben Filmbranche verschrien ist, wo nur Friede, Freude, Eierkuchen herrscht und kein Konflikt, der hat nie eine Chance. Ich hab mal mit einem leitenden Redakteur beim ZDF gesprochen, da ging es um ein Urheberrechtsthema. Wir wollten eine Auskunft von ihm, er hätte dazu eine Stellungnahme abgeben können, er wusste es auch ganz genau. Ich habe mit ihm

42 Die Parallelität zu der Figur des Grabbe wird hier überdeutlich. Heinrich Heine bezeichnete Grabbe als ›betrunkenen Shakespeare‹ – ›er trank, weil er sterben wollte ...‹
Im Film GRABBES LETZTER SOMMER untersucht ihn ein Arzt (gespielt von Eberhard Fechner) und stellt fest: »Lassen sie das viehische Saufen. Falls Sie den Rum nicht drangeben und den Schnaps, Grabbe, können wir nicht mehr von Jahren, höchstens noch von Wochen reden.«
Ein Bekannter, der bis zuletzt Kontakt zu Saless hatte, kolportierte mir, dass ein Arzt etwas Ähnliches zu Saless gesagt habe, kurz bevor er in die USA übersiedelte. Wenn er weiter trinken würde, sei er in wenigen Wochen tot. Daraufhin habe Saless tatsächlich aufgehört zu trinken.

telefoniert, und da sagte mir der gute Mann: ›Ja wissen Sie, da will ich mich nicht einmischen, ich brauche meinen inneren Seelenfrieden.‹ Da habe ich genau gewusst, was da los ist mit den Herren in den Funkhäusern: der Innere Seelenfriede. Leistung ist uninteressant, Qualität auch nicht so wichtig. Hauptsache, man eckt nirgends an, man macht sich nicht unbeliebt. Das war genau das Thema, das Saless hatte. Er ist angeeckt, hat sich unbeliebt gemacht. Er hat leider nicht den Durchbruch geschafft, wie andere Leute, die angeeckt sind, sich unbeliebt gemacht haben, aber ein Millionenpublikum hatten. Da hat man es dann akzeptiert.«

Um sich selbst zu charakterisieren, erzählte Saless gerne eine Geschichte aus seiner Kindheit.
Als kleiner Junge wollte er unbedingt etwas für sich durchsetzen. Als es ihm verwehrt wurde, stieg er auf ein Dach und drohte, nicht wieder herunterzukommen, bis ihm sein Wille erfüllt wurde. Oft verwendete er die Redewendung: »Wenn die nicht mitmachen ... dann mache ich Kamikaze.« Er wollte sich nie beugen, Dinge durchsetzen notfalls ohne Rücksicht auf sich selbst.

Sohrab hatte eine freudlose Kindheit durch die frühe Trennung von seiner leiblichen Mutter. Er war keine zwei Jahre alt, als sie die Familie verließ. Zum Vater hatte er kein gutes Verhältnis.
Als er 18 Jahre alt war ging er nach Wien, suchte dort seine Mutter und fand sie. Sie lebte mit einem Mann zusammen und hatte drei Kinder. In einem Brief an Ludwig Fels Ende 1990 schreibt er: »Ich habe sie gefunden, gesehen und bin einen Monat später weggegangen. Seitdem gehe ich immer weg. So ist das Herr Fels. So lernt man große Sprünge in der Welt machen. Auch wenn man sich wie in einem Eimer dreht ...«
Weiter schrieb er an Fels: »Meine Tochter ist sieben Jahre alt und heißt Mascha. Ich kenne sie nicht und sie mich auch nicht. Ich habe mich in meiner Mutter wiederholt und Mascha sich in mir! Jawohl! Auf den Spaß ein Schnaps! Also die Liebe ist verhaftet worden und ohne Prozess auf den elektrischen Stuhl gefesselt.«

Paul in ROSEN FÜR AFRIKA entspräche exakt seiner Persönlichkeit, hat Saless selbst einmal vermerkt. In einem Brief an Ludwig Fels schrieb er, dass dies ein Film über ihn selbst sei. Sohrab Saless war am Ende Gefangener in einem selbstzerstörerischen Teufelskreis aus Alkoholismus und Torpedierung eigener Projekte.
Für sein kompromissloses Festhalten an seiner Art zu erzählen fand er keine Produzenten mehr.

Er hat dem Filmemachen alles untergeordnet, seine Beziehungen, seine Freundschaften. Er musste, sagte er mir einmal: »... dieses Surren des Filmmaterials durch die Kamera hören.« Er lebe förmlich auf, wenn er es nach langer Zeit wieder vernähme.

Wie weit diese Abhängigkeit ging, schilderte er mir bei anderer Gelegenheit: »Wenn ich eine Szene drehen will und im Nachbarzimmer liegt mein Vater im Sterben, dann sage ich ihm: ›Warte mit dem Sterben! Ich muss erst diese Einstellung abdrehen.‹« Saless hat sich mit dem Filmemachen am Leben erhalten. Als dies nicht mehr möglich war, starb er.

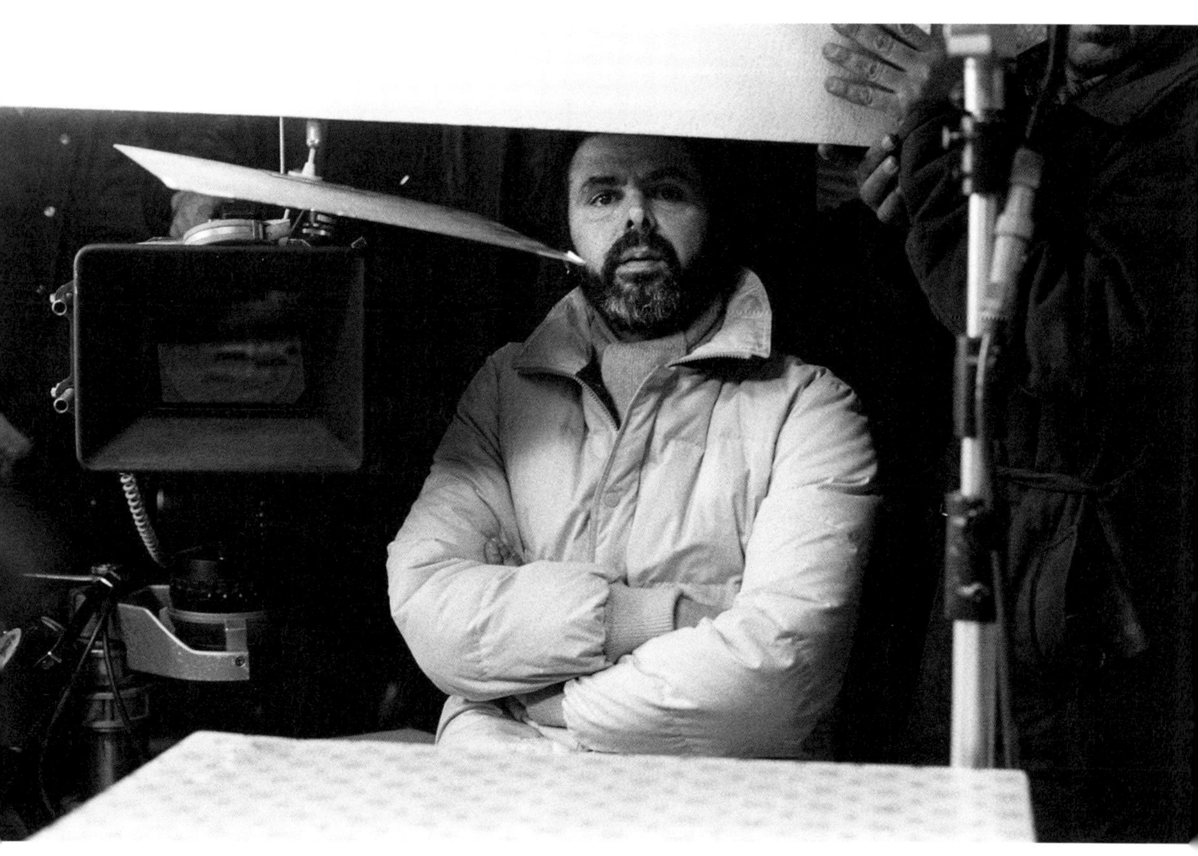

DER KOSMOS VON SOHRAB SHAHID SALESS

Saless hegte eine starke Identifikation mit Čechov. Er wäre auch gerne Arzt geworden, wie sein Vorbild.
DER WEIDENBAUM blieb der einzige Film nach einer Erzählung von Čechov. Ein Stoff, den er gerne noch verfilmt hätte, ist DER SCHWARZE MÖNCH.

Sohrab Shahid Saless ist ohne jeden Zweifel ein klassischer Vertreter des Autorenkinos.

In jedem seiner Filme begegnet man Figuren, die er mit seinen eigenen Charakterzügen ausgestattet hat oder die Autobiographisches behandeln:

EIN EINFACHES EREIGNIS – ein Junge, der immer nur laufen muss, der versucht, die Familie zusammenzuhalten, um sein Leben läuft: hier spiegeln sich Saless' Kindheitserfahrungen. Der frühe Verlust der Mutter, ein fühlloser Vater.

STILLEBEN – die erlebte Kommunikationslosigkeit zwischen Eheleuten.

IN DER FREMDE – über das Lebensgefühl, ein Fremder zu sein.

REIFEZEIT- das Verhältnis eines kleinen Jungen zu seiner Mutter, die ihm nahezu teilnahmslos begegnet.

TAGEBUCH EINES LIEBENDEN – ein junger Mann, der beziehungslos durch die Welt geht, ohne Anteilnahme und Freunde, der sich fremd und isoliert fühlt.

DIE LANGEN FERIEN DER LOTTE H. EISNER – die Filmkritikerin Lotte Eisner erzählt vom Leben einer auf Dauer Exilierten – auch Saless' Schicksal.

ORDNUNG – Herbert, der aufbegehrt gegen den Zustand der Welt, der aus der Reihe tritt und losschreit, bis er in der Psychiatrie landet. Saless hatte in jungen Jahren TBC und verbrachte eine Zeit im Sanatorium. Diese Erfahrungen hat er in dem Filmstoff auch verarbeitet.

UTOPIA – der despotische Zuhälter Heinz, der nach Belieben mit seinen unterjochten Prostituierten umspringt. Seine Aggressionen gegen sie sind wie eine ›Rache‹ an den Frauen.

EMPFÄNGER UNBEKANNT – wieder das schwierige Verhältnis zwischen Mann und Frau. Der türkische Architekt im Film – ein Fremder in Deutschland, trägt autobiographische Züge. Er verlässt die Geliebte ohne Vorankündigung. Er macht sich davon, wie auch Saless im richtigen Leben. Die Geliebte im Film wiederum verlässt ihre beiden Kinder, wie auch Saless' leibliche Mutter.

HANS, EIN JUNGE IN DEUTSCHLAND – erneut ist ein Heranwachsender einer teilnahmslosen, ja feindlichen Umgebung ausgesetzt. Zugleich ist hier wieder eine Mutter, die psychisch so sehr leidet, dass sie sich nicht um ihren Jungen kümmern kann.

DER WEIDENBAUM – zeigt einen Kosmos fast ohne Frauen. Die zwei Hauptfiguren erleben eine Welt, die gänzlich teilnahmslos ist. Noch nicht einmal das Schuldbekenntnis des Kutschers, der den Postboten umbrachte, kümmert am Ende jemanden.

WECHSELBALG – Die problematischen Mutterfiguren finden hier eine Fortsetzung.

ROSEN FÜR AFRIKA – Von der Suche nach Liebe und dem Scheitern einer Beziehung.

Jeden Abend fertigte Saless Skizzen von jeder für den nächsten Tag geplanten Einstellungsfolge an. Der Ausstatter kopierte ihm die Grundrisse des jeweiligen Sets. Saless zeichnete für jede Einstellung die Positionen der Darsteller und die Standpunkte der Kamera ein. Er machte genaue Angaben über Bildausschnitte, Schwenks, Kamerafahrten und gab sogar die jeweilige Brennweite der Optik an. Er hatte sehr genaue Vorstellungen von den geplanten Szenen und vom Schnitt. Alle Sparten erhielten eine Kopie: Regieassistenz, Ausstattung, Kamera usw. Für sich selbst brauchte er sie nicht.

Beim Dreh gab es gelegentlich Veränderungen, bedingt durch lokale Gegebenheiten. Saless konnte dann im Nu im Kopf den Schnitt ändern und an die neue Situation anpassen. Im Prinzip aber stand das visuelle Konzept immer fest.

Saless drehte selten Mastershots von den Szenen,[43] wie dies in Hollywood weit verbreitet war: dort wurde jede Szene oft mehrfach komplett gedreht (Totale, Halbnah, Groß, das sogenannte ›coverage system‹). So hat der Produzent gege-

Szenengrundriss mit Eintragungen von Saless.
Sohrab Saless hatte stets den Schnitt des Films im Kopf. Für die Mitarbeiter zeichnete er Kamerapositionen, Brennweite, Bewegung der Schauspieler usw. in die Grundrisse ein.

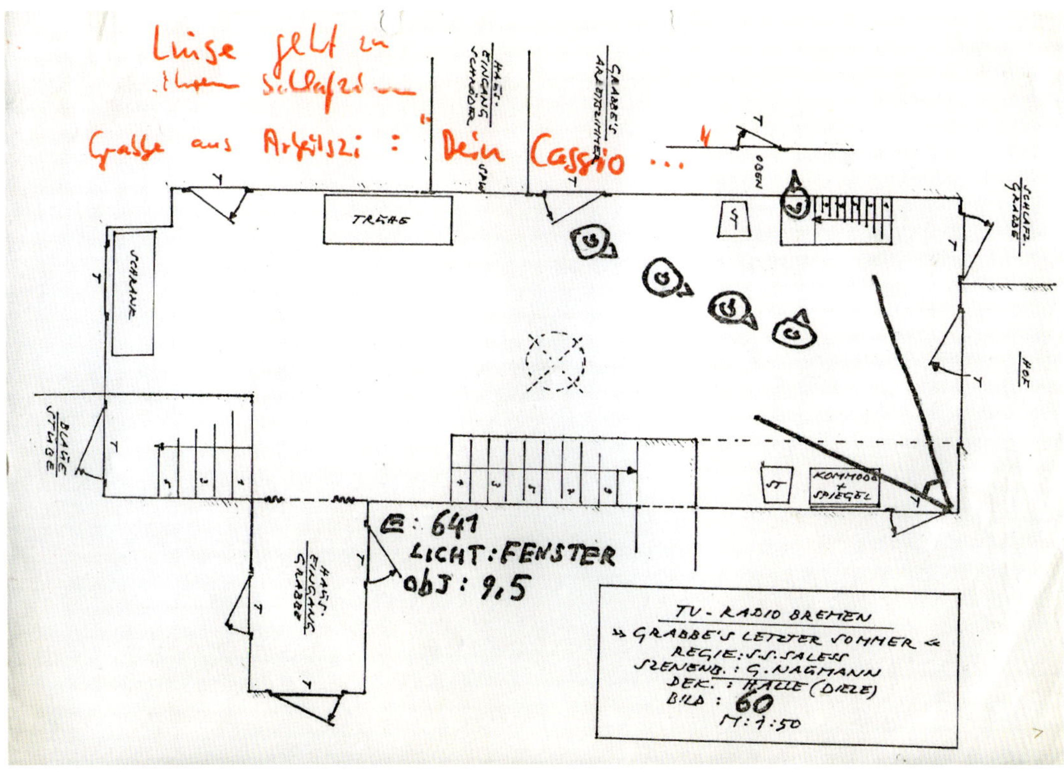

43 siehe Kapitel UTOPIA, S. 83

benenfalls völlige Verfügungsgewalt über den Schnitt, der Cutter kann alles umbauen, wenn gewünscht. Saless drehte allenfalls eine Totale der kompletten Szene – die näheren Einstellungen wurden nur nach Bedarf gedreht – eine Art Schutz gegen Produzentenwillkür.

Das Licht sollte möglichst immer eine Lichtquelle im Bild haben, nach der sich die Lichtgestaltung richten musste – kein Phantasielicht: ›Es schneit Licht ...‹ war ein Lieblingsausdruck von Saless, wenn es keine logische Begründung für die Ausleuchtung gab. In Räumen sollte es immer natürlich, ›weich‹ sein, keine harten Kontraste, fast dokumentarisch.

Die Kamera immer in Augenhöhe. Die Erzählperspektive ist die eines unbeteiligten Beobachters, keine artifiziellen Positionen, kein auktorialer (allwissender) Erzähler. Nur selten wechselt er in POV (subjektive Kameraperspektive), zum Beispiel in Traum- oder Erinnerungspassagen (in ORDNUNG und WECHSELBALG).
Bei Saless gibt es keine Jumpcuts. Er vermeidet eine konstruktivistische Montage, wie sie bei Eisenstein vorkommt. Eisenstein schnitt oft ohne die übliche raum-zeitliche Kontinuität, wie sie im Erzählkino von Hollywood Standard war. Trotzdem zitierte Saless Eisenstein gerne. Er verwendete den Namen ›Eisenstein‹ oft als Synonym für ›Schnitt‹: »ich mache ›Eisenstein‹«, sagte er. Saless' Art zu schneiden war allerdings auch alles andere als eine in Hollywoodfilmen übliche. Dort strebte man an, dass die Zuschauer den Schnitt auf keinen Fall bemerken sollten (invisible cut), um nicht aus der Illusion der Filmerzählung gerissen zu werden. Der Schnitt erfolgt oft in einer Bewegung. Saless schneidet eher europäisch, statischer.

ZEIT

Saless' Umgang mit der Filmzeit und der Umgang mit Zeit im Film hat entscheidenden Einfluss auf seine Erzählweise. ›Zeit im Film‹ ist bei ihm ein immer wiederkehrender Topos.

EIN EINFACHES EREIGNIS: Der Film beginnt am Bahnhof. Der Junge bummelt den Bahnsteig entlang, bis der Bahnwärter ihm etwas zuruft. Er rennt daraufhin sofort los – doch durch die lange Brennweite ist das Bild so stark gestaucht, dass man den Eindruck hat, er würde auf der Stelle treten und nicht ans Ziel kommen.

In STILLEBEN steht im Zimmer des Bahnwärters unübersehbar ein großer Wecker. IN DER FREMDE beginnt mit der Nahaufnahme einer automatischen Stanze, die im gleichmäßigen Takt Metallteile schneidet. Der türkische Arbeiter, der sie bedient, ist eingespannt in diesen Takt der Arbeit. In REIFEZEIT tickt die Küchenuhr unbarmherzig. TAGEBUCH EINES LIEBENDEN beginnt mit einem fast zweiminütigen Zoom auf ein Fenster zu einer traurigen Musik. Es endet mit dem Klingeln eines Weckers. Eine Wanduhr tickt in den Küchenszenen von ORDNUNG, und in HANS, EIN JUNGE IN DEUTSCHLAND fallen in der Anfangsszene Wassertropfen im Rhythmus der tickenden Uhr.

Diese Bilder von verrinnender Zeit haben aber keine symbolische Funktion. Vielmehr weiß Saless sie zu verbinden mit der Filmzeit, die in allen seinen Filmen ein grundlegendes Gestaltungsmittel und nicht nur Stilelement ist. Sehr oft verfolgt er damit eine Strategie der Verlangsamung – Filmzeit und gefilmte Zeit sind oft identisch.

Viele glauben, er will den Zuschauer quälen, so langsam kann sein Erzählrhythmus sein. Mein Kollege von Slovenský film wurde bei den Dreharbeiten von DER WEIDENBAUM irgendwann ungehalten:

Wir drehten die Szenen, in denen Archip suchend durch die Stadt geht. In Totalen ließ Saless den alten Mann langsamen Schrittes die Straßen überqueren – mein Kollege stieß hervor: »Kann er denn nicht schneller gehen, das ist doch unmöglich!«

In EIN EINFACHES EREIGNIS muss der Junge fast den gesamten Film über laufen. Die wenigen Minuten, um zu spielen, muss er sich mit schnellem Laufen erkaufen, um die ihm aufgetragenen Aufgaben zu erledigen. Man könnte meinen, Saless habe hier einen ›schnellen‹ Film gemacht. Doch der Schein trügt: Der Junge kommt im Grunde nicht vom Fleck (siehe oben, die erste Einstellung des Films). In STILLEBEN gibt es eine Szene, in der die Frau des Bahnwärters es nicht mehr schafft, beim Teppichknüpfen den Faden in die Nadel einzufädeln. Über endlose Minuten versucht sie es, aber es gelingt ihr nicht. Ohne Schnitte verweilt die Kamera die ganze Zeit auf ihr. Das Quälende dieser Situation wird für den Zuschauer erfahrbar gemacht eben durch diese Beharrlichkeit des Kamerablickes. Zugleich reift beim Zuschauer die erschütternde Erkenntnis, dass das Leben dieser Frau sich dem Ende zuneigt. Hier zeigt sich eindeutig, dass das Saless'sche Timing, diese oft endlos erscheinenden Einstellungen, keinem formalistischen Spleen entspringen.

Ein weiteres herausragendes Beispiel für Saless' Umgang mit Filmzeit ist die Anfangssequenz von REIFEZEIT. Sie dauert inklusive Titel 8½ Minuten. Die Szene ist vollständig unterlegt mit dem Ticken der Wanduhr in der Wohnung: Wir sehen, wie der Junge das Licht löscht und zu Bett geht. Während fast einer Minute geschieht nichts. Durch das Dunkel des Zimmers dringt lediglich der Schein zweier erleuchteter Fenster vom Haus gegenüber – sie wirken wie ein Augenpaar, das ins Zimmer blickt. Dazu tickt die Uhr, als ob die Zeit erbarmungslos hereinschaue. Dann hört man Schritte, die Mutter des Jungen kommt herein, macht Licht und beginnt sich zu entkleiden. In Echtzeit, während 3½ Minuten, schminkt sich die Mutter ab. Dabei schauen wir fast die gesamte Zeit über in den Spiegel und können auf ihrem Gesicht ihr ganzes Drama ablesen. Sie ist offensichtlich Prostituierte und dem Anschein nach gerade von ihrer Arbeit nach Hause gekommen. Wenige Zwischenschnitte zeigen den Jungen, wie er sich hin- und herwälzt. Er ist Teil des Dramas. Die Mutter bereitet ihm sein Schulbrot vor und legt ihm Geld hin. Sie macht das Licht aus, geht zu Bett und zündet sich im Dunkeln eine Zigarette an – und immer tickt die Uhr. Es folgt ein Schnitt auf das Fenster, in wenigen Sekunden (Zeitrafferaufnahme) wird es Tag. – Saless wechselt hier radikal das Tempo der Filmzeit.
5 Minuten dauert die folgende zweite Sequenz. Spiegelverkehrt zur ersten Sequenz verfolgen wir ebenfalls in Echtzeit, wie der Junge sich wäscht, frühstückt, bis er die Wohnung verlässt, um zur Schule zu gehen.

Die virtuose Konstruktion des Beginns von REIFEZEIT vermittelt uns – wie diese beiden Menschen in unterschiedlichen Zeitzonen leben und so gut wie nie zusammenkommen: Sie nachts, er tags. Beider Verhalten ist völlig konträr: während sie nachts laut in der Wohnung auf- und abgeht, ist der Junge ein Muster an Rücksichtnahme. Auf Zehenspitzen schleicht er durch das Zimmer. Das Taschengeld, das ihm die Mutter hingelegt hat, steckt er unter der Bettdecke in sein Sparschwein, damit die Mutter nicht aufwacht ....

Raum/Zeit –Konstruktion bei DER WEIDENBAUM:
DER WEIDENBAUM beginnt mit dem immer gleichen Alltag von Archip in der russischen Steppe.

Täglich kommt die Postkutsche vorbei, die einzige Abwechslung. Täglich sitzt er auf dem Steg und angelt, täglich kocht er seine Suppe und legt sich schlafen. Kunstvoll arrangiert Saless diese Abläufe, indem er sie in leicht veränderten Varianten erzählt. Ihm gelingt dadurch eine große Leichtigkeit bei der Beschreibung dieser Monotonie. Zugleich macht er den gesamten Raum, in dem das Drama spielt, sichtbar. Um das Monotone erfahrbar zu machen, dehnt er bewusst die Zeit: er lässt die Troika in Realzeit die Mühle passieren und macht dabei zugleich die Weite der Landschaft spürbar, die etwas Unbarmherziges hat. Am 3. Tag geschieht dann völlig unerwartet der Raubmord, der in dieser Monotonie umso monströser wirkt.

Der Beginn des Films PATERSON (USA 2018) von Jim Jarmush gleicht in seinem Aufbau ein wenig Saless' DER WEIDENBAUM: Ein Gedichte schreibender Busfahrer in der Stadt Paterson ist eingespannt in seinen monotonen Alltag. Jeder Tag ähnelt dem anderen. Ihm fallen spontan Gedichte ein, die er in den Pausen niederschreibt, so wie Archip Fische fängt. Jarmush erzählt diesen Alltag ebenfalls in Varianten und mit Ellipsen. So entsteht keine Monotonie in der Darstellung des Monotonen. Was aber Saless fundamental von Jarmush unterscheidet: bei ihm gibt es keine Rettung. Die Welt bleibt düster unbarmherzig. In PATERSON hingegen gelingt es den Hauptfiguren auf wunderbare Weise, in der Welt zurecht zu kommen und alle Anfeindungen durch Poesie abzuwehren.

Die Geographie in den Filmen:
Für Saless war es immer wichtig, den Raum, die jeweilige Geographie, zu erschließen, in welchem sich die Protagonisten bewegen. Ganz wichtig die Totalen und Halbtotalen. Seltener Nahaufnahmen. Menschen bleiben auf Distanz, bzw. wir sehen, wie sie sich zueinander gruppieren.
Ein Bekannter, der später wichtiger Redakteur des ZDF Fernsehspiel wurde, diskutierte mit mir oftmals über Saless' Filme. »Die Totalen sind nicht fernsehgerecht«, meinte er, die Bildschirme seien zu klein. Ich antwortete: »Warte nur ab! Eines Tages werden große Bildschirme kommen.«

Anhand der Anfangsszene von HANS, EIN JUNGE IN DEUTSCHLAND kann man exemplarisch Sohrab Saless' Umgang mit Raum und Zeit darstellen:

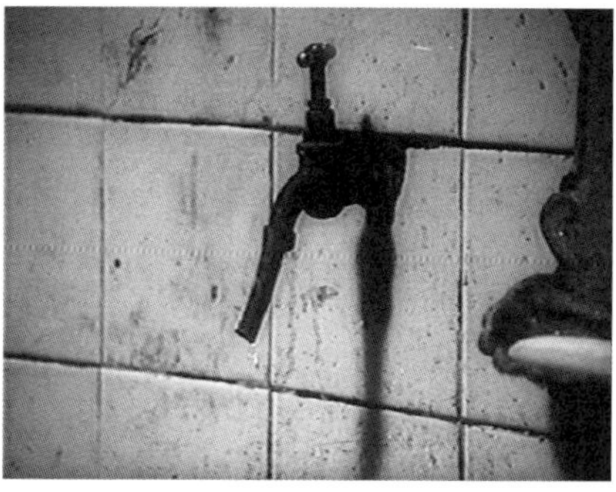

Die erste Einstellung des Films: Nahaufnahme eines tropfenden Wasserhahns. Die Tropfen fallen im Takt einer Uhr. – Hier ›verrinnt‹ im wahrsten Sinn des Wortes die Zeit.

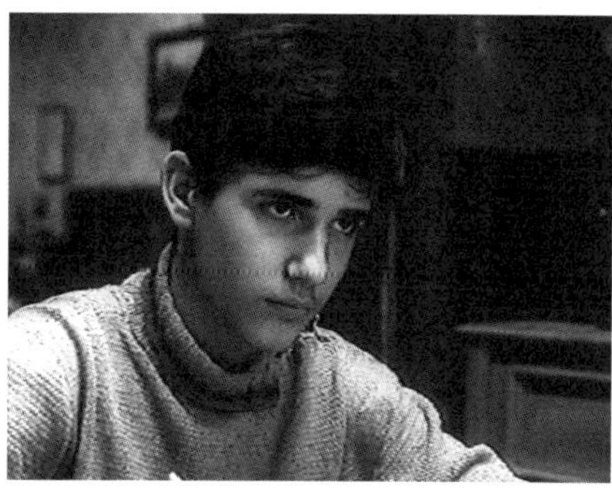

Hans blickt auf die Wassertropfen, auf die verrinnende Zeit.

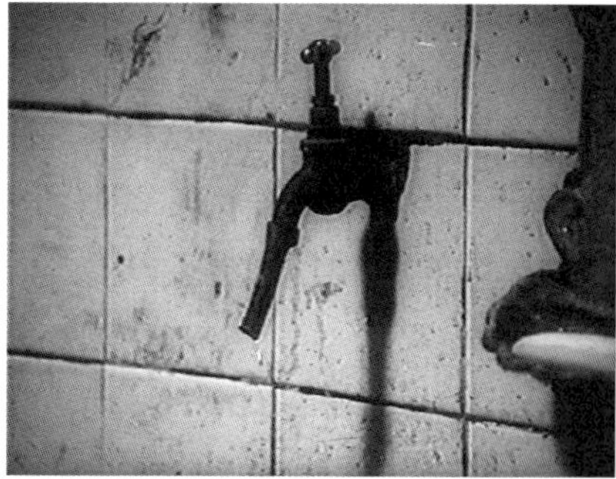

Wiederholung von E 1

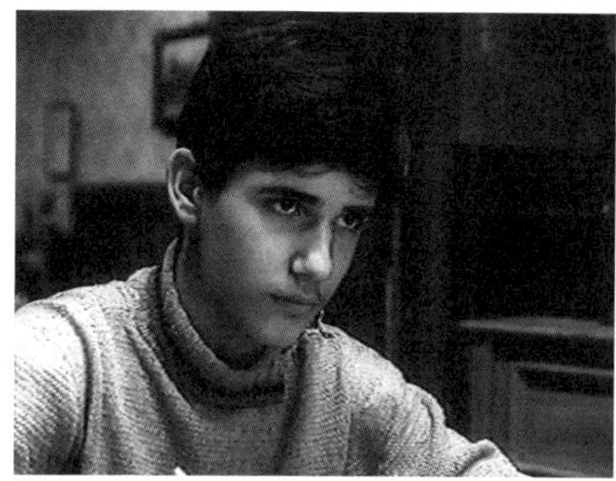

Wiederholung von E 2 – diese Verschränkung betont die Bedeutung dieses Anfangs. Hans' fast meditativer Blick. Für ihn vergeht die Zeit, ohne dass sich irgend etwas ändert.

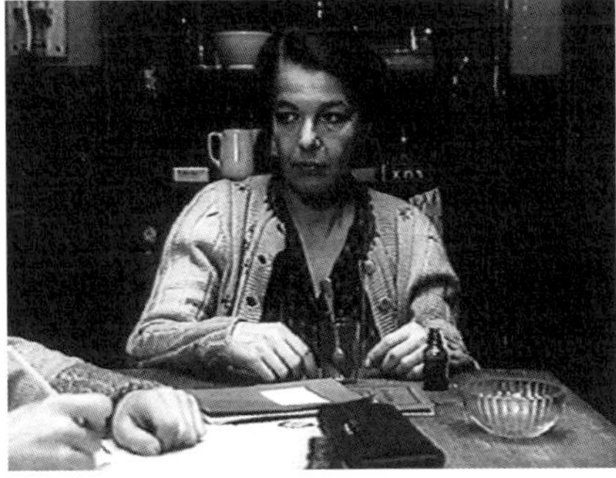

Erst in der 5. Einstellung zeigt die Kamera, dass noch jemand am Tisch sitzt – Hans' Mutter. Sie wirkt apathisch. Beide sagen nichts.

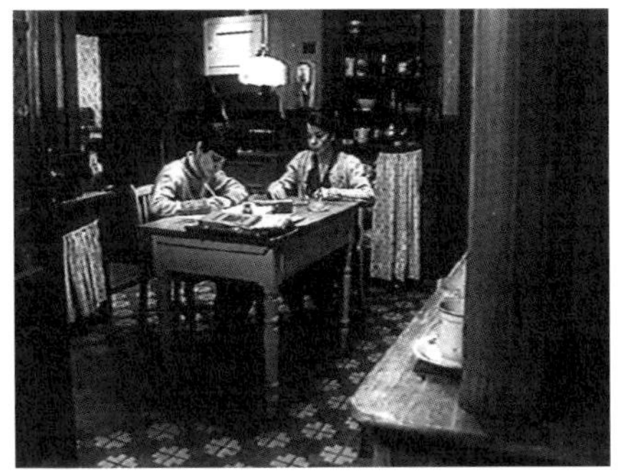

E 6 Die Kamera öffnet mit einer Totalen den Blick auf den ganzen Raum: eine Wohnküche.

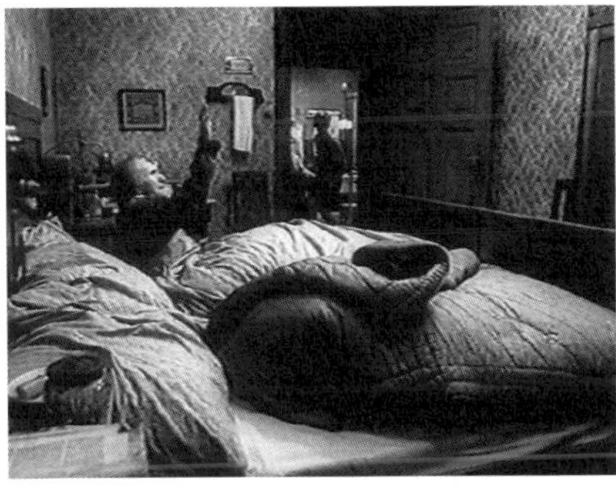

E 7 Im (off) zerschellt eine Glasscheibe. Eine Totale zeigt den Nebenraum, das Schlafzimmer. Die Großmutter liegt im Bett und schreit auf. Im Hintergrund sieht man durch die offene Tür die Küche, wo Hans sofort aufspringt und ins Schlafzimmer rennt. Hans läuft zum Fenster.

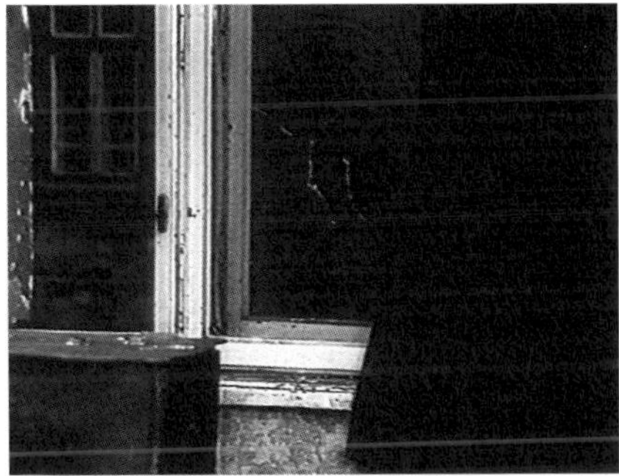

E 8 Dort ist ein Loch in der Scheibe.

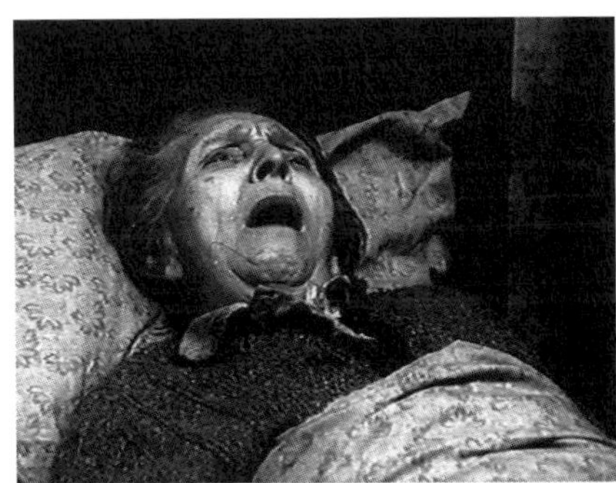

E 9 Nah. Die Großmutter

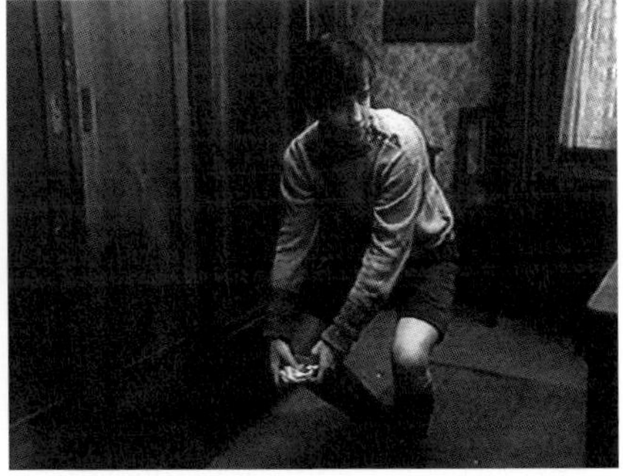

E 10 Hans hebt einen Stein auf, der durchs Fenster geworfen wurde.

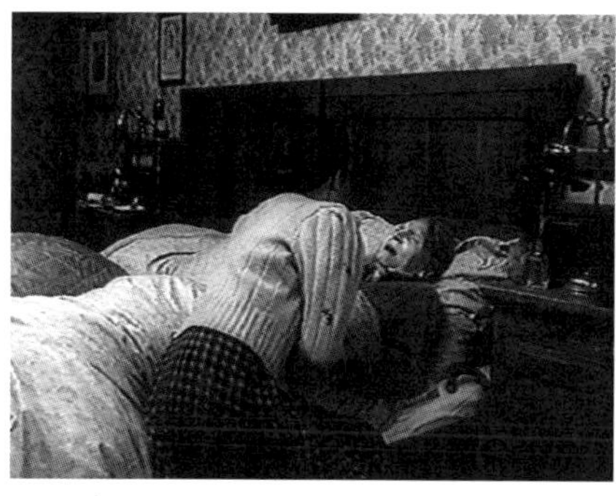

E 11 Hans' Mutter, Eva, kommt zur Großmutter und versucht sie zu beruhigen.

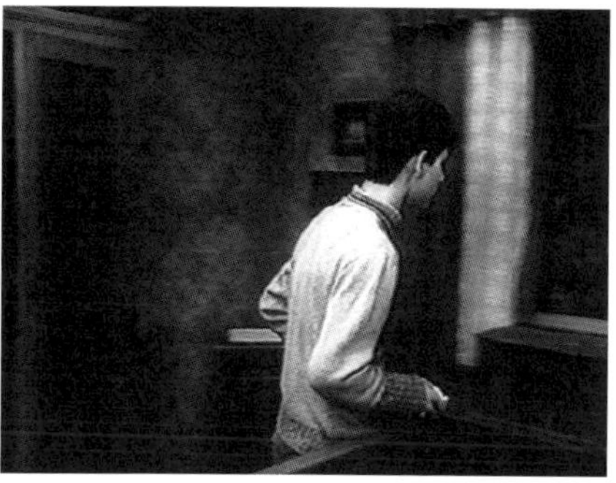

E 12 Hans schaut zum Fenster hinaus.

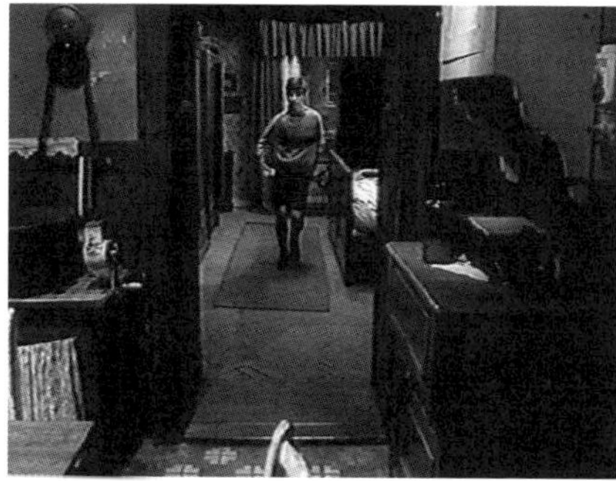

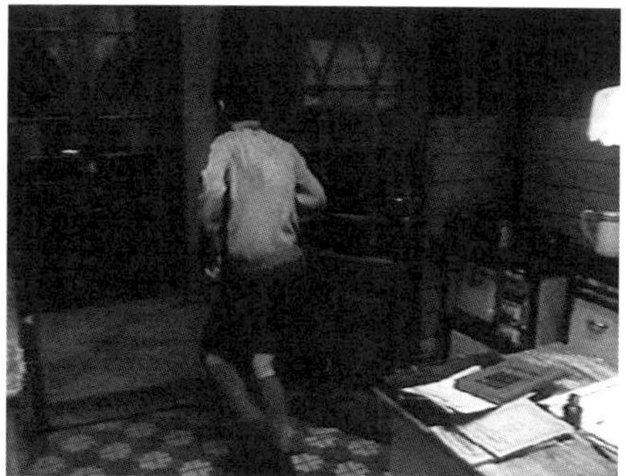

E 13 Hans läuft zurück, durchquert die Küche (Kameraschwenk mit Hans) und verlässt die Wohnung.

In wenigen Einstellungen erschließt Saless die zentrale Bühne des Films: die kleine Wohnung mit ihren drei Personen, in der große Teile der Handlung stattfinden.

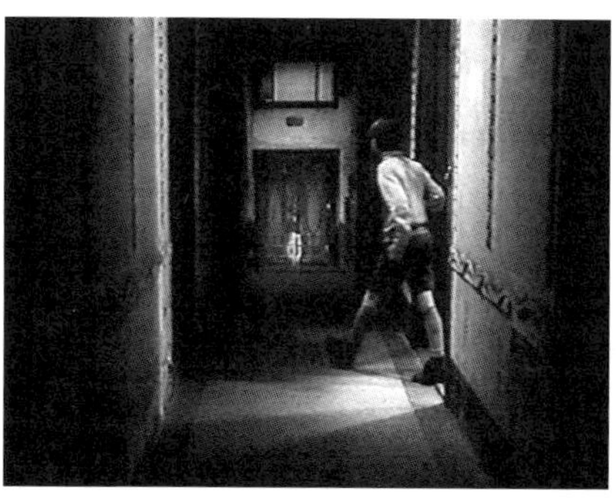

E 14 Gang durch das Treppenhaus nach draußen auf die Straße.

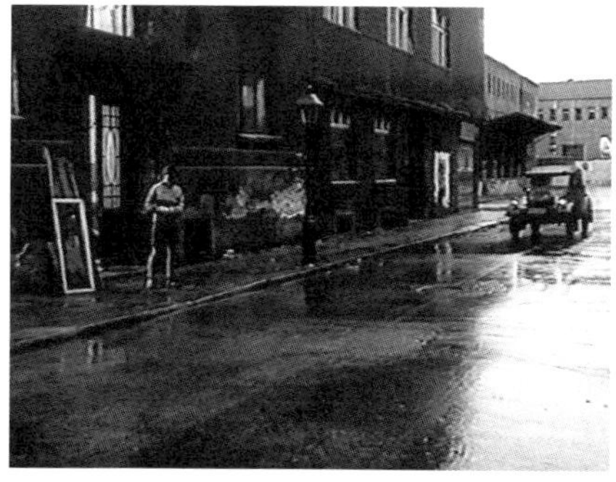

E 15 Dort befindet sich niemand. Eine Sirene ertönt – Ein Kübelwagen der Wehrmacht biegt um die Ecke. Der Soldat ruft Hans zu: »Fliegeralarm …« Hans geht ins Haus.

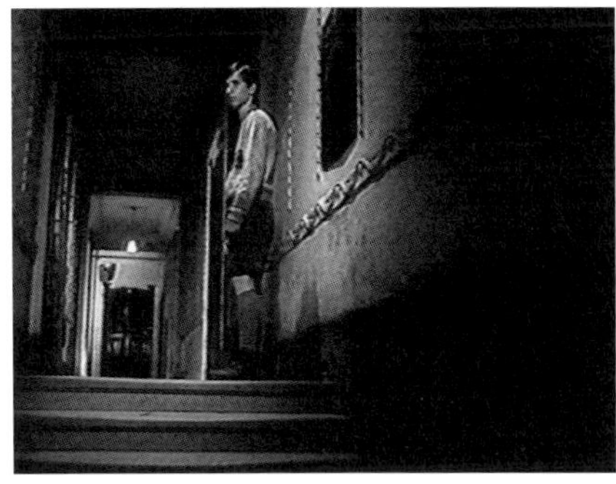

E 16 Im Treppenhaus löst er einen Zettel, der um den Stein gewickelt ist und wirft den Stein weg.

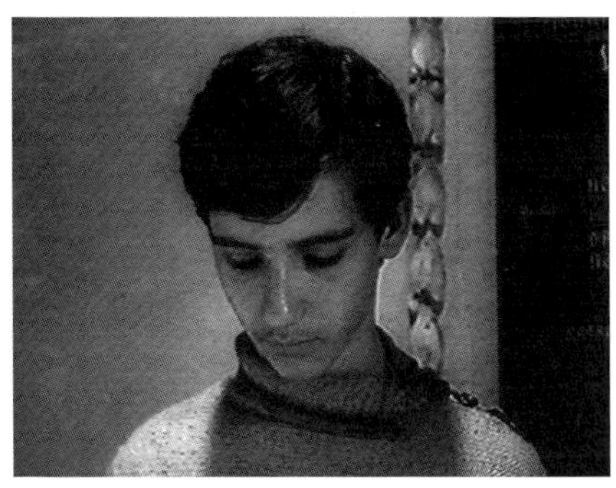

E 17 Nah. Hans liest den Brief.

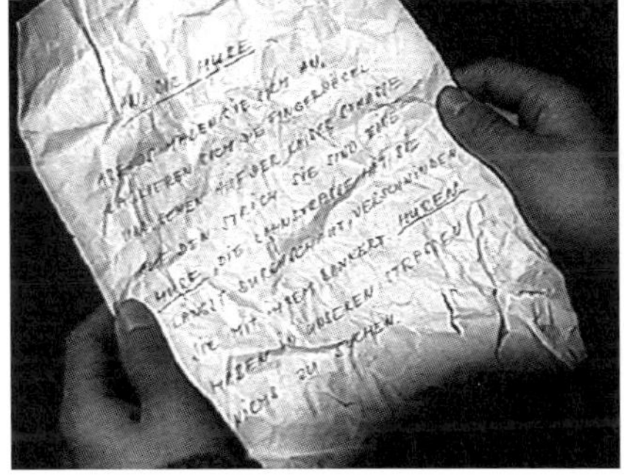

E18 Groß. Anonymer Brief mit Schmähungen.

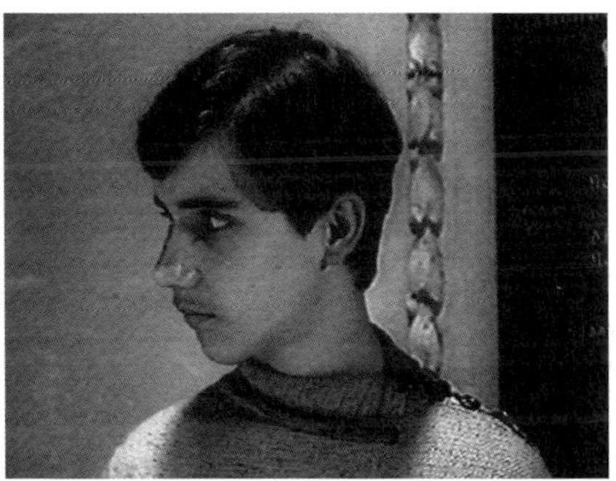

E 19 Nah. Hans schaut in Richtung der anderen Wohnungen. Er zeigt damit, woher der Brief mutmaßlich kommt.

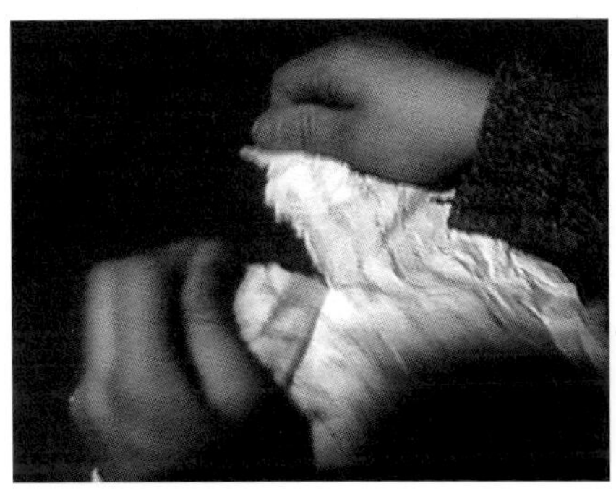

E 20 Er zerreißt das Papier.

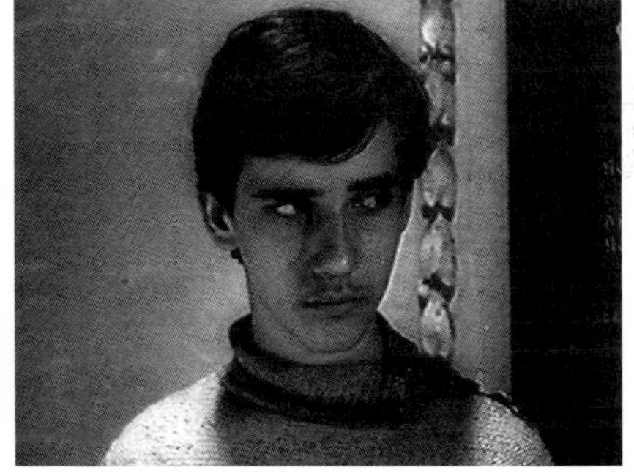

E 21 Hans schaut in die andere Richtung. (off) Sirene, Fliegeralarm

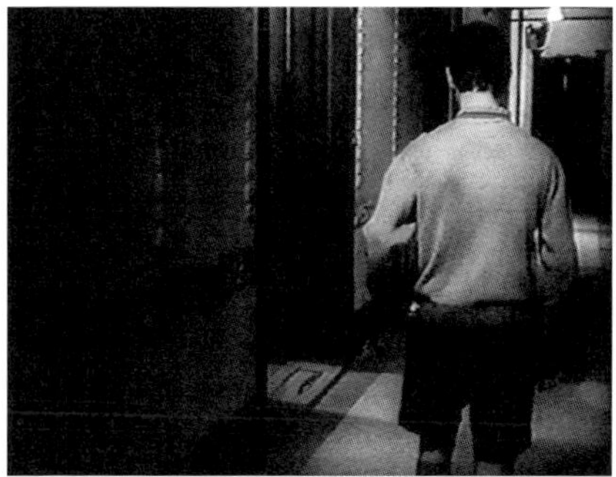

Ende Szene 1

E 22 Er geht in die Wohnung zurück.

Die Geographie wird erweitert – das Treppenhaus und die Straße vor dem Haus. Wie schon in der Wohnung, wird der Schauplatz auch in der Gegenrichtung gezeigt. Wir kennen nun das komplette Umfeld und die Hauptpersonen. Wir erfahren, welches Drama sich hier abspielt: Hans lebt mit Mutter und Großmutter zusammen. Die Familie erhält anonyme Briefe. Hans' Vater ist nicht anwesend – für ihn ist gar kein Platz vorhanden – und es ist Krieg, Bomben werden fallen, eine weitere Bedrohung, vor deren Hintergrund das persönliche Drama ausgebreitet wird. So entwickelt sich eine zutiefst deprimierende Szenerie.

In wenigen Filmminuten (3 Min. 30") gelingt es Saless mit sparsamsten Mitteln die komplette Geschichte zu exponieren. Fast ganz ohne Dialog, ohne Texttafeln, Kommentarstimme.

BIOGRAPHIE
SOHRAB SHAHID SALESS

Geboren 28. Juni 1944 in Ghazvin, Iran.

1962 Studium in Wien an der Schauspielschule Krauss, Studium an der Schule für Filmgestaltung und Fernsehen an der Wiener Akademie für Musik und darstellende Kunst.

1967 Filmstudium in Paris am Conservatoire libre du cinéma français (CLCF).

1968 Rückkehr in den Iran. Filmarbeit für das iranische Kulturministerium, 20 Kurzfilme und kurze Dokumentarfilme.

YEK ETTEFAQ-E SADA 1974 (»Ein einfaches Ereignis«), Spielfilm. Forum Berlinale 1974, mit Interfilm-Preis und OCIC-Preis ausgezeichnet. Regiepreis beim Internationalen Filmfestival in Teheran.

TABIATE BIJAN (STILLEBEN, IR 1974), Spielfilm, Wettbewerb Berlinale 1974, Auszeichnung ›Silberner Bär‹

1974 geriet Saless ins Visier des iranischen Geheimdiensts als Gegner des Schah-Regimes. Er verließ den Iran und übersiedelte in die BRD.

IN DER FREMDE (DE/IR 1975) Wettbewerb der Berlinale. Saless erhält den Preis der FIPRESCI

REIFEZEIT (1975), Spielfilm. ›Silver Plaque‹ beim Chicago International Filmfestival

TAGEBUCH EINES LIEBENDEN (1977), Spielfilm. Forum der Berlinale 1977

DIE LANGEN FERIEN DER LOTTE H. EISNER (1979) Dokumentarfilm über die deutsch-französische Filmhistorikerin und Filmkritikerin Lotte Eisner.

ORDNUNG (1980) Spielfilm. ›Silberner Hugo‹ Filmfestival Chicago, Quinzaine des réalisateurs, Cannes 1980

GRABBES LETZTER SOMMER (1980), Spielfilm. Grimme-Preis in Gold für Sohrab Saless Regie, Autor Thomas Valentin und Wilfried Grimpe, Bester Hauptdarsteller

ANTON PAVLOVIČ ČECHOV- EIN LEBEN (1981), Dokumentarfilm. Biographie und Wirken des Schriftstellers.

UTOPIA (1983), Spielfilm. Wettbewerb der Berlinale 1983. Auszeichnung mit dem Fernsehpreis der Deutschen Akademie der darstellenden Künste Frankfurt am Main und Drehbuchpreis beim Baden-Badener Fernsehfestival.
EMPFÄNGER UNBEKANNT (1983), Spielfilm, Forum der Berlinale 1983
HANS, EIN JUNGE IN DEUTSCHLAND (1983–85 DE/FR/CZ), nach dem autobiographischen Roman »Die blaue Stunde« von Hans Frick,
DER WEIDENBAUM (CZ/DE 1984), Verfilmung der gleichnamigen Erzählung von Anton Čechov.
WECHSELBALG (1985), Spielfilm nach dem Roman von Jürgen Breest.
LIST Z KABUL (BRIEF AUS KABUL) (ČSSR, 1987), Dokumentarfilm
Drehbuch zu **EIN UNDING DER LIEBE** (1988) nach dem Roman von Ludwig Fels. Aufgrund einer Krebserkrankung konnte Saless die Regie nicht selbst übernehmen. Der Film wurde von Radu Gabrea inszeniert.
ROSEN FÜR AFRIKA (1991), Spielfilm nach dem Roman von Ludwig Fels.

Von 1984 bis 1998 Mitglied der Akademie der Künste, Berlin
Mehrmals drohte Saless die Abschiebung.
1994 wanderte er in die USA aus und starb 1998 in Washington, D.C.

FILMOGRAPHIE BERT SCHMIDT

Geb. 1950
Filmstudium am CLCF in Paris.
Studium der Soziologie in Frankfurt am Main, Schwerpunkt Medien.
Abschlussarbeit: soziologische Filmanalyse des Films JAWS

Filmarbeit (Auswahl):
Assistenz bei Rosa von Praunheim (1977/78)
u.a. bei DER 24. STOCK, Dokumentarfilm (1978)
Regieassistent von Sohrab Shahid Saless (1979 bis 1991)

Eigene Filme (Auswahl):
OMBRES DU PASSÉ, Kurzfilm (1973)
BÜCHER, Kurzfilm, Prädikat »Besonders wertvoll«, Wettbewerb Berlinale (1987)
VIVACE, Kurzfilm, Prädikat »Besonders wertvoll«, Hessischer Filmpreis (1988)
ZEIL FRANKFURT, Dokumentarfilm (1988)
DER KOFFER – LA VALISE À LA MER, Kurzfilm, Prädikat »Besonders wertvoll«, Deutscher Kurzfilmpreis – Filmband in Silber, Großer Preis der Westdeutschen Kurzfilmtage Oberhausen (1991)
HERZBLATT, Kurzspielfilm, Prädikat »wertvoll« (1993)
HERZSTÜCK, Kurzspielfilm nach Heiner Müller, Prädikat »wertvoll« (1997)
MANOS, Kurzfilm (2001)
TANZ DES SISYPHOS, Dokumentarfilm (2004)
WALLSTREET, Videoinstallation (2005)
CYPRESS BLUES, experimenteller Kurzfilm (2005)
MOTORBIKE, Dokumentarfilm, (2011)
DAS PFERD FRISST KEINEN GURKENSALAT, Animationsfilm (2013)
WANN KOMMST DU?, Kurzspielfilm (2018)

In Arbeit:

TOUR GUIDES, Dokumentarfilm

GO!, Dokumentarfilm

Filmeditor und -dramaturg von Dokumentarfilmen, (Auswahl):

B 224, Rainer Komers, Hessischer Filmpreis (1998)

NOME ROAD SYSTEM, Rainer Komers (Deutscher Kurzfilmpreis, 2004)

KOBE, Rainer Komers (2006)

MILLTOWN MONTANA, ›*Best Editing* Award‹, Big Sky Film Festival, 2010

GÖTTLICHE LAGE, Franke/Loeken (2014), Grimme Preis ›Bester Dokumentarfilm‹ (2018)

RUHR RECORD, Rainer Komers (2014)

TALKING TO YOU-CHRISTOF LAUER (SAX), Lucie Herrmann (2023)

2000 bis 2013 Lehraufträge Universität Trier in Medienwissenschaft und Hochschule Darmstadt Fach MOVING IMAGE

BILDNACHWEIS

Alle Abbildungen stammen aus meinem Privatarchiv und wurden von mir gescannt.

Alle Fotos Copyright bei Bert Schmidt.

Ausnahmen: die Bilder zu UTOPIA, S. 72, 76, 79, 80 und die Bilder zur Anfangsszene von HANS – EIN JUNGE IN DEUTSCHLAND, S. 208 - 212.

Die Figurinen für HANS, EIN JUNGE IN DEUTSCHLAND, S. 118
Copyright: Ute Burgmann

DANK

Für ihre maßgebliche Unterstützung des Buchprojekts danke ich:
Lucie Herrmann, Frankfurt/M.
Klaus Volkmer, Filmmuseum München

Ebenfalls danke ich
Jürgen Breest, Friederike Brüheim, Ute Burgmann, Christhart Burgmann, Sigi Gierich, Claus Grütz, Claus-Jürgen Pfeiffer, Dieter Reifarth, Wolf-Dietrich Peters-Vallerius für ihre Beiträge.

NAMENS- UND FILMREGISTER

Impressum

Hormayrstr. 15 · 80997 München
Gestaltung: Christof Leistl und Heidi Sorg, München
Druck und Bindung: Druckerei Steinmeier, Deiningen
ISBN 978-3-946875-14-7
www.belleville-verlag.de